本书列入
2017年国家社会科学基金重大委托项目
"十三五"国家重点图书出版规划项目

新书

中华传统文化百部经典

贾谊 著
方向东 解读

国家图书馆出版社

图书在版编目（CIP）数据

新书 /（汉）贾谊著；方向东解读 . — 北京：国家图书馆出版社，2022.6（2025.8重印）
（中华传统文化百部经典 / 袁行霈主编）
ISBN 978-7-5013-7362-8

Ⅰ.①新… Ⅱ.①贾… ②方… Ⅲ.①政书－中国－西汉时代 ②《新书》－注释 Ⅳ.① D691.5 ② B234.21

中国版本图书馆 CIP 数据核字（2021）第 182680 号

国家图书馆出版社官方微信

书　　名	新书
著　　者	（汉）贾　谊 著　方向东 解读
责任编辑	潘肖蔷
特约编辑	袁啸波
封面设计	敬人设计工作室

出版发行	国家图书馆出版社（北京市西城区文津街7号　100034） 010-66114536　63802249　nlcpress@nlc.cn（邮购）
网　　址	http://www.nlcpress.com
印　　装	北京科信印刷有限公司
版次印次	2022 年 6 月第 1 版　2025 年 8 月第 2 次印刷

开　　本	710×1000　1/16
印　　张	20
字　　数	256 千字
书　　号	ISBN 978-7-5013-7362-8
定　　价	60.00 元（精装）

版权所有　侵权必究

本书如有印装质量问题，请与读者服务部（010-66126156）联系调换。

中华传统文化百部经典

顾 问

饶宗颐	冯其庸	叶嘉莹	章开沅	张岂之
刘家和	乌丙安	程毅中	陈先达	汝 信
李学勤	钱 逊	王 蒙	楼宇烈	陈鼓应
董光璧	王 宁	李致忠	杜维明	

编委会

主任委员

袁行霈

副主任委员

饶 权　韩永进　熊远明

编 委

瞿林东	许逸民	陈祖武	郭齐勇	田 青
陈 来	洪修平	王能宪	万俊人	廖可斌
张志清	梁 涛	李四龙		

本册审订
孙钦善　　王兴国　　郭齐勇

中华传统文化百部经典
编纂办公室
张　洁　　梁葆莉　　张毕晓　　马　超　　华鑫文

编纂缘起

　　文化是民族的血脉，是人民的精神家园。党的十八大以来，围绕传承发展中华优秀传统文化，习近平总书记发表了一系列重要讲话，深刻揭示出中华优秀传统文化的地位和作用，梳理概括了中华优秀传统文化的历史源流、思想精神和鲜明特质，集中阐明了我们党对待传统文化的立场态度，这是中华民族继往开来、实现伟大复兴的重要文化方略。2017年初，中共中央办公厅、国务院办公厅印发《关于实施中华优秀传统文化传承发展工程的意见》，从国家战略层面对中华优秀传统文化传承发展工作作出部署。

　　我国古代留下浩如烟海的典籍，其中的精华是培育民族精神和时代精神的文化基础。激活经典，熔古铸今，是增强文化自觉和文化自信的重要途径。多年来，学术界潜心研究，钩沉发覆、辨伪存真、提炼精华，做了许多有益工作。编纂《中华传统文化百部经典》（简称《百部经典》），就是在汲取已有成果基础上，力求编出一套兼具思想性、学术性和大众性的读本，使之成为广泛认同、传之久远的范本。《百部经典》所选图书上起先秦，下至辛亥革命，包括哲学、文学、历史、艺术、科技等领域的重要典籍。萃取其精华，加以解读，旨在搭建传统典籍与大众之间的桥梁，激活中华优秀传统文化，用优秀传统文化滋养当代中国人的精神世界，提振当代中国人的文化自信。

这套书采取导读、原典、注释、点评相结合的编纂体例，寻求优秀传统文化与社会主义核心价值观之间的深度契合点；以当代眼光审视和解读古代典籍，启发读者从中汲取古人的智慧和历史的经验，借以育人、资政，更好地为今人所取、为今人所用；力求深入浅出、明白晓畅地介绍古代经典，让优秀传统文化贴近现实生活，融入课堂教育，走进人们心中，最大限度地发挥以文化人的作用。

《百部经典》的编纂是一项重大文化工程。在中宣部等部门的指导和大力支持下，国家图书馆做了大量组织工作，得到学术界的积极响应和参与。由专家组成的编纂委员会，职责是作出总体规划，选定书目，制订体例，掌握进度；并延请德高望重的大家耆宿担当顾问，聘请对各书有深入研究的学者承担注释和解读，邀请相关领域的知名专家负责审订。先后约有500位专家参与工作。在此，向他们表示由衷的谢意。

书中疏漏不当之处，诚请读者批评指正。

2017年9月21日

凡 例

一、《中华传统文化百部经典》的选书范围，上起先秦，下迄辛亥革命。选择在哲学、文学、历史、艺术、科技等各个领域具有重大思想价值、社会价值、历史价值和学术价值的一百部经典著作。

二、对于入选典籍，视具体情况确定节选或全录，并慎重选择底本。

三、对每部典籍，均设"导读""注释""点评"三个栏目加以诠释。导读居一书之首，主要介绍作者生平、成书过程、主要内容、历史地位、时代价值等，行文力求准确平实。注释部分解释字词、注明难字读音，串讲句子大意，务求简明扼要。点评包括篇末评和旁批两种形式。篇末评撮述原典要旨，标以"点评"，旁批萃取思想精华，印于书页一侧，力求要言不烦，雅俗共赏。

四、原文中的古今字、假借字一般不做改动，唯对异体字根据现行标准做适当转换。

五、每书附入相关善本书影，以期展现典籍的历史形态。

論時政疏

臣竊惟事執可為痛哭者一,可為流涕者二,可為長太息者六,若其它背理而傷道者,難徧以疏舉進言者皆曰天下已安已治矣,臣獨以為未也,曰安且治者,非愚則諛,皆非事實知治亂之體者也,夫抱火厝之積薪之下而寢其上火之未及燃,因謂之安方今之執,何以異此本末未逆首尾衡决國制搶攘,非甚有紀胡可謂治

賈子新書卷上

過秦上 事勢

秦孝公據崤函之固,擁雍州之地,君臣固守以窺周室,有席卷天下包舉宇內囊括四海之意,并吞八荒之心。當是時也,商君佐之,內立法度,務耕織,脩守戰之具,外連衡而鬥諸侯。於是秦人拱手而取西河之外。孝公既沒,惠武昭襄蒙故業,因遺策,南取漢中,西舉巴蜀,東割膏腴之地,北收要害之郡。諸侯恐懼,會盟而謀弱秦,不愛珍器重寶肥饒之地,以致天下之士,合從締交,相與為一。當此之時,齊有孟嘗,趙有平原,楚有春申,魏有信

目　录

导　读

一、贾谊传略 …………………………………………………（ 1 ）

二、贾谊《新书》的内容与贾谊的思想 ……………………（ 4 ）

三、《新书》的真伪及版本 …………………………………（ 15 ）

新书

新书卷第一

过秦上 …………………………………………………………（ 21 ）

过秦下 …………………………………………………………（ 28 ）

宗首 ……………………………………………………………（ 37 ）

数宁 ……………………………………………………………（ 40 ）

藩伤 ……………………………………………………………（ 45 ）

藩强 ……………………………………………………………（ 47 ）

大都 ……………………………………………………………（ 50 ）

等齐 ……………………………………………………………（ 53 ）

服疑 ……………………………………………………………（ 56 ）

益壤 ……………………………………………………………（ 59 ）

新书卷第二

权重 ……………………………………………………………（ 64 ）

五美 ……………………………………………………………（ 66 ）

制不定 …………………………………………………………（ 69 ）

审微 ……………………………………………………………（ 71 ）

阶级 ……………………………………………………………（ 76 ）

新书卷第三

俗激 ……………………………………………………………（ 85 ）

时变 ……………………………………………………………（ 89 ）

瑰玮 ……………………………………………………………（ 92 ）

孽产子 …………………………………………………………（ 96 ）

铜布 ……………………………………………………………（ 99 ）

一通 ……………………………………………………………（101）

属远 ……………………………………………………………（103）

亲疏危乱 ………………………………………………………（105）

忧民 ……………………………………………………………（109）

解悬 ……………………………………………………………（111）

威不信 …………………………………………………………（114）

新书卷第四

匈奴 ...... (116)

势卑 ...... (127)

淮难 ...... (129)

无蓄 ...... (134)

铸钱 ...... (137)

新书卷第五

傅职 ...... (141)

保傅 ...... (149)

连语 ...... (157)

辅佐 ...... (162)

问孝（缺） ...... (167)

新书卷第六

礼 ...... (168)

容经 ...... (176)

春秋 ...... (189)

新书卷第七

先醒 ...... (199)

耳痹 ...... (204)

谕诚 ...... (209)

退让 .... (213)
君道 .... (215)

新书卷第八

官人 .... (219)
劝学 .... (222)
道术 .... (225)
六术 .... (231)
道德说 .... (237)

新书卷第九

大政上 .... (246)
大政下 .... (254)
修政语上 .... (262)
修政语下 .... (270)

新书卷第十

礼容语上（缺） .... (277)
礼容语下 .... (277)
胎教 .... (284)
立后义 .... (295)

主要参考文献 .... (299)

导 读

一、贾谊传略

贾谊，洛阳（今属河南）人，生于公元前200年（汉高祖7年），卒于公元前168年（汉文帝12年），汉初著名的大儒。他在为官期间，为西汉王朝的长治久安，提出了许多治国方案，具有远见卓识。在思想方面，他继承了先秦诸子的思想，并加以发展，完成了向汉代中期董仲舒新儒学的过渡。在文学方面，他的散文，对后代散文的发展有很大影响；他的骚体赋，开了汉代散文赋的先河。因此，誉为汉初著名的政治家、思想家、文学家，实不为过。

贾谊出生时，战国时期封建割据局面已经结束，中国历史上第一个封建专制王朝——秦王朝，在全国农民起义的大风暴中崩溃了。大一统的西汉王朝，需要一种加强对人民全面控制的思想体系。秦始皇焚书坑儒的文化毁灭暴行，汉高祖初期不事诗书、以儒冠为溺器的粗暴统治，已不能适应历史前进的潮流,"黄老"的"无为而治"休养生息因此应运而生。这种思想,为社会生产的恢复创造了条件,促使人民生活比较安定,也促使了封建统治秩序渐行巩固。文化上的专制也放松了,"孝惠之世,乃除挟书之律"。这样的政治背景和文化氛围,为贾谊登上政治舞台开拓了良好的环境。十八岁的贾谊就以诵读儒家诗书和长于属文闻名于当地,先后受学于李斯学生吴公及荀况的学生张苍。二十二岁时,已"颇通诸家之书"。在文帝时荐举贤良方正的条件下,他经吴公的推荐,文帝召以为博士。博士是备皇帝顾问的官员,他有了机会参与朝政。他年少博学多才,许多老先生不能回答的问题,他都代为应对。文帝很赏识他的才能,一年内就破格提升为太中大夫,秩比千石。贾谊受到重用,便利用机会提出了许多改革制度、更定法令的建议,"以为汉兴二十余年,天下和洽,宜当改正朔,易服色制度,定官名,兴礼乐。乃草具其仪法,色上黄,数用五,为官名,悉更奏之"(《汉书·贾谊传》)。文帝见他年青有为,曾想把他提到公卿的位置,却遭到权臣如绛侯周勃、丞相灌婴、东阳侯张相如、御史大夫冯敬等人的嫉忌、排斥与诽谤,说他"年少初学,专欲擅权,纷乱诸事"。文帝因此疏远了他,不采用他的奏议,派他做长沙王太傅。从秩禄说,由太中大夫的比千石到长沙王太傅的二千石,是升官,实际是明升暗降。一旦离开朝廷,他就失去了施展自己政治才华的机会,标志着仕途走下坡路。于是过湘水,作《吊屈原赋》以自喻;任长沙傅三年,作《鵩鸟赋》以自广。

文帝没有忘记贾生的才华,又惑于鬼神之事,公元前173年(文帝7年),在未央宫的宣室召见贾谊,问鬼神之本。贾谊一一道其所以然,以至夜半,"文帝前席";但文帝并不委他重任,只是派他任小儿子梁怀王的太傅。唐代李商隐作《贾生》诗慨叹说:"宣室求贤访逐臣,贾生才调更无伦;可怜夜半虚前席,不问苍生问鬼神。"

文帝用贾谊,是因为重其才。而不重用,固然因为朝廷部分权臣的排挤，更与文帝实行"无为而治"的治国指导思想有关。随着汉政权的逐步巩固，新的矛盾和危机开始出现：同姓王的"分封"，潜伏着割据分裂的危机，王国势力凌驾朝廷；"和亲"不能从根本上消除匈奴的骚扰，匈奴对汉无止境地嫚侮侵掠；"轻徭薄赋""约法省禁"的政策，使商人豪强日甚一日地兼并农民的土地。"无为而治"已不再适应经济、政治的需要。贾谊看出了这些矛盾和危机，大声疾呼，变"无为"为"有为"。这是文帝与他治国指导思想的根本分歧所在，是他不被重用的根本原因。

梁怀王是文帝宠爱的小儿子，地位比长沙王高得多；国都在中原，离长安不远。比起长沙来，贾谊的处境大为改善了。在任梁怀王太傅期间，贾谊针对当时"匈奴强，侵边；天下初定，制度疏阔；诸侯王僭儗，地过古制"的形势，"数上疏陈政事，多所欲匡建"。今传《陈政事疏》（或称《治安策》）的大部分，就是这个时期写的。

文帝前元 11 年（前 169），梁怀王不幸坠马死。《史记》《汉书》本传都说贾谊哀伤自己做太傅不称职，常哭泣，一年后亦死。梁怀王死后，贾谊上《请封建子弟疏》，他根据梁怀王死后当时诸侯力量对比关系做了一个有利于国家统一的调整方案，被文帝采用。从这些事实，看不出贾谊有悲观、怨望的情绪。梁怀王坠马死，是偶然失足。贾谊的伤心哭泣，既有感觉辜负文帝重任的因素，也有相信鹏鸟入舍的不祥之感，更因为失去了他与文帝沟通的桥梁，他的教育思想得不到实施。因为他认为："天下之命，悬于太子；太子之善，在于蚤谕教与选左右……夫教得而左右正，则太子正矣，太子正而天下定矣。"（《保傅》）梁怀王一死，他恐怕再没有被重用的机会，远大的政治抱负，更难以实现了。

贾谊短暂的一生，却给我们留下不少作品。赋有《吊屈原赋》《鹏鸟赋》《旱云赋》《簴赋》（残）《惜誓》（或云屈原原作）；疏有《陈政事疏》（或云《治安策》）《论定制度与礼乐疏》《论积贮疏》《陈铸钱疏》《上都输疏》《谏立淮南诸子疏》《请封建子弟疏》；政论文有《过秦论》等。今传《新书》十卷，是后人据他的疏文等整理而成的。

刘向说："贾谊言三代与秦治乱之意，其论甚美，通达国体，虽古之伊、管未能远过也。"刘歆说："汉朝之儒，唯贾生而已。"（《汉书·楚元王传》）鲁迅说，贾谊的作品"与晁错之《贤良对策》《言兵事疏》《守边劝农疏》皆为西汉鸿文，沾溉后人，其泽甚远"（鲁迅《汉文学史纲要》）。这些都是对贾谊的正确评价。

二、贾谊《新书》的内容与贾谊的思想

《新书》的书名和卷数，历代著录不一。《汉书·艺文志》云《贾谊》五十八篇，未提卷数。《隋书·经籍志》云《贾子》十卷，《旧唐书·经籍志》云《贾子》九卷，《崇文总目》云《贾子》十九卷，《直斋书录解题》云《贾子新书》十卷，南宋《中兴馆阁书目》和晁公武《郡斋读书志》云《新书》十卷。孙诒让说："《新书》者，盖刘向奏书时所题，凡未校者为故书，已校定可缮写者为新书。"（《札迻》卷七）清汪中亦云："称《新书》者，刘向校录所加。荀卿子称《荀卿新书》，见于杨倞之序，是其证也。"（《述学》）

关于篇数，《汉书·艺文志》提五十八篇，北宋王尧臣《崇文总目》"本七十二篇，刘向删定为五十八篇"。这可能是根据刘向《别录》（已佚）的材料，已无从详考。南宋王应麟《玉海》记载的《新书》目录，与今本《新书》相比，除《过秦论》只分上下两篇，《连语》作《昭纪·连语》，《谕诚》作《谕诫》，《退让》作《退逊》外，余则相同。明何孟春《贾太傅新书订注》和周中义《子汇》本有《审取舍》一篇，乃《汉书·贾谊传》中自"凡人之智，能见已然，不能见将然"至"人主胡不引殷、周、秦事以观之也"一段文字。孙钦善《〈过秦论〉分篇考》根据《新书》的版本与内容和结构的分析，认为只分上下两篇（见《文史》第三辑），证据确凿。

《新书》五十八篇，亡佚《问孝》《礼容语上》两篇，今存五十六篇，

分十卷。卷一至卷四（《过秦上》至《铸钱》）为"事势"类，皆为文帝陈政事。卷五至卷八（《傅职》至《道德说》）为"连语"类。卷九（《大政上》至《修政语下》）四篇不标目（《玉海》标"杂事"）。卷十（《礼容语上》至《立后义》）为"杂事"类。"连语""杂事"两类或为太傅时所用的教材和笔记，或释经传古义，或草创仪法，与"事势"类陈政事不同。

《新书》反映了贾谊丰富的政治、经济、教育、哲学思想，而政治思想最为突出。

贾谊的政治思想，既不同于孔子的"从周""好古"，也不同于商鞅的反对"法古"。贾谊在《过秦论》里说："君子为国，观之上古，验之当世，参之人事，察盛衰之理，审权势之宜，去就有序，变化应时。"这就是他的政治主导思想。

鉴于秦朝速亡的教训，洞察现实生活的矛盾，贾谊在《新书》里构造了一个理想的治国框架：即以仁义为经，以礼节为纬，以法为辅，建立一个天地与人世万物和谐统一的国家。《数宁》篇中说，诸侯附亲轨道，致忠而信上；兵革不动，民长保首领；匈奴四荒，乡风慕义，乐为臣子；天下富足，资财有余，民素朴顺而乐从令；官事甚约，狱讼盗贼鲜有；天下顺治，海内之气清和咸理，万生遂茂。这是他的理想王国的生动描绘。

《数宁》篇表明，这个治国框架式要"建久安之势，成长治之业"。何以为之？必须以"仁义"为根本进行治理。这种思想，是在分析总结秦王朝的盛衰兴亡的基础上得出的。他接受了陆贾"逆取""顺守"的主张，认为秦之速亡是由于"仁义不施"的结果。《过秦论》写道："秦王怀贪鄙之心，行自奋之智，不信功臣，不亲士民，废王道而立私爱，焚文书而酷刑法，先诈力而后仁义，以暴虐为天下始……孤独而有之，故其亡可立而待也。"不仅秦王不行仁义，二世也是如此。二世"重以无道，坏宗庙与民，更始作阿房之宫；繁刑严诛，吏治刻深；赏罚不当，赋敛无度。天下多事，吏不能纪，百姓困穷，而主不收恤"(《过秦下》)。并为二世和子婴作了一些治国设想，可是"三主之惑，终身不悟"，因此亡国是必然的。

孟子说：仁者爱人。施仁义的对象是广大人民。民安才能治国，所以说"牧之以道，务在安之而已"(《过秦下》)；也只有民安了，才能讲礼义，"安民可与行义，而危民易与为非"；可见仁义治国，必须爱民，以民为本。《新书》中的民本思想十分突出。除《过秦》上下两篇外，更突出地表现在《大政》上下两篇中。《大政上》指出："闻之于政也，民无不为本也。国以为本，君以为本，吏以为本。故国以民为安危，君以民为威侮，吏以民为贵贱。此之谓民无不为本也。"并且从国家的安危、存亡、兴盛、功业四个方面都取决于人民，论证了"民为国本"的道理。指出民心的向背、民力的重要，统治者不可不察。不仅秦王朝的兴衰史证明这一点，春秋时许多国家的兴亡也证明这一点(见《春秋》篇)。民本思想，起源很早，《尚书》里就有表现。《虞书·皋陶谟》："天聪明，自我民聪明；天明畏，自我民明畏。"已指出天之所行，皆通过民来表达，民已成为天意之代表。《周书·酒诰》："人无于水监，当于民监。"也是以人民为国家根本之意。孔子的政治主张，首先在爱民。樊迟问仁，子曰爱人(《论语·颜渊》)。这种爱人即为仁的思想，发展到后来，孟子直接提出"民为贵，社稷次之，君为轻"的民本主义(《孟子·尽心》)。荀子把君比作舟，把民比作水，水可载舟，亦可覆舟(《荀子·王制》)，也是民本思想的继续发展。贾谊吸取了他们的思想，但不论是在对人民力量的认识上，还是在安定人民的办法上，都比前人更为深刻，更为全面具体。他进而提出了以是否爱民作为衡量国家政治的标准，直接治理人民的是吏，那么吏治如何，可见民治如何，亦可见君治如何。《大政下》说："有不能治民之吏，而无不可治之民。故君明而吏贤矣，吏贤而民治矣。故见其民而知其吏，见其吏而知其君矣。故君功见于选吏，吏功见于治民。"又说："民之治乱在于吏，国之安危在于政。"并主张人民参加对吏的选举："明上选吏焉，必使民与焉。故士民誉之，则明上察之，见归而举之；故士民苦之，则明上察之，见非而去之。故王者取吏不忘，必使民唱，然后和之。"以人民的好恶作为取吏的标准。政府官吏应"以富乐民为功，以贫苦民为罪"（《大政上》）。他劝告君主，只有把广大人民的生活安顿好，无衣食之虞，统治才能稳固。否则，"饥寒切于民之肌肤，欲其无为奸邪盗贼，不可得也"（《孽产子》）。在《忧民》《无蓄》两篇，提出"蓄积"政策，也是从人民生活的角度来表现他的民本思想的。

理想的国政，必须靠理想的君主来执掌。贾谊主张建立的国政，是定于一尊的皇权专制。为了使皇帝有绝对统治的能力，贾谊提出"阶级"的观念，以巩固并神化皇帝的地位。《阶级》篇里说："天子如堂，群臣如陛，众庶如地，此其辟也。故陛九级上，廉远地则堂高；陛亡级，廉近地则堂卑。高者难攀，卑者易陵，理势然也。故古者圣王制为列等，内有公、卿、大夫、士，外有公、侯、伯、子、男，然后有官师、小吏，施及庶人，等级分明，而天子加焉，故其尊不可及也……君之宠臣虽或有过，刑僇不加其身，尊君之势也。"在先秦，孔、孟主张建立等级制度，荀子主张用礼来维持贵贱等级，韩非则主张用法与刑。贾谊接受了他们的主张，但阐述得更为细致、具体。《等齐》篇说："所持以别贵贱、明尊卑者，等级、势力、衣服、号令也。"《服疑》篇主张"奇服文章，以等上下而差贵贱"。只有"等级既设"，才能"各处其检，人循其度"。"卑尊已著，上下已分，则人伦法矣。于是主之与臣，若日之与星。以臣不几可以疑主，贱不几可以冒贵。下不凌等则上位尊，臣不逾级则主位安。谨守伦纪，则乱无由生。"《瑰玮》篇也说："使车舆有度，衣服器械各有制数。制数已定，故君臣绝尤而上下分明矣。"可见他主张设立等级制度，是为了别贵贱、明尊卑，达到秩序整然的目的。贾谊的尊君，与法家不同，法家的君主除了法不受任何人的制约，而法的最高权力，都操在皇帝手中，尊君是为控制臣下和百姓，强迫使之服从。贾谊主张建立的等级制度，在处理君民关系上，比前人更胜一筹。他从秦王朝的教训中，找到了解决君民关系的合理方法，就是建立一种和谐的君民关系。这种"和谐"，是在君臣上下必须遵守礼义的基础上统一起来，纳入大一统的政治轨道。贾谊主张给皇帝掌握权力，并给皇帝以政治规范。皇帝的地位虽尊，但权力的行使，即是出于集体的意志和能力，而不是出于皇帝的个人意志。《官人》篇提出王者官人有六等：师、友、大臣、左右、侍御、厮役。这六等，不是爵位上的等级，而是随才能品格而来的所能尽的责任上的等级。"与师为国者帝，与友为国者王，与大臣为国者伯，与左右为国者强"，实际是主张人君集天下贤人的共同统治。《辅佐》篇把朝廷的政治结构分为上中下三篇：大相为"上执政职"，大拂为"中执政职"，大辅为"下执事职"，还有道行、调谇、典方、奉常、挑师等，都有辅佐君主共同治政的责任。这更是从官制上对皇帝进行的一种制约，以免皇帝像秦始皇那样，"怀贪鄙之心，行自奋之智"（《过秦下》）。

贾谊根据当时国内的形势，分析了存在的社会矛盾，并提出解决的方案。贾谊以敏锐的目光，透过"政宽人和""天下富贵"的太平景象，看出了深刻的社会危机。针对那些至愚无知的谀者所说的"天下已安已治"，他针锋相对地反驳说"未安未治"，痛斥他们为"皆非事实知治乱之体者"（见《数宁》）。

刘邦铲除异姓王，分封同姓王，成了文帝时治安的梗阻。当时诸侯王僭儗，地过古制，淮南、济北王皆为逆。故贾谊在《宗首》《藩强》《大都》《益壤》《权重》《五美》《制不定》《淮难》诸篇中，分析了诸侯王为乱的原因，在于他们权足以徼倖，力足以行逆，而汉帝国制度疏阔、地制不定，从而提出"众建诸侯而少其力"（《藩强》）的策略，这实际是一种分散诸侯力量的政策。让"宗室子孙虑莫不王"（《五美》），从而达到"力少则易使以义,国小则无邪心"的结果。以屠牛为喻,他指出"仁义恩厚者,此人主之芒刃也;权势法制,此人主之斧斤也"(《制不定》)。在用仁义不能解决时,要用权势法制。他认为"法者禁于已然之后",而"礼者禁于将然之前";"以礼义治之者,积礼义;以刑罚治之者,积刑罚。刑罚积而民怨背,礼义积而民和亲。"(《治安策》)可见他主张用权势法制,乃是出于不得已,与法家重用刑法有本质区别,倒是与孔子的"道之以政,齐之以刑"的观点同出一辙。

贾谊的"削藩"主张,对汉代中央集权发生了重大的作用。贾谊死后四年,文帝把齐国一分为七,把淮南国一分为三,削弱了诸侯的力量。景帝采用晁错的"削藩策",先是削除了诸侯王的两个郡和六个县,"七国之乱"后,又把吴、越等王国分成若干小王国,汉武帝颁布"推恩令",进一步缩小了诸王的领地,分散了他们的力量,又借故削夺了一百零六个列侯的爵位,基本上解决了诸侯强大难制的问题。这些基本是采用了贾谊的主张。

汉高祖时,匈奴就是北方一个强盛的民族,拥兵三十余万,经常骚扰边境。刘邦采用"和亲"政策,并每年奉送大量的金絮缯彩,才得以苟安无事。文帝时匈奴又不断派兵侵扰,给中原人民造成很大灾难。贾谊认为匈奴是蛮夷,是天下之足(《威不信》),反对向匈奴屈膝求和,但又不主张兴兵讨伐,而是提出"三表五饵",主张以德怀服。"三表"的具体内容是:用事势树立汉朝天子的信誉,使匈奴大众相信汉朝天子;用事势说明汉朝天子友爱匈奴人,使匈奴大众"自以为见爱于天子也,犹若子之遻慈母也";用事势说明汉朝天子爱好技术,使匈奴大众明白,只要有一技之长,"一可当天子之意"。"五饵"的具体内容是:对匈奴使者及官吏之来降者,不但不歧视,反而给予优惠的待遇和宠幸,所谓"牵其耳、牵其目、牵其口、牵其腹,四者已牵,又引其心"(《匈奴》)。"三表""五饵"的空想成分很大,但通过它,可以争取匈奴大众和一部分官吏同汉亲善,对阻止或减少匈奴贵族的入侵，使汉胡相安无事，起到了一定的作用。用仁义来处理民族关系，也是贾谊政治思想的一个组成部分。

治国以仁义为经，还必须以礼节为纬。贾谊认为"汉兴二十余年，天下和洽，宜当改正朔，易服色制度，定官名，兴礼乐"（《汉书·贾谊传》）。等级制度靠什么来维持，君臣上下的关系靠什么来协调？靠礼。实现理想的国政，必须建立上下共同遵循的规范，以形成共同的精神纽带，这便是礼。在《礼》篇里，他详细地阐述了礼的作用："礼者，所以固国家，定社稷，使君无失其民者也，主主臣臣，礼之正也；威德在君，礼之分也；尊卑大小，强弱有位，礼之数也……故礼者，所以守尊卑之经、强弱之称者也。""礼云礼云者，贵绝恶于未萌，而起教于微眇，使民日迁善远罪而不自知也。"（见《治安策》）可见礼可以维护等级制度，是实行仁义的保证。礼，可以使上位尊，主位安，可以使民日迁善远罪。这些都是继承了先秦儒家的主张。

礼的外部表现形式是"容"。为此，贾谊作了《容经》篇，详细规定了"志色之经""容经""视经""言经"以及"立容""坐容""行容"等各种生活礼仪；在《礼容语下》引用春秋时的故事，说明容合于礼的重要性。贾谊这些关于礼容的阐述，是从外部来约束人们遵守礼。这是先秦论礼的儒家没有具体谈及的。

贾谊面对汉俗日败的现实，主张推行礼乐使社会风气得以改变，即"移风易俗，使天下移心而向道"（《俗激》）。在《俗激》《时变》《孽产子》等篇揭露了世俗败坏的情况："今世以侈靡相竞，而上无制度，弃礼义、捐廉丑日甚，可为月异而岁不同矣。逐利乎不耳，虑念非顾行也。今其甚者，到父矣，财大母矣，踝妪矣，刺兄矣。盗者虑探柱下之金，剶寝户之帘，搴两庙之器，白昼大都之中，剽吏而夺之金。矫伪者出几十万石粟，赋六百余万钱，乘传而行郡诸侯，此其无行义之尤至者已。"（《俗激》）要解救这种时弊，必须"立君臣，等上下，使父子有礼，六亲有纪"，

"令主主臣臣，上下有差，父子六亲各得其宜"。贾谊正是主张把礼推行到朝野之间达到淳化社会风气的目的。

经济是治国的基础。围绕着治国理想，贾谊在《忧民》《无蓄》《铜布》《铸钱》等篇，阐述了他的经济思想。

当时的社会情况是："农事不为，而采铜日烦……奸钱日繁，正钱日亡……黥罪繁积"，出现生产与消费的混乱局面。世以侈靡相竞，以出伦逾等相骄（《时变》）："夫雕文刻镂周用之物繁多，纤微苦窳之器日变而起，民弃完坚而务雕镂纤巧，以相竞高"（《瑰玮》）；"今贵人大贾屋壁得为帝服，贾妇优倡下贱产子得为后饰"（《孽产子》）。总之，一方面是背本趋末，另一方面是严重的奢侈浪费，造成"今汉兴三十年矣，而天下愈屈，食至寡"（《忧民》），"公私之积犹可哀痛"。贾谊深知"饥寒切于民之肌肤，欲其无为奸邪盗贼，不可得也"。要想治国，必先安民（《孽产子》）；要想安民，必须使民富足。"民非足也，而可治之者，自古及今，未之尝闻。"（《无蓄》）要使民足，一要多生产，二要节制消费，以增加积贮。因此他把积贮提到关系国家安危的高度，《无蓄》篇说："夫蓄积者，天下之大命也。苟粟多而财有余，何向而不济？以攻则取，以守则固，以战则胜，怀柔附远，何招而不至？"如何做到积贮？第一要解决背本趋末的问题：一方面固定尚未附着在土地的农民，以改变愈加严重的背本局面；一方面运用政权的力量强制商人从事农业生产。"今驱民而归之农，皆著于本，则天下各食于力。末技、游食之民转而缘南亩"（《瑰玮》），并主张收天下之铜，让民返耕田。第二要杜绝浪费，制止侈靡之风。要做到这一点，就必须规定社会生活用品的等级制度。"今去淫侈之俗，行节俭之术，使车舆有度，衣服器械各有制数……擅退则让，上僭者诛"，这样做就可以"淫侈不得生，知巧诈谋无为起，奸邪盗贼自为止，则民离罪远矣"（《瑰玮》）。

贾谊的积蓄论、重农观虽来源于先秦儒家和法家，但他不像儒家主张藏富于民，也不像法家主张藏富于国，而是综合了两家的观点，主张国家和个人都要有积蓄，更主张积蓄不是为了供统治者的挥霍浪费，而是为了安定人民生活，保卫国家的安全。有了储备的粮食和财物，可以"攻则取""守则固""战则胜"，这是先秦以来财富概念的一个重要发展。

贾谊的重农思想和积蓄理论对后代产生了很大影响，晁错的贵粟论和重农理论就是直接继承贾谊思想并加以发展的。

在货币问题上，贾谊在《铜布》《铸钱》两篇里分析了私铸钱币的危害：一、民造伪钱，触犯法禁，黥罪繁积。二、钱文大乱，钱用不信，民愈相疑。三、农事不为，采铜日蕃。提出由国家垄断币材——即收铜勿令布下的主张。他认为这样做的好处可以使民不犯盗铸钱之黥罪，返耕于田，有利于农业生产，可以利用控制的币材，来调节、控制货币和商品的比价："上挟铜积，以御轻重，钱轻则以术敛之，钱重则以术散之，则钱必治"；这样，可以达到稳定商品价格的目的。国家利用货币来操纵、控制各种商品的价格和供求，削弱"末民"的非法营利，增加国家财政收入。贾谊的这些主张，汉文帝并没有采用，直到景帝六年（前151）才禁止私铸。但是这些主张为后来汉武帝统一铸钱作了准备，对汉代的货币思想也有影响，这是他在货币学说上的重大贡献。

贾谊的教育思想也是围绕治国理想来论述的，主要表现在《保傅》《胎教》等篇。

太子是君主的继承人，因此太子的教育成为培养理想君主的重大问题。《保傅》篇里说，"太子正而天下定矣"，是他论述教育的立足点。《立后》篇记叙了立太子的礼仪，阐述了立太子的意义，是为了使天下有天子。基于人性有善有恶的观点，他非常重视教育对人的改造作用，"习与正人居之，不能无正也，犹生长于楚，不能不楚言也"（《保傅》）。又指出："太子之善，在于蚤谕教与选左右。心未滥而先谕教，则化易成也。""夫教得而左右正，则太子正矣。"并强调及早教谕的重要性，主张实行"胎教"。

《胎教》篇记叙了古代胎教之礼，并用古代许多君主因用贤与否致国兴亡的故事，从而说明君主所受教育特别是左右辅佐的重要性。《傅职》篇里，陈述了有关"傅"的各项具体要求和方法；《辅佐》篇陈述了各辅佐的职责；《连语》篇把人主分为上中下三等，指出中主得善佐则存，不得善佐则亡；都说明了环境、左右对君主产生的教育影响作用。《劝学》篇谓门人学者："时难得而易失也。学者勉之乎！"强调后天的努力学习。

从贾谊的教育思想可以看出，他已认识到环境对人的影响，教育对人的改造作用，早期教育的重要性。各篇所述，主要讲对太子的教育，但是他有关教育的基本思想，当然也适用于一般的人。

贾谊的哲学思想，也是围绕着他的治国理想展开论述的。以前人们大都是据《鵩鸟赋》来论述他的哲学思想，实际上那只不过是他因贬谪长沙一时而发的牢骚，才与老庄的"虚无""无为"思想发生共鸣而已。他的基本哲学思想，主要表现在《道术》《六术》《道德说》等篇里。他在这些文章里提出的"道""德"等哲学范畴，是与人的伦理紧密联系在一起的。就拿"道"来说，它具备了老庄之道那种虚无缥缈、生天生地的性质，又具有宋尹学派那种涂上一层浓厚的伦理色彩的特征，并把它纳入治国的框架中去。王兴国在《贾谊评传》里对贾谊论述的"道"作了全面的论述，总结为五点："道"是一种统治方法，"道"是一种认识方法，"道"是一种宇宙本体，"道"是事物发展的规律，"道"是指伦理道德。《道德说》写道："道者无形，平和而神。道有载物者，毕以顺理适行，故物有清而泽。泽者，鉴也，鉴以道之神。摹贯物形，通达空窍，奉一出入为先。"是说道虚无缥缈，存在于万物之中。道的这种高度抽象意义，不是他哲学思想中的主要内容，在更多的论述中，是伦理道德的同义语。王兴国认为，贾谊伦理思想的要点有三：一、最早提出和使用"伦理"概念；二、论道德产生的根源及社会作用；三、对一些重要伦理范畴的分析。《修政语下》说："敢问于道之要奈何？……为人下者敬而肃，为人上者恭而仁，为人君者敬士爱民，以终其身。此道之要也。"贾谊所说的道，可以说是治道：《辅佐》篇说："大相上承大义而启治道，总百官之要，以调天下之宜；正身行，广教化，修礼乐，以美风俗。"可以说是君道：《君道》篇在批评纣王杖诸侯之不谄己、梏文王的无"道"行为之后，指出："《书》曰：'大道宣宣，其去身不远，人皆有之，舜独以之。'去射而不中者，不求之鹄，而反修之于己。君国子民者，反求之己，而君道备矣。"可以说是修身接物之道：《道术》篇对父子兄弟、待人接物等人际关系和恭、贞、信、平、公、私、仁、宽、安、良、轨、威、勇、怯、诚等范畴，用"道"作了伦理的规定，并总结说："凡此品也，善之体也，所谓道也。故守道者谓之士，乐道者谓之君子，知道者谓之明，行道者谓之贤，且明且贤，此谓圣人。"贾谊道的伦理性质，也表现在他以"六"建立的思想体系中。道生德，德生六理：道、德、性、神、明、命。天地、人与万物皆六理所生，而《诗》《书》《礼》《乐》《易》《春秋》六艺是用来表现天地、人与万物的，也就是表现六理。德具有六理的本质，同时具有六美的特征，而德之六美：道、仁、义、忠、信、密，也就是人的质量。这样，人的伦理，与天地万物的本源相融合，从中源源不断地导引出来，因而更加具有威慑力量，更加合法化。可见贾谊的哲学思想是他政治思想的基础，旨在形成人与自然、伦理与政治的和谐统一。

纵观贾谊前后的思想家，很少有人能像他这样把理论的构建同解决具体现实问题紧相结合。孔、孟、荀等人，仕宦不定，无法为哪一国提出具体的治国方案；韩非也只是发展了法家的理论。吕不韦的宾客们，提出了一套治国理论体系，作出一种尝试，但与秦始皇的法治大相径庭。只有贾谊，顺着封建大一统的历史潮流，吸收发展了前人思想，在对秦王朝盛衰兴亡的分析总结、对现实矛盾危机的洞察剖析的基础上，构建成一个完整的治国理论体系，为董仲舒建立儒学新体系打下了基础。这就是《新书》表现的贾谊思想的价值所在。

三、《新书》的真伪及版本

《新书》的真伪问题，以前学者众说纷纭。但概括言之，大致可分为两种互相对立的意见：

一种认为，今本《新书》已非《汉书·艺文志》及《贾谊传》中所说的五十八篇，乃是魏晋以后人所伪编，其中一部分为割裂《贾谊传》及《食货志》所引的奏疏，加上标题，凑合而成。《四库全书总目》提要谓："此其书不全真，亦不全伪。"主此伪书说者，可以宋陈振孙（见《直斋书录解题》）、清姚鼐（见《辨贾谊〈新书〉》）等为代表。他们的理由，可以归纳为下列几点：

（一）《汉书》中所引贾谊的疏文，条理通贯，而凡《新书》中非引自《汉书》的部分，则浅驳不足观。

（二）今本《新书》中有些词语，与西汉时代不合。如姚鼐说"易王后曰妃，自魏晋始"；又曰"皇帝，臣下称之曰陛下，此是秦制，周末列国诸王所未有，则汉诸侯王必不袭用秦皇帝之制，而使其国臣称曰陛下"。

（三）今本《新书》中有些内容与《说苑》《新序》《韩诗外传》相雷同，是《新书》以这些书为源本，因为《新书》的这些部分较之诸书为略。

另一种与前者针锋相对，驳斥了伪书说。认为今本《新书》即《艺文志》和《贾谊传》中所说的五十八篇，亦即刘向删定本；但今本仅存五十六篇，又《问孝》有录无书，则佚三篇。主此真书者，自宋代朱熹、王应麟、黄震等人开始，而余嘉锡、魏建功、王洲明等人论之最详。他们所说的可归纳为以下几点：

（一）从贾谊作品流传的情况看：自汉至宋有著录，贾谊作品在汉代就被司马迁、董仲舒、韩婴、刘向、戴德、班固所引用，在《汉书》和《后汉书》注里也征引了贾谊书的语句，并且宋以前的类书，如《意林》《北堂书钞》《群书治要》《艺文类聚》《初学记》《太平御览》等，也征引了贾谊作品，其内容和篇目顺序皆与今本《新书》大体一致，可见同出一个系统。

（二）持伪书说者认为有些词语与西汉时代不合，这是误解。"妃"字不作"嫔妃""妃子"解，而应为"匹配""配偶"义，《尔雅》《说文》《礼记》《左传》皆有例证。汉朝廷已袭用秦制，称皇帝为陛下，这在《汉书》中比比皆是。《等齐》篇通篇都是讲"诸侯之王乃将至尊"的越轨行为，诸侯王以皇帝自居，令臣下称其为陛下，是完全可能的。

（三）"事势"类以外的文章，以"论古"为主，或阐明古礼古制，或称颂古代"圣王"言行遗训，或评论前世政治的治乱得失。联系贾谊的生平事迹和思想，这一部分从各个角度表现了"民本""仁政""圣王贤佐"等思想。与"事势"类的文章基本思想相合，也与贾谊"君子为国，观之上古，验之当世"（《过秦下》）的指导思想一致。

（四）从文章的风格看：凡非《汉书》所有者，古雅渊奥，非后人所能伪撰；书中引鲁诗十二条，汉初三家诗盛行，而鲁诗最盛行，与贾谊的时代相合；且从遣词造句的一贯性，亦可证明非伪作。

（五）关于引书问题，后人引前人的文章，既可以节简，也可以扩充，不足为理由。如《春秋繁露·玉杯》就是根据《容经》所说的"圣人之化"引申扩充，成为关于"圣化"的观点。《说苑》《新序》乃刘向所编集，《新书》亦经刘向删定。或者《新书》原详，刘氏删之；或者刘氏敷衍之；两者都有可能。

根据以上所述，而两者之是非可见。《新书》为伪书之说不可信，今本五十六篇，基本上为《汉书·艺文志》所载之旧本。当然这部《新书》不是贾谊亲自编纂的，是学习贾谊之学的人，把贾谊的奏疏及其他论述编辑而成。先秦诸子之书，如《孟子》《管子》《晏子春秋》均非自作。《新书·先醒》有"怀王问于贾君"语，《劝学》为语其门人，皆可谓明证。又据《崇文总目》云："《贾子》九卷，汉贾谊传，本七十二篇，刘向删定为五十八篇。"不知其说所本，或据刘歆《别录》之文。

前人论《新书》真伪，每每集中在《新书》与《汉书》引文的关系上。主张《新书》为伪说者，以为《新书》乃割裂《汉书》引文而成。现在证明《新书》非伪作，其产生在《汉书》之前，当然不再存在《新书》抄《汉书》的问题。主张《新书》非伪书者，或以为《汉书》引文乃删改概括《新书》而成。如宋王应麟《汉书艺文志考证》云："班固作传，分散其书，参差不一，总其大略"；请汪中《新书·序》云："自《数宁》至《辅佐》三十三篇，皆陈政事……班氏约其文而分载之《本传》《食货志》尔。"余嘉锡、魏建功、王洲明等把《汉书》引文同《新书》比较，证明《汉书》引文摘自《新书》。但是这种说法，有许多问题无法解释。兹说明如下：

（一）《汉书》引文有《新书》所没有的内容。如《汉书·贾谊传》中自"凡人之智，能见已然，不能见将然"至"人主胡不引殷、周、秦事以观之也"一段五百四十三字，内容是论述礼与法的作用的，与贾谊思想一致。今本《新书》所无，也不像属于《新书》五十八篇中亡佚的《问孝》《礼容语上》两篇里的语句，因为内容不合。也不可能是刘向删去的文章，因为如果班固看到的是刘向删定前的七十二篇本《新书》的话，那么班固就不会说"凡所著述五十八篇"了。

（二）从篇目顺序看，班固《治安策》中所引，涉及《新书》共有十六篇。其篇目顺序为：第五、六、二十四、四、十四、七、十三、八、二十六、二十九、二十七、二十、十八、十七、三十四、十六。再看《治安策》中"可为流涕者"两段，按之《新书》，在《解县》《势卑》《威不信》三篇，篇目顺序为第二十六、二十九、二十七；语句的顺序就更乱了，分别见于《解县》《势卑》《解县》《势卑》《解县》《势卑》《解县》《势卑》《威不信》。又如《汉书·贾谊传》中所引《请封建子弟疏》，按之《新书》，在《益壤》《属远》《权重》三篇。篇目顺序为第十一、二十三、十二，语句的顺序为：《益壤》（文中的前后顺序又为［一］［三］［二］［四］）、《属远》、《益壤》、《权重》。试想，班固若据《新书》改作《汉书·艺文志》，总不致如此颠来倒去、东拼西凑吧。

（三）《汉书》所引贾谊文中，与《新书》相比，固然作了大量删削，但有许多字句不同。除上面提到的一大段五百四十三字而外，在各篇多出的字共有二百一十五个之多，不同的字不下三百零五个。根据班固引书的惯例，一般是原文照录，所以《汉书》引文抄自《新书》说，无法解释上边所举这些问题。

班氏著《贾谊传》时当然看到刘向所校定的《新书》，《贾谊传》云"凡所著述五十八篇，掇其切于世事者，著于传云"，这是明证。但根据《贾谊传》及《食货志》中所引，则班氏除参考《新书》外，必另有录自藏于内府的贾谊奏疏档案，试说明如下：

班固作《汉书》，汉武帝以前的部分，对《史记》未载的史实进行了补充。这些史料的来源，可能一是承其家学，二是班固在兰台搜集到的档案资料。据《汉书·叙传上》云，班固的父亲班彪那时，"家有赐书，内足于财"。又据《后汉书·班彪列传上》记载，显宗时，班固"召诣校书部，除兰台令史，与前睢阳令陈宗、长陵令尹敏、司隶从事孟异共成《世祖本纪》。迁为郎，典校秘书"。"及肃宗雅好文章，固愈得幸，数入读书禁中，或连日继夜。"兰台令史掌书劾奏及印主文书，可见班固有机会接触到汉宫廷史料。明帝诏班固、傅毅校书东观及仁寿阁，当时石室、兰台、东观及仁寿阁，都是藏书极为丰富的地方。贾谊的疏，西汉的重要奏议，不可能不收入宫廷史料之列。由此可以推断，班固作《汉书》时，完全有可能直接看到贾谊原疏。

今观《治安策》与《新书》相应的十六篇，按《治安策》的顺序连接起来，其内容和文理皆可吻合，只是少了疏的套语和一些难懂的字句段落，这正好可以理解班固所说的"谊数上疏陈政事，多欲有所匡建，其大略曰"这些话。"数上疏"，不是一次呈上，而《汉书·贾谊传》中的引文是由许多疏组成的。考之《新书》，《数宁》篇为其开头，首尾套语俱全。《藩伤》《宗首》《亲疏危乱》《制不定》《藩强》《五美》《大都》七篇皆言国内诸侯王势大难制，提出"众建诸侯而少其力"和"定地制"的主张，此正为"痛惜者一"。《解县》《势卑》《威不信》三篇言匈奴势大难制，此正为"流涕者二"。《孽产子》《时变》《俗激》三篇言其世俗败坏，为长太息之事；《保傅》为一事；《审取舍》（《新书》无，后人补名，今姑用之）为一事；《阶级》为一事，为周勃系狱而发，并无错乱之处。加上另外几篇疏，岂不为数上疏言事而欲有所匡建吗？班固有删节，所以说"大略"云云。另外《过秦》三篇疑仿陆贾作《新语》，准备上呈文帝而作。"事势"类中《等齐》《服疑》《审微》《一通》《匈奴》疑也应在"治安之策"中。如匈奴问题是当时国家的一大问题，"三表""五饵"之策在《贾谊传赞》中也特别提到过。或是班固认为"其术固以疏"，因而删去。

综上所述，可见《汉书》所引贾谊是班固直接看到内府所藏贾谊原疏，参考《新书》，经过删改概括成今天这个面貌的。《汉书》的引文和《新书》都不是伪书，它们所本者均为贾谊的原疏，但取舍详略和编排形式不同。

《新书》的版本，今以卢文弨抱经堂本为最善。卢氏校本，有三个特点。一、卢校本的校注里，保存了宋本的特点。宋代的《新书》版本，我们今天已无法看到。卢氏校本，用了两个校本校勘，一是宋建宁府陈八郎书铺印的本子，简称"建本"，明毛斧季、吴元恭用它改过当时的本子。二是宋淳祐八年（1248）长沙刻的本子，简称"潭本"，此本是从淳熙八年（1181）程漕使本重雕的。二、卢氏校勘《新书》，几乎囊括了明代有代表性的本子：吴郡沈颉本，明弘治十八年（1505）刻；李空同本，明正德八年（1513）刻，钦远猷曾合郴阳何燕泉本、长沙本、武陵本合校过此书；陆良弼本，明正德九年（1514）为长沙守时刻；程荣本，刻于《汉魏丛书》内；何允中本，共有五个明本。而明代的其他本子，与卢氏校勘所据本或多或少有相承关系。如李空同本是从都穆本（明弘治年间）而来，都穆本又是从乔缙本（明成化十九年［1483］）而来。又如吉府本是承陆良弼本而来。清代的本子，承明代而来。如王谟本（刻《增订汉魏丛书》内）即从何允中本而来；王耕心的《贾子次诂》只是将卢校本的目次和篇段重新调整，改动了一些文字，并将《汉书》所录的贾谊疏议全部收入，作为外篇，有严重的重复杂乱的弊病。三、卢氏还参照了《汉书》《史记》《国语》《战国策》《说苑》《新序》《群书治要》等书进行校勘，校勘精审。但卢氏校本删改颇多，已失去古本的原貌。

《新书》源远流长，错简失次的现象严重，传抄讹误的地方很多，又有人根据《史记》《汉书》引文大加删改，造成了很多错误，引起许多怀疑的意见，一直真伪难辨，严重影响了它的整理与研究。历代虽有文字考订、辨别真伪之作，大都零散不全。今人阎振益、钟夏的《新书校注》据明正德十年（1515）吉府本整理，校注完备，因此本书选用此书为底本，以《四部丛刊》收录的吉府本复校，以清乾隆卢氏抱经堂校定本参校，择善而从，与底本及吉府本文字不相符者，在注释中加以说明，对形近讹字或不规范的字径加改正。

今应"中华传统文化百部经典"编纂出版之邀，为普及之需，对《新书》进行校注、批点，内容涉及《新书》所反映的贾谊思想各个方面，在参考历代研究资料及海内外学者校注译成果的基础上，为之注释、旁批，加以点评。拙稿经孙钦善、王兴国、郭齐勇三位先生审读斧正后，根据他们的意见进行了修改，特此致谢。无奈《新书》内容丰富，思想深邃，文字又多古雅典奥，囿于功底学识，错误在所难免，祈教于方家。

新书

新书卷第一

过秦上 事势 [1]

秦孝公据崤函之固[2],拥雍州之地[3],君臣固守,以窥周室,有席卷天下、包举宇内、囊括四海之意,并吞八荒之心[4]。当是时也,商君佐之[5],内立法度,务耕织,修守战之具;外连衡而斗诸侯[6]。于是秦人拱手而取西河之外[7]。

[注释]

[1]过秦:篇名,又称《过秦论》(《三国志·吴志·阚泽传》)。分篇也有三篇或两篇的不同,清代卢文弨所见到今存的宋代潭本(淳祐八年[1248]长沙刻)分上中下三篇。"过秦"即言秦之过,作为汉代统治者的借鉴。上篇历叙秦国如何从弱小转向兴盛,又最终走向灭亡,并总结出主要原因是"仁心不施",其具体原因并未展开,属于总论;文章熔政论性与文学性为一炉,而气势豪

《史记评林》引王鏊说:"贾谊《过秦论》其言极古,与先秦相上下。"

《史记评林》引林希元说:"三论铺叙兴亡本末如指诸掌,行文有法度,议论根义理,词气开阖起伏,精深雄大,真名世之作也。"

林云铭《古文析义》说:"已上言秦强之始。史载孝公发愤修政,故首言孝公。"

秦孝公建立秦国基业。

《精校评注古文观止》说:"秦之始强如此。"

迈,最富文采,是贾谊政论文中最具有代表性的一篇。　[2]秦孝公:秦献公之子,姓嬴名渠梁,战国时秦国国君,公元前361—前338年在位。崤:崤山,今河南洛宁县北。函:函谷关,今河南灵宝南。　[3]雍州:《禹贡》九州之一,今陕西东部、北部,青海东南部,宁夏回族自治区一带。　[4]八荒:四方极远的地方。　[5]商君:商鞅,姓公孙名鞅,战国时卫人,少好刑名之学,先事魏相公孙痤,后入秦辅佐秦孝公,定变法之令,废井田,开阡陌,改赋税之法,使秦国富强,因封于商地,号商君,后被惠文王所诛。　[6]连衡:也称"连横",东方齐、楚等国联合西方秦国打击其他国家的策略。　[7]西河:黄河以西,今陕西大荔县、宜川县一带。

《精校评注古文观止》说:"秦之又强如此。"

《评注诸子菁华录》说:"借诸侯之强形,出秦之尤强,是借宾衬主法。"

《精校评注古文观止》说:"正欲写秦之强,忽写诸侯作反衬。"

林云铭《古文析义》说:"定弱秦之计。"

林云铭《古文析义》说:"申弱秦之约。"

孝公既没,惠文、武、昭襄蒙故业[1],因遗策,南取汉中[2],西举巴、蜀[3],东割膏腴之地,北收要害之郡。诸侯恐惧,会盟而谋弱秦,不爱珍器重宝、肥饶之地,以致天下之士,合从缔交[4],相举为一[5]。当此之时,齐有孟尝[6],赵有平原[7],楚有春申[8],魏有信陵[9]。此四君者,皆明智而忠信,宽厚而爱人,尊贤而重士,约纵离衡,兼韩、魏、燕、赵、宋、卫、中山之众。于是六国之士,有宁越、徐尚、苏秦、杜赫之属为之谋[10],齐明、周最、陈轸、召滑、楼缓、翟景、苏厉、乐毅之徒通其意[11],吴起、孙膑、带佗、倪良、王廖、田忌、廉颇、赵奢之朋制其兵[12]。尝以十倍之地，百万之师，仰关而攻秦。秦人开关延敌，九国之师逡巡而不敢进[13]。秦无亡矢遗镞之费[14]，而天下已困矣。于是从散约败，争割地而赂秦。秦有余力而制其弊，追亡逐北，伏尸百万，流血漂橹[15]，因利乘便，宰割天下，分裂山河。疆国请伏[16]，弱国入朝。

[注释]

[1] 惠文：秦惠文王，孝公之子，名驷。武：秦武王，惠文王之子，名荡。昭襄：秦昭襄王，名则，一名稷，武王异母弟。[2] 汉中：今陕西南部一带。[3] 巴、蜀：皆古国名。巴在今四川东部，蜀在今四川成都为中心的川中、川北一带。[4] 合从：也称"合纵"，战国时六国联合抗秦的策略。缔交：缔结盟约。[5] 举：通"与"。[6] 孟尝：孟尝君田文，齐靖郭君田婴之子，为齐相。[7] 平原：平原君赵胜，赵武灵王之子，封于平原。[8] 春申：春申君，楚相黄歇的封号。[9] 信陵：信陵君，魏昭王之少子，名无忌。[10] 宁越：赵国中牟（今河南汤阴县西）人。徐尚：宋国人。苏秦：东周洛阳人，纵横家。杜赫：周人。[11] 齐明：东周朝臣。周最：东周成君之子，仕于齐。陈轸：夏人，仕秦又仕楚。召滑：又作"昭滑""邵滑""卓滑"，楚相。楼缓：魏文侯之弟。翟景：即翟强，魏相。苏厉：苏秦之弟，仕于齐。乐毅：中山国人（据《辞海》），本齐臣，仕于燕。[12] 吴起：魏将。孙膑：齐将。带佗：楚将。倪良：越将。王廖、田忌：皆齐将。廉颇、赵

林云铭《古文析义》说："练弱秦之军。"

《精校评注古文观止》说："此段申明'以致天下之士'一句，极写诸侯得人之盛，以反衬秦之强。"

《精校评注古文观止》说："此正接前'合从缔交，相与为一'句，作一逼，紧峭之至。"

《精校评注古文观止》说："上写诸侯谋弱秦，何等忙；此写秦人困诸侯，何等闲。"

《精校评注古文观止》说："初点连衡，次点合从，三叙约从离横，四叙从散约解，段落井然。"

林云铭《古文析义》说："已上言惠王、武王之强。"

秦国重视人才。

《精校评注古文观止》说："极言秦之强，总是反跌下文。"

奢：皆赵将。　[13]逡（qūn）巡：徘徊不前。　[14]镞（zú）：箭头。　[15]橹：大盾牌。　[16]彊：通"强（彊）"。

[点评]

秦国经过孝公、惠文王、武王、昭襄王四位君王的努力，开拓了疆土，奠定了大秦帝国的基础，与当时颇为强大的六国形成对峙之势。六国谋士虽多，然终不能敌秦之武力。

施及孝文王、庄襄王[1]，享国之日浅，国家无事。

《精校评注古文观止》说："虚叙带过。"

及至始皇[2]，奋六世之余烈，振长策而御宇内[3]，吞二周而亡诸侯，履至尊而制六合，执敲朴而鞭笞天下[4]，威振四海。南取百越之地[5]，以为桂林、象郡[6]；百越之君，俯首系颈，委命下吏。乃使蒙恬北筑长城而守藩篱[7]，却匈奴七百余里[8]；胡人不敢南下而牧马，士不敢弯弓而报怨。于是废先王之道，焚百家之言，以愚黔首。堕名城，杀豪杰，收天下之兵聚之咸阳[9]，销锋镝[10]，铸以为金人十二，以弱天下之民。然后践华为城[11]，因河为池，据亿丈之高，临

《精校评注古文观止》说："四句亦只一意，极言始皇之强，非一辞而足矣。"

《精校评注古文观止》说："前历言秦之强，以其善攻，以下言始皇不善守。"

《评注诸子菁华录》说："始皇愚民弱民，适以自愚自弱。"

《精校评注古文观止》说："始皇愚民弱民，适所以自愚自弱，伏末'仁义不施，而攻守之势异'一句。"

不测之渊以为固。良将劲弩，而守要害之处；信臣精卒，陈利兵而谁何[12]！天下已定，始皇之心，自以为关中之固，金城千里，子孙帝王万世之业也。

[注释]

[1]孝文王：名胜，公元前250年即位，即位后三日死。庄襄王：名子楚，在位三年（前249—前247年）死。 [2]始皇：秦始皇，庄襄王之子，姓嬴名政，公元前221年，灭六国，统一天下，建立了中国历史上第一个统一的多民族国家。 [3]振：举。寓：同"宇"。 [4]敲朴：棍棒，长为敲，短为朴。 [5]百越：古代对南方古越族的总称，除越国外，有瓯越、闽越、南越、骆越等。 [6]桂林、象郡：秦设置的郡名，桂林郡在今广西桂林、苍梧及柳江东部一带，象郡在今广西南部地区。 [7]蒙恬：秦国大将，曾领兵三十万北逐匈奴，筑长城。藩篱：篱笆，比喻边疆屏障。 [8]匈奴：古代蒙古高原游牧民族，秦时被蒙恬赶出河套以及河西走廊地区，秦末汉初又强大起来，屡次进犯西汉帝国。 [9]咸阳：秦国都城，在今陕西咸阳西北。 [10]锋镝（dí）：泛指兵器。锋，兵刃。镝，箭头。 [11]践：登。一作"斩"，断，指开凿。华：华山，在今陕西华阴西南。 [12]谁何：盘查过往行人。何，呵问。

始皇既没，余威震于殊俗。然而陈涉[1]，瓮牖绳枢之子[2]，氓隶之人[3]，而迁徙之徒也[4]。

林云铭《古文析义》说："已上言始皇之强千古无二。"

林云铭《古文析义》说："自孝公起至始皇俱说攻，至得天下后单说守，为结尾'攻守之势异'句张本。"

林云铭《古文析义》说："愚、弱二段为结尾'仁义不施'张本。"

秦始皇凭借武力开疆拓土，建立大秦帝国。

《精校评注古文观止》说："临说尽，又一振，笔愈缓，势愈紧。"

才能不及中人，非有仲尼、墨翟之贤[5]，陶朱、猗顿之富[6]。蹑足行伍之间[7]，而俯起阡陌之中[8]，率疲弊之卒，将数百之众，转而攻秦。斩木为兵，揭竿为旗[9]，天下云合而响应，赢粮而景从[10]，山东豪俊遂并起而亡秦族矣[11]。

[注释]

[1]陈涉：又名陈胜，阳城（今河南登封）人，秦末农民大起义领袖。 [2]瓮牖：用破瓮口作窗户。绳枢：用绳索拴系门轴。枢，门扇开关的枢轴。 [3]氓隶：古代对农民的贱称。氓，种田人。隶，差役。 [4]迁徙之徒：被谪罚去守边的人。 [5]仲尼：孔子的字。墨翟（dí）：墨子。 [6]陶朱：春秋末年越国大夫范蠡的别号。范蠡助越王勾践灭吴后，经商于陶（今山东定陶），号"陶朱公"。猗（yī）顿：春秋时鲁国人，在猗氏（今山西临猗）经营畜牧致富。 [7]蹑足：参与，置身。蹑，踩，踏。 [8]阡陌：田间小路。 [9]揭：高举。干：他本作"竿"。 [10]赢：担负。景从：像影子一样紧紧跟从。景，同"影"，影子。 [11]山东：崤山以东。

《精校评注古文观止》说："陈涉既非其人，又无其资。"

《精校评注古文观止》说："不成军旅。"

《精校评注古文观止》说："不成器仗。"

林云铭《古文析义》说："已上言秦之亡出于秦所不意。"

陈涉揭竿而起，反抗秦朝。

《精校评注古文观止》说："前写诸侯如彼难，此写陈涉如此易，反照作章法。"

[点评]

秦王嬴政继续扩大祖宗的遗业，消灭六国，建立大秦帝国，号称"始皇"，意欲传至千秋万代。然一旦身死，基业未稳固，陈涉作难，秦已危机四伏。

且夫天下非小弱也，雍州之地、崤函之固，

自若也。陈涉之位,非尊于齐、楚、燕、赵、韩、魏、宋、卫、中山之君也;钼耰棘矜[1],非铦于钩戟长铩也[2];適戍之众[3],非亢九国之师也[4];深谋远虑、行军用兵之道,非及乡时之士也[5]。然而成败异变,功业相反,何也?试使山东之国与陈涉度长絜大[6],比权量力,则不可同年而语矣。然秦以区区之地致万乘之势,序八州而朝同列[7],百有余年矣。然后以六合为家[8],崤函为宫。一夫作难而七庙堕,身死人手,为天下笑者,何也?仁义不施,攻守之势异也。

《精校评注古文观止》说:"总承前文,两两比较,句法变换,最耐寻味。"

《史记评林》凌稚隆说:"此总括一篇之意,而归结之。"

林云铭《古文析义》说:"《过秦论》乃论秦之过,三篇中而此篇最为警健。秦之过,止在结语'仁义不施,而攻守之势异'二句。"

《精校评注古文观止》说:"结出一篇主意,笔力千钧。"

《选评古文辞类纂》林纾说:"第一篇专讲气势……着眼在'仁义不施,攻守势异'一语,为画龙之点睛。"

[注释]

[1]钼耰(chú yōu):锄头。钼,同"锄"。耰,锄头柄。棘矜:棘木做的杖。矜,杖。 [2]铦(xiān):锋利。钩戟:带钩的戟。铩(shā):长矛一类的兵器。 [3]適:通"谪",处罚。戍:守边。 [4]亢:通"抗"。 [5]乡:通"向"。 [6]度(duó):比量。絜(xié):比量物的粗细。 [7]序:排列。八州:秦所据雍州以外的冀州、豫州、荆州、扬州、兖州、徐州、青州、梁州。同列:原与秦地位相等的诸侯国。 [8]六合:天地四方,泛指天下。

[点评]

大秦帝国的建立,经历了从秦孝公到秦始皇几代人的努力,结束了战国纷争的混乱局面,是中国历史上非常重要的事件。贾谊用犀利的笔法,要而不烦地描述了秦的兴盛史,盛赞了秦的功绩,而把秦衰亡的原因归结为"仁义不施",以致"攻守之势异",虽然很有道理,但面对屈于武力而归服的诸国,确实难以做到。秦之衰落,既有秦始皇统国大业尚未完成而离世的原因,也与赵高挟持胡亥、胁迫李斯篡国密切相关。虽然秦朝二世而亡,但建立的帝国架构成为中国统一的基础,到汉代得以完成。

过秦下 事势[1]

秦灭周祀[2],并海内,兼诸侯,南面称帝[3],以四海养。天下之士斐然向风[4],若是,何也?曰:近古而无王者久矣。周室卑微,五霸既灭[5],令不行于天下。是以诸侯力正[6],强凌弱,众暴寡[7],兵革不休,士民罢弊[8]。今秦南面而王天下,是上有天子也。即元元之民冀得安其性命[9],莫不虚心而仰上。当此之时,专威定功[10],安危之本,在于此矣。

《评注诸子菁华录》说:"'以四海养',与《孟子》'以天下养'句法同。"

《评注诸子菁华录》说:"所谓乱世之民易与为治也。"

[注释]

[1]过秦下:潭本分为中下两篇。从秦国占据的有利地势论述失守的原因,并不是外部诸侯力量强大,而是内部君臣互相不信任,挽救败局的方法不正确,除秦始皇、秦二世外,子婴也有责

任,所谓"三主之惑,终身不悟"。文章结尾一段,总结了治国方略,"君子为国,观之上古,验之当世,参之人事,察盛衰之理,审权势之宜,去就有序,变化应时",其目的是为后世统治者提供借鉴,所谓"前事之不忘,后之师也"。本篇重点剖析了秦始皇统一国家之后政策的失误在于攻与守没有采用不同的方法,相反采用征服六国的残酷手段来对待老百姓,"废王道而立私爱,焚文书而酷刑法,先诈力而后仁义,以暴虐为天下始",二世因袭不改,不懂得统治天下务在安民,致使秦朝快速灭亡。全文充满对秦王朝崩溃的惋惜,旨在借古讽今,为汉朝统治提供治国方案,为后来提出的许多陈政事疏作好铺垫。　[2] 祀:祭祀祖先,代表国家的存在。　[3] 南面:南向。古代以坐北朝南为尊位,此特指帝王席位。　[4] 斐(fěi)然:有文采的样子,形容士人展露才华。向:仰慕,归向。风:风范。　[5] 五霸:春秋时期五个霸主,一般指齐桓公、晋文公、楚庄王、秦穆公、宋襄公。　[6] 力正:武力征伐。正,通"征"。　[7] 暴:虐。　[8] 罢:通"疲"。　[9] 元元:古代称人民为元元,又称黎元。冀:希望。　[10] 专:专擅,指独自保持。

秦王怀贪鄙之心,行自奋之智[1],不信功臣,不亲士民,废王道而立私爱,焚文书而酷刑法,先诈力而后仁义,以暴虐为天下始。夫并兼者高诈力,安危者贵顺权[2],以此言之,取与攻守不同术也[3]。秦虽离战国而王天下,其道不易,其政不改,是以其所以取之也,孤独而有之,故其

可以马上取天下,不可马上安天下。

亡可立而待也。借使秦王论上世之事，并殷、周之迹，以制御其政，后虽有淫骄之主，犹未有倾危之患也。故三王之建天下[4]，名号显美，功业长久。

[注释]

[1]自奋：自我奋起，指自恃个人的智力。 [2]顺权：顺应权变。 [3]攻：卢文弨认为是衍文。 [4]三王：夏、商、周开国的君王，即夏禹、商汤、周文王。

[点评]

贾谊认为，秦朝遭到六国的反抗是因为暴虐不行仁义，废除王道。其实秦始皇死时只是刚刚完成兼并，虽实行了"车同轨，书同文"等一些统一措施，还来不及建立全面治理的制度，无法效法三王。

今秦二世立[1]，天下莫不引领而观其政[2]。夫寒者利短褐而饥者甘糟糠[3]，天下嚣嚣[4]，新主之资也。此言劳民之易为仁也。向使二世有庸主之行而任忠贤，臣主一心而忧海内之患，缟素而正先帝之过[5]；裂地分民以封功臣之后，建国立君以礼天下；虚囹圄而免刑戮[6]，去收孥污秽

《评注诸子菁华录》说："上篇过始皇，此篇过二世，下篇过子婴，次序本自秩然。"

《史记评林》真德秀说："'天下嗷嗷，新主之资'，此正《孟子》'饥渴易饮食'之说也。"

《评注诸子菁华录》说："'向使'一段极力反振，真有排山倒海之势。"

之罪[7]，使各反其乡里；发仓廪，散财币，以赈孤独穷困之士[8]；轻赋少事，以佐百姓之急；约法省刑，以持其后，使天下之人皆得自新，更节循行[9]，各慎其身；塞万民之望，而以盛德与天下，天下息矣。即四海之内，皆欢然各自安乐其处，唯恐有变。虽有狡害之民，无离上之心，则不轨之臣无以饰其智，而暴乱之奸弥矣[10]。二世不行此术，而重以无道，坏宗庙与民，更始作阿房之宫[11]；繁刑严诛，吏治刻深；赏罚不当，赋敛无度。天下多事，吏不能纪，百姓困穷，而主不收恤。然后奸伪并起，而上下相遁[12]；蒙罪者众，刑僇相望于道[13]，而天下苦之。自群卿以下至于众庶，人怀自危之心，亲处穷苦之实，咸不安其位，故易动也。是以陈涉不用汤、武之贤，不藉公侯之尊，奋臂于大泽，而天下响应者，其民危也。

《评注诸子菁华录》说："赵高之指鹿为马，王莽之谦恭下士，皆不轨臣之饰智也。"

《评注诸子菁华录》说："极写危民为非之易。"

[注释]

[1]二世：秦始皇的小儿子胡亥。 [2]引领：伸长脖子。领，脖子。 [3]短褐：短布衣。褐，粗布。糟糠：酒糟、米糠，指粗劣的食物。 [4]嚣嚣：怨恨声。潭本作"嗷嗷"。 [5]缟素：白

《古文辞类纂》方望溪说:"此承前篇攻守异势而言,守天下之道,在于安民;始皇既失之于前,二世又失之于后也。前篇以愚黔首,以弱天下之民,特虚言始皇之设心;此篇乃列数其虐政。前篇特虚言其失天下之易,此篇则推原其故,由于民劳易动。故陈涉得藉以为资,土崩鱼烂而不可振救也。"

《选评古文辞类纂》林纾说:"此篇工夫,全在提顿。顿之下必有提,纯是发明上篇仁义不施之故。仁义不施,即无所为守矣。"

色生绢,意谓朴素。 [6]囹圄:古代有高围墙的监狱。 [7]收孥(nú):收捕犯人的家属,指株连。污秽:据《史记》记载,秦用商君之法,弃灰于道者刑。指法律苛细。 [8]赈:救济,接济。 [9]循:通"修"。 [10]弥:通"弭",止。 [11]阿房之宫:阿房宫,秦始皇三十五年(前212)在渭水南岸上林苑修建的朝宫,前殿称阿房,工程浩大,未建成而始皇死。 [12]遁:欺。 [13]僇:通"戮",杀戮。

故先王者见终始之变,知存亡之由。是以牧之以道[1],务在安之而已矣。下虽有逆行之臣,必无响应之助。故曰"安民可与行义,而危民易与为非",此之谓也。贵为天子,富有四海,身在于僇者,正之非也[2]。是二世之过也。

[注释]

[1]牧:牧养,指统治。 [2]正之:潭本作"正倾",《史记》同。正倾,纠正危局的方法。倾,危局。

[点评]

夺取天下与安定天下的方略不同,贾谊对秦始皇的批评"先诈力而后仁义,以暴虐为天下始",从治理国家、安定百姓的角度来看无疑是正确的,然殊不知秦朝立国根基并未稳定,所谓"并兼者高诈力",在经历多年的兼并征战后,秦始皇只是初步完成了统一大业。纵观历史,多国纷争对百姓而言只能是灾难,很难谈及国力的发展。秦始皇因长期征战,未能顾及内廷之事,以致发生赵高专权,逼李斯改遗诏,任二世为新主,实乃赵高篡国之阴谋。贾谊认为"二世有庸主之行而任忠贤"似乎可以延缓秦朝的败灭,实则法令之权全在赵高手里,以致指鹿为马,秦之灭亡,并非二世之过。至于贾谊为二世提出的安定国家的方略实有道理,可惜当时无法做到罢了。

秦兼诸侯山东三十余郡[1],循津关[2],据险塞,缮甲兵而守之[3]。然陈涉率散乱之众数百,奋臂大呼,不用弓戟之兵,鉏耰白梃[4],望屋而食,横行天下。秦人阻险不守,关梁不闭,长戟不刺,强弩不射。楚师深入,战于鸿门[5],曾无藩篱之难。于是山东诸侯并起,豪俊相立。秦使章邯将而东征[6],章邯因其三军之众,要市于外[7],以谋其上[8]。群臣之不相信,可见于此矣。

《评注诸子菁华录》说:"章邯之降,由赵高用事,不信任,将军一则恐诛,二则楚兵既盛,王离见虏,不得已而出此。贾生谓以三军要市,岂传闻失实耶?"

[注释]

[1]山东:崤山以东。三十余郡:秦统一后,分天下为三十六郡,即三川、河东、南阳、南郡、九江、鄣郡、会稽、颍川、砀郡、泗水、薛郡、东郡、琅邪、齐郡、上谷、渔阳、右北平、辽西、辽东、代郡、巨鹿、邯郸、上党、太原、云中、九原、雁门、上郡、陇西、北地、汉中、巴郡、蜀郡、黔中、长沙凡三十五,与内史为三十六郡。 [2]循:通"修"。潭本作"修"。 [3]缮(shàn):

修理。甲兵：铠甲和兵器。　[4]耰（yōu）：锄柄。梃（tǐng）：棍棒。　[5]鸿门：地名，在今陕西临潼区东。　[6]章邯：字少荣，秦朝将领，后降项羽，封为雍王。　[7]要（yāo）市：订立契约做买卖。指章邯投降项羽相约攻秦，分王其地。　[8]二：原作"上"，据卢文弨校本改。二，副贰，指并列为王。

子婴立[1]，而遂不悟。借使子婴有庸主之材，而仅得中佐，山东虽乱，三秦之地可全而有[2]，宗庙之祠宜未绝也。秦地被山带河以为固，四塞之国也。自缪公以来至于秦王二十余君[3]，常为诸侯雄。此岂世贤哉？其势居然也。且天下尝昔日同心并力攻秦矣，当此之世，贤智并列，良将行其师，贤相通其谋，然困于阻险而不能进[4]，秦乃延入战而为之开关，百万之徒逃北而遂坏[5]，然困于阻险而不能进者，岂勇力智慧不足哉？形不利，势不便也。秦离小邑伐并大城，守险塞而军[6]，高垒毋战，闭关据阨，荷戟而守之。诸侯起于匹夫，以利会，非有素王之行也[7]。其交未亲，其民未附，名曰亡秦，其实利之也。彼见秦阻之难犯，必退阵。案土息民以待其弊[8]，

秦虽得地利，未得人和。

《评注诸子菁华录》说："此诸侯指陈、项诸人言。"

承解诛罢以令国君[9]，不患不得意于海内。贵为天子，富有四海，而身为禽者，其救败非也。

《评注诸子菁华录》说："二世之时，大局倾而未败，至子婴则已败矣。倾则但须正之，败则非救不可。两曰'非也'，正所以深责之。"

[注释]

[1]子婴：秦始皇长子扶苏的儿子。赵高杀二世后，立子婴为王，废去帝号，在位仅四十六日。　[2]三秦：指秦国原来的国土。秦亡后，项羽三分关中，封秦将章邯为雍王，领咸阳以西（今陕西中部西境）；司马欣为塞王，领咸阳以东至黄河（今陕西中部东境）；董翳为翟王，领上郡（今陕西西北部），合称三秦。　[3]缪公：秦穆公，名任好，五霸之一。秦王：秦始皇。　[4]阻险：阻要，关隘。　[5]逃北：败逃。　[6]险塞：险要之地，险阻要塞。　[7]素王：有君王之德而无其位的人。　[8]案：据。《史记》作"安"。　[9]承解：打击懈怠。承，通"惩"。解，同"懈"。

[点评]

秦之溃败，因子婴无能，且无贤佐，不能救败。《孟子·公孙丑下》说："天时不如地利，地利不如人和。"秦虽有地利，却不得人和。

秦王足己而不问[1]，遂过而不变[2]。二世受之，因而不改，暴虐以重祸。子婴孤立无亲，危弱无辅。三主之惑，终身不悟，亡不亦宜乎？当此时也，世非无深谋远虑知化之士也，然所以不

《评注诸子菁华录》说:"诽谤妖言之禁,其弊至于如是。汉文除之,亦贾生有以悟之也。"

《评注诸子菁华录》说:"只就安危之统两两相衡,不复深斥子婴,正以子婴之过非始皇二世可比,不妨稍从末减。"

敢尽忠拂过者[3],秦俗多忌讳之禁也[4],忠言未卒于口,而身糜没矣[5]。故使天下之士倾耳而听,重足而立[6],阖口而不言。是以三主失道,而忠臣不谏、智士不谋也。天下已乱,奸臣不上闻,岂不悲哉!先王知壅蔽之伤国也,故置公、卿、大夫、士,以饰法设刑而天下治[7]。其强也,禁暴诛乱而天下服;其弱也,五霸征而诸侯从;其削也,内守外附而社稷存。故秦之盛也,繁法严刑而天下震;及其衰也,百姓怨而海内叛矣。故周王序得其道,千余载不绝,秦本末并失[8],故不能长。由是观之,安危之统相去远矣。

[注释]

[1]足己:满足自己。指独断专横,一意孤行。 [2]遂过:因循过错。 [3]拂过:辅佐君主纠正错误。拂,通"弼"。 [4]忌讳之禁:指秦始皇时,人不敢直言其过;二世时,群臣进谏者以为诽谤。 [5]糜没:毁灭。糜,通"靡",倒下。 [6]重足:两只脚重叠在一起,不敢行走。 [7]饰:通"饬",整治。 [8]本末:本指王序制度,末指正倾、救败等措施。

鄙谚曰[1]:"前事之不忘,后之师也[2]。"是以君子为国,观之上古,验之当世,参之人事,察盛衰之理，审权势之宜，去就有序，变化应时，故旷日长久而社稷安矣[3]。

[注释]

[1]鄙谚：民间谚语。鄙，野，指民间。 [2]后：潭本下有"事"字。 [3]旷日：经历长久的时间。

[点评]

《过秦》下篇从秦国所占据的地理形势剖析秦朝的兴衰，结合三主综论秦亡的教训。自缪公至秦王二十余君，常为诸侯雄，既得地利，又得人贤。何以至始皇之后快速衰败？二世和子婴固然不如始皇，其实秦始皇死时，虽说用武力夺取了天下，但根基不稳，变乱并未消除，人心并未归顺，仅凭地利不足以守国，秦国是以一国之力来与多国的力量较量，安定国家前无成规可循，又无财力可抚，可谓秦王无力，二世无能，子婴无奈。不是"救败非也"，而是无法救败。贾谊生活在汉朝稳定的时代，用治世的立场提出医治乱世的药方，未免有些理想化，如同孟子劝梁惠王用仁义治国一样无效。

宗首事势[1]

今或亲弟谋为东帝[2]，亲兄之子西向而击[3]，今吴又见告矣[4]。天子春秋鼎盛[5]，行义未过，

《古文辞类纂》方望溪说："此篇言子婴不能救败，而深探其本，则由于秦俗忌讳，故三主失道，乱亡形见，而人莫敢言，已终不知；因重叹雍蔽之伤国，以总结三篇之义也。"

《选评古文辞类纂》林纾说："《过秦论》之用三篇者，实蝉联而下。上篇言始皇虽兼并天下，已伏亡国之机。次篇言二世不肖，较始皇之暴更甚，则万无不亡之理。三篇言子婴残局不支，国遂及身而亡。然每篇之中，咸具言有可以不亡者。始皇不悟伏其机，二世不悟成其事，至子婴则无可如何矣。"

《评注诸子菁华录》说："因三国之反，乃知他国未有不思反者。"

德泽有加焉，犹尚若此，况莫大诸侯权势十此者乎[6]！

[注释]

[1]宗首：宗指同宗诸侯王，首即首要问题。本篇论述汉王朝"少安"的形势存在的危机，即数年后诸侯王力量强大，必然出现争权分裂的局面，因为大国诸侯王尚幼小，就有淮南厉王谋为东帝，济北王、吴王谋反，在天子春秋鼎盛，行义未过，德泽有加，傅相正掌其权的时候尚且如此，将来可想而知。贾谊劝文帝抓紧时机，解决这一问题。本文是贾谊向文帝陈政事疏中的一篇。 [2]亲弟：指淮南厉王刘长，刘邦的小儿子，文帝的弟弟。东帝：刘长于汉文帝六年（前174）勾结匈奴谋反称帝，其封地在都城长安东面，故称东帝。 [3]亲兄之子：文帝哥哥刘肥的儿子济北王刘兴居。西向而击：文帝三年（前177），刘兴居趁文帝去代国发兵抗击匈奴之际，企图起兵向西袭击荥阳，未得逞。 [4]吴：吴王刘濞，刘邦兄刘仲的儿子。 [5]春秋鼎盛：指正当壮年。春秋，指年纪。 [6]十此：十倍于此。

然而天下少安者，何也？大国之王幼在怀衽，汉所置傅相方握其事[1]。数年之后，诸侯王大抵皆冠[2]，血气方刚，汉之所置傅归休而不肯住[3]，汉所置相称病而赐罢，彼自丞尉以上遍置其私人[4]，如此，有异淮南、济北之为耶！此时而乃欲为治安，虽尧、舜不能[5]。臣故曰：时且

林云铭《古文析义》说："已上举三国旧事作案。"

林云铭《古文析义》说："因三国之事知他国之大于此者无有不思反者也。"

《精校评注古文观止》说："此因三国之反，乃知他国未有不思反者。"

林云铭《古文析义》说："言目前所以不即反之故。"

《精校评注古文观止》说："所以一时暂安。"

《精校评注古文观止》说："逆推将来，指陈利害，诚远谋切虑。"

林云铭《古文析义》说："言数年后必反之故。"

过矣，上弗蚤图[6]，疑且岁闻所不欲焉。

[注释]

[1]傅：朝廷派赴诸侯王国的辅佐官。相：相国，朝廷派赴诸侯王国的最高行政长官。 [2]冠：古代男子二十岁举行加冠仪式，表示已经成年。 [3]不肯住：即不肯执政。住，程荣本作"仕"。 [4]丞尉：古代县级以上的文武官员，文为丞，武为尉。私人：亲信。 [5]尧、舜：黄帝之后古史传说中的两位贤明的君主，远古部落联盟的首领，发祥地在今山西汾河流域。 [6]蚤：通"早"。

黄帝曰[1]："日中必熭[2]，操刀必割。"今令此道顺而全安甚易[3]，弗肯早为，已乃堕骨肉之属而抗刭之[4]，岂有异秦之季世乎！且谓天何？权不甚奇而数制人[5]，岂可得也？夫以天子之位，用天子之力，乘今之时，因天之助，常惮以危为安[6]，以乱为治，假设陛下居齐桓之处[7]，将不合诸侯匡天下乎[8]？至此则陛下误甚矣。时且失矣，心窃踊跃[9]，离今春难为已[10]。天倾[11]，时倾，足力倾，能孰视而弗肯理以倾时之失[12]，岂不靡哉[13]！可以良天下而称[14]，特以为此籍也[15]。窃为陛下痛之甚，在上幸少留计焉。

林云铭《古文析义》说："待其既乱而后求治，既危而后求安，自然难于着手。"

林云铭《古文析义》说："引二语明不可失时。"

《精校评注古文观止》说："喻时不可失。"

林云铭《古文析义》说："全安即上文安上全下。"

《精校评注古文观止》说："此言欲全骨肉之属，当及今早图，语带痛哭之声。"

《评注诸子菁华录》说："言欲全骨肉之属当及今早图，语带痛哭之声。"

林云铭《古文析义》说："已上言当诸侯未反时，预为处置，可以全骨肉之属。"

《精校评注古文观止》说："'尚惮'二句，指不肯早为。"

《精校评注古文观止》说："无位，无时，无助。"

[注释]

[1]黄帝：传说中古代原始部落联盟的首领。 [2]暴（wèi）：暴晒。 [3]道：通"导"。全：保全。 [4]抗刭（jǐng）：指杀头。抗，悬。刭，割脖子。 [5]奇：赢，多。数（shuò）：多次。 [6]惮（dàn）：怕。 [7]齐桓：齐桓公，春秋时齐国国君，五霸之一，公元前685—前643年在位，曾九次联合诸侯，平定天下。处：位置，地位。 [8]匡：正。 [9]踊跃：跳跃，指悲痛。 [10]离今春难为已：谓过了今年春天就不好办了。已，同"矣"。 [11]倾：倾覆，丧失。下同。 [12]孰视：即熟视，看惯的意思。孰，同"熟"。 [13]靡：毁灭。 [14]良：量，量力。 [15]籍：通"藉"，凭借。

[点评]

分封的诸侯王既可以成为稳定国家的基石，也能成为破坏国家的巨蠹，这是封建制的两面性。本文根据淮南厉王、济北王和吴王相继反叛的事实，贾谊向文帝提出长治久安的国策，核心是"众建诸侯而少其力"，即分散削弱诸侯王的势力，形不成反叛的力量。具体措施散见于《藩伤》《藩强》诸篇。之后的历史表明，贾谊的意见具有预见性，为汉朝的稳固发挥了巨大作用。

> 林云铭《古文析义》说："现行谓之事，成局谓之势。"
>
> 林云铭《古文析义》说："提出危乱可哀数目来，危乱中有大小缓急，故哀之亦有轻重。"
>
> 林云铭《古文析义》说："补出不在可哀之列者，难以言尽。"

数宁事势[1]

臣窃惟事势[2]，可为痛惜者一，可为流涕者二，可为长大息者六[3]。若其它倍理而伤道者[4]，难遍以疏举[5]。进言者皆曰"天下已安矣"，臣独曰"未安"。或者曰"天下已治矣"，臣独曰"未治"。恐逆意触死罪[6]，虽然，诚不安，诚不治，故不敢顾身，敢不昧死以闻[7]。夫曰"天下安且治"者，非至愚无知，固谀者耳，皆非事实知治乱之体者也。夫抱火措之积薪之下而寝其上，火未及燃，因谓之安，偷安者也。方今之势，何以异此！夫本末舛逆[8]，首尾横决[9]，国制抢攘[10]，非有纪也[11]，胡可谓治！陛下何不一令以数日之间令臣得熟数之于前，因陈治安之策，陛下试择焉，何甚伤哉？

《评注诸子菁华录》说："治安二字为一篇大旨。"

林云铭《古文析义》说："愚者不知，谀者不言，故以势为安，以事为治也。"

林云铭《古文析义》说："势全未安。"

林云铭《古文析义》说："事全未治。此进言者之非，所以可为痛哭流涕长太息者也。"

林云铭《古文析义》说："数其事实。"

林云铭《古文析义》说："陈其所知治乱之体。"

林云铭《古文析义》说："已上言所以上疏之意。"

《汉书评林》杨维桢说："贾生《治安策》其为文帝规划治体，图谋远虑，大抵害陈而利以见。"

[注释]

[1]数宁：——陈说安定天下的大计。贾谊针对当时朝廷中进言者都认为天下已安已治，尖锐地指出这是"偷安"，局势存在"本末舛逆，首尾横决，国制抢攘"，危机尚未彻底爆发，并不是真正的安治。又从五百年必有王者兴的角度，认为汉文帝宽大知通，明通以足，天纪又当，可称为当今的圣王，并为文帝提出"建久安之势，成长治之业"的政治主张，从孝、明、仁三个角度加以论述。章太炎《贾子义抄》认为："《数宁》一篇，是贾子以《春秋》为汉制作之本。" [2]惟：思考。 [3]大息：叹息。又作"太息"。 [4]倍：背。 [5]疏举：陈述。 [6]逆意：违背皇上的旨意。 [7]昧死：冒死。 [8]本末：指治理的根本和末端。舛（chuǎn）逆：乖违。 [9]首尾：比喻治理的先后措施。横决：断裂。断绝。比喻政事混乱。 [10]抢攘：纷乱的样子。 [11]纪：纲纪。

《汉书评林》茅坤说："贾山上书首以射猎为喻,而贾谊亦以此,必文帝当时长代边好习射猎,故云云。"

林云铭《古文析义》说："一身之乐与天下之计当择其孰为紧要而从事。"

林云铭《古文析义》说："为时原不减现在之乐。"

林云铭《古文析义》说："太平有其象。"

　　射猎之娱与安危之机[1],孰急也?臣闻之,自禹以下五百岁而汤起[2],自汤已下五百余年而武王起[3]。故圣王之起,大以五百为纪[4]。自武王已下过五百岁矣,圣王不起,何怪矣!及秦始皇帝似是而卒非也,终于无状。及今天下集于陛下,臣观宽大知通,窃曰足以操乱业,握危势,若今之贤也。明通以足[5],天纪又当[6],天宜请陛下为之矣。然又未也者,又将谁须也[7]?使为治,劳知虑,苦身体,乏驰骋钟鼓之乐,勿为可也。乐与今同耳,因加以常安,四望无患,因诸侯附亲轨道,致忠而信上耳。因上不疑其臣,无族罪,兵革不动,民长保首领耳。因德穷至远,近者匈奴,远者四荒[8],苟人迹之所能及,皆乡风慕义[9],乐为臣子耳。因天下富足,资财有余,人及十年之食耳。因民素朴,顺而乐从令耳。因官事甚约,狱讼盗贼可令鲜有耳[10]。大数既得[11],则天下顺治;海内之气清和咸理,则万生遂茂。晏子曰[12]:"唯以政顺乎神,为可以益寿。"发子曰[13]:"至治之极,父无死子,兄无死弟,途无襁褓之葬[14],各以其顺终。"谷食之法固百，以是则至尊之寿轻百年耳[15]。古者五帝皆逾百岁[16]，以此言信之。因王为明帝，股肱为明臣[17]，名誉之美，垂无穷耳。礼，祖有功，宗有德，始取天下为功，始治天下为德。因顾成之庙[18]，为天下太宗[19]，承天下太祖[20]，与汉长无极耳。因卑不疑尊[21]，贱不逾贵，尊卑贵贱，明若白黑，则天下之众不疑眩耳[22]。因经纪本于天地[23]，政法倚于四时[24]，后世无变故，无易常，袭迹而长久耳。臣窃以为建久安之势，成长治之业，以承祖庙，以奉六亲[25]，至孝也；以宰天下，以治群生，神民咸亿[26]，社稷久享，至仁也；立经陈纪，轻重周得，后可以为万世法程[27]，后虽有愚幼不肖之嗣，犹得蒙业而安，至明也。寿并五帝，泽施至远，于陛下何损哉！以陛下之明通，因使少知治体者得佐下风[28]，致此治非有难也。陛下何不一为之，及其可素陈于前[29]，愿幸无忽。一夫者[30]。

林云铭《古文析义》说："为治者德在祖宗。"

林云铭《古文析义》说："为治者德被天下。"

林云铭《古文析义》说："为治者德及后世。又从上文'有德'二字分出孝、仁、明三德，言其所以能与汉无极者也。"

《评注诸子菁华录》说："谊之主意只求文帝用他，故所言如此。"

林云铭《古文析义》说："已上为治之效之美，而又非难致之事。"

[注释]

[1]机：关键。 [2]禹：夏朝的开国君主。汤：也称天乙、成汤，商朝的开国君主。 [3]武王：姬发，周朝的开国君主。 [4]五百

为纪:《孟子·公孙丑下》说:"五百年必有王者兴。"纪,纲纪,引申为规律。　[5] 以:通"已"。　[6] 天纪:上天的纲纪、规律,指上文所说的五百年而王者兴。　[7] 须:等待。　[8] 四荒:四方绝远的国家。　[9] 乡风:趋从教化。乡,通"向"。风,教化。　[10] 鲜:少。　[11] 大数:治理国家的总体方法。　[12] 晏子:晏婴,春秋时齐国大夫。　[13] 发子:人名,未详。　[14] 襁褓:背负婴儿的布带和包裹婴儿的被子,指婴儿。　[15] 轻百年:以百年为轻,指超过百年。　[16] 五帝:说法不一,或说少昊、颛顼、帝喾、尧、舜,或说黄帝、颛顼、帝喾、尧、舜,或说伏羲、神农、黄帝、尧、舜,或说太昊、炎帝、少昊、颛顼、黄帝。　[17] 股肱:大腿和手臂,比喻辅佐大臣。　[18] 顾成之庙:汉文帝自建庙名。　[19] 太宗:开国帝王后代的庙号。　[20] 太祖:开国帝王的庙号。　[21] 疑:通"拟",比拟,效法。指僭越。　[22] 眩:疑惑。　[23] 经纪:纲纪,指纲常、法度。　[24] 政法:政事、法令。　[25] 六亲:六种亲属。说法不一,比较通行的说法指父、母、兄、弟、妻、子。本书《六术》篇指父子、兄弟、从父兄弟、从祖兄弟、从曾祖兄弟、同族兄弟。　[26] 亿:安。　[27] 法程:法则程式。　[28] 少知治体者:稍许懂得治国道理的人。下风:指下面。古代发令者居上风,听令者居下风。　[29] 素:通"愫",诚心。　[30] 一夫者:卢文弨云系衍文。

林云铭《古文析义》说:"自然之理。"

林云铭《古文析义》说:"已然之迹。"

林云铭《古文析义》说:"当然之事。"

林云铭《古文析义》说:"非一时之狂言。"

林云铭《古文析义》说:"非一得之愚见。已上言所陈之策至当不易。"

臣谨稽之天地[1],验之往古,案之当时之务,日夜念此至孰也。独太息悲愤,非时敢忽也。虽使禹、舜生而为陛下计[2],何以易此?为之有数[3],必万全无伤,臣敢以寸断[4]。陛下幸试召大臣有识者使计之,有能以为不便天子、不利天下者，臣请死。

[注释]

[1]稽：考察。之：介词，相当于"诸"，之于。 [2]计：原无，据卢文弨校本补。 [3]数：术，方法。 [4]寸断：揣度，臆断。寸，通"忖"。

[点评]

贾谊在呈给汉文帝的《治安策》中，劈首用"痛惜一""流涕二""长太息六"来陈述认为"天下安且治"的观点不过是太平粉饰的假象，不是至愚无知即是谄谀献媚，旨在引起文帝的重视。针对当时的射猎娱乐之风，用了大段文字论证安危的重要性。朝中大臣多是战争中披坚执锐之士，于治理国家缺少理论的智慧。贾谊饱读诗书，洞彻古今，具有强烈的忧患意识，其关键字眼在"治安"二字。孟子论乐，有独乐和众乐之别，从此文可以体会出天下长治久安才是最大的快乐。

林云铭《古文析义》说："此句是全策大旨。"

林云铭《古文析义》说："下疑上则必反不能自全。"

林云铭《古文析义》说："上疑下则必讨不能自安。"

藩伤事势[1]

夫树国必审相疑之势[2]，下数被其殃[3]，上数爽其忧[4]。凶饥数动[5]，彼必将有怪者生焉[6]。祸之所杂[7]，岂可预知？故甚非所以安主上，非所以活大臣者也，甚非所以全爱子者也。

《评注诸子菁华录》说："言诸侯必乘机作乱。"

林云铭《古文析义》说："已上泛论天下大势。"

《精校评注古文观止》说："是立言大旨。"

[注释]

[1]藩伤：论藩国强大的危害。若要使主上安宁、使大臣活命、使爱子保全，就必须削弱诸侯王的势力，使他们力量不足以反叛，不存侥幸的心理，否则将会自取其祸。本篇扼要地分析了当时的形势，提出建立藩国制度的问题，具体策略是"建分以须之"，目的是达到《藩强》篇所说的"众建诸侯而少其力"，即借分封达到削弱诸侯王的力量。　[2]疑：通"拟"，比拟，类似，引申为对立。　[3]数（shuò）：多次，屡次。　[4]爽：伤。　[5]凶饥：凶指战争，饥指荒年。　[6]怪者：指违反自然规律的奇异现象。　[7]杂：聚。

既已令之为藩臣矣，为人臣下矣，而厚其力，重其权，使有骄心而难服从也。何异于善砥镆铘而予射子[1]？自祸必矣。爱之固使饱粱肉之味[2]，玩金石之声，臣民之众，土地之博，足以奉养宿卫其身[3]。然而权力不足以侥幸，势不足以行逆，故无骄心，无邪行。奉法畏令，听从必顺，长生安乐，而无上下相疑之祸，活大臣，全爱子，孰精于此[4]？

《评注诸子菁华录》说："言以利器予人。"

力不可厚，权不可重。

[注释]

[1]砥：磨刀石。镆铘（mò yé）：古代的一种宝剑。射子：陶鸿庆认为是"邪子"之误。　[2]粱：颜师古解释为好米。　[3]宿卫：守卫，保卫。　[4]精：甚，超过。

且藩国与制，力非独少也。制令：其有子以国其子，未有子者建分以须之[1]，子生而立。其身以子，夫将何失？于实无丧，而葆国无患，子孙世世与汉相须[2]，皆如长沙可以久矣[3]。所谓生死而肉白骨[4]，何以厚此？

《评注诸子菁华录》说："言藩国之地与所定之制并未少也。"

《评注诸子菁华录》说："言藩国并未损失土地。"

《评注诸子菁华录》说："见得天子并非贪诸侯土地，不过减少其权力耳。"

[注释]

　　[1]分（fèn）：分地，分封的土地。须：待。　[2]相须：相依，相守。　[3]皆如：原无，据卢文弨校本补。长沙：长沙王吴差，吴芮的五传后代，是当时仅存的异姓王。　[4]生死而肉白骨：使死者复生，使白骨长肉。比喻恩养。

[点评]

　　此篇从分封诸侯国的角度论述分封的策略，即薄其力，轻其权，使诸侯国的力量不能形成相疑之势，达到安主上、活大臣、全爱子的目的，君臣上下和顺，世代与汉相守。全篇着眼点在安上全下，是"众建诸侯而少其力"的具体实施。韩非子关于君主治国驾驭法、术、势，于此可见一斑。

藩强事势[1]

　　窃迹前事[2]，大抵强者先反。淮阴王楚最

《评注诸子菁华录》说:"历数反国,忽写一不反之国,反覆乃益明。"

林云铭《古文析义》说:"此据旧事而论诸侯王之反不反在于国势之强弱而反。"

《精校评注古文观止》说:"细数反国,忽带写一不反者,反复乃益明。"

强[3],则最先反;韩王信倚胡[4],则又反;贯高因赵资[5],则又反;陈豨兵精强[6],则又反;彭越用梁[7],则又反;黥布用淮南[8],则又反;卢绾国北最弱[9],则最后反。长沙乃才二万五千户耳[10],力不足以行逆,则少功而最完,势疏而最忠,全骨肉。时长沙无故者,非独性异人也,其形势然矣。

[注释]

[1]藩强:论述藩国强大之害。用淮阴王、韩王信、贯高、陈豨、彭越、黥布反叛及卢绾最后反叛的事实,同长沙王"少功而最完,势疏而最忠"对比,证明"强者先反"。想要天下长治久安,只有"众建诸侯而少其力"。 [2]迹:动词,追踪,考察。 [3]淮阴:淮阴王韩信。初属项羽,后归刘邦,被任命为大将,曾先后被封为齐王、楚王,后有人告发他谋反,贬为淮阴侯。高祖十一年(前196),又被人告发勾结陈豨谋反,被吕后所杀。楚:当时楚国国都,在今江苏铜山、徐州一带。 [4]韩王信:战国时韩襄王的后代,名信。汉初封为韩王,后投降匈奴,并发动叛乱,兵败后被杀。胡:指匈奴。 [5]贯高:赵王张敖的国相,因阴谋刺杀汉高祖刘邦被捕,自杀。因:凭借。赵:在今河北邯郸一带。资:资财,指实力。 [6]陈豨(xī):汉高祖时封为阳夏侯,镇守赵、代两地,并统率两地边防军队,后自立为代王,发动叛乱,兵败后自杀。 [7]彭越:汉初被封为梁王,高祖十一年,因叛乱被杀。梁:在今河南商丘一带。 [8]黥布:即英布。因曾受黥刑,故称

黥布。汉初封为淮南王,高祖十一年(前196),因叛乱被杀。淮南:在今安徽淮南寿县一带。 [9]卢绾(wǎn):汉初封为燕王,陈豨叛乱,他派人要结造反,并与匈奴贵族勾结。高祖十二年(前195),逃奔匈奴,被单于封为东胡卢王。 [10]长沙:长沙王吴差。二万五千户:指食邑。

曩令樊、郦、绛、灌据数十城而王[1],今虽以残亡可也;令韩信、黥布、彭越之伦列为彻侯而居[2],虽至今存可也。然则天下大计可知已。欲诸王皆忠附,则莫若令如长沙;欲勿令菹醢[3],则莫若令如樊、郦、绛、灌;欲天下之治安,天子之无忧,莫如众建诸侯而少其力。力少则易使以义,国小则无邪心。若与臣下相残,与骨肉相饮茹[4],天下虽危无伤也,则莫如循今之故而勿变。

以前观之,其国最大者反最先。

《精校评注古文观止》说:"用反言洗发正意,笔情逸隽。"

《精校评注古文观止》说:"接句爽捷。"

林云铭《古文析义》说:"一篇关键在此一句。"

《精校评注古文观止》说:"此句为一篇纲领,从前许多议论皆是此意。"

[注释]

[1]樊:樊哙,汉初封为舞阳侯,因参加镇压诸侯王叛乱及其他功劳,升为左丞相。郦:郦商,汉初封为曲周侯,后升任右丞相。绛:绛侯周勃,辅佐高祖定天下,封为绛侯。灌:灌婴,跟从高祖定天下,封为颍阴侯,后与周勃铲除诸吕,共立文帝,官至太尉、丞相。数:原脱,据卢文弨校本补。 [2]彻侯:爵位

名,避汉武帝刘彻的讳称列侯或通侯,只收封地租税而没有行政权。 [3]菹醢(zū hǎi):肉酱,这里用作动词,指被杀戮。 [4]饮茹:本指吃喝,这里指吞食,残害。

[点评]

本篇开头一段连用八个"反"字,揭示诸侯王国对汉王朝存在的巨大威胁。致患之由,因强而反。强者先反,弱者不反,非人性使然,是形势使然,所谓"力少则易使以义,国小则无邪心"。解决之术,即"众建诸侯而少其力"。

大都事势[1]

昔楚灵王问范无宇曰[2]:"我欲大城陈、蔡、叶与不羹[3],赋车各千乘焉[4],亦足以当晋矣,又加之以楚,诸侯其来朝乎?"范无宇曰:"不可。臣闻大都疑国[5],大臣疑主,乱之媒也[6];都疑则交争,臣疑则并令,祸之深者也。今大城陈、蔡、叶与不羹,或不充,不足以威晋;若充之以资财,实之以重禄之臣,是轻本而重末也。臣闻'尾大不掉,末大必折'[7],此岂不施威诸侯之心哉?然终为楚国大患者,必此四城也。"

《评注诸子菁华录》说:"言所出之令与君并也。"

《评注诸子菁华录》说:"极言大都之弊。"

灵王弗听，果城陈、蔡、叶与不羹，实之以兵车，充之以大臣。是岁也，诸侯果朝。居数年，陈、蔡、叶与不羹，或奉公子弃疾内作难，楚国云乱，王遂死于乾溪于守亥之井[8]。为计若此，岂不痛也哉？悲夫！本细末大，弛必至心[9]。时乎！时乎！可痛惜者此也。

《评注诸子菁华录》说："《韩非子·扬权篇》云：'枝大本小，将不胜春风；不胜春风，枝将害心。'此盖贾说所本。"

[注释]

[1]大都：扩大都城。本篇引用春秋时期楚灵王扩大陈、蔡、叶与不羹城邑导致内乱的故事，说明大都疑国，大臣疑主，是祸乱的根源，从而证明"本细末大，弛必至心"的观点；结合当今天下大势，诸侯王分封不合理、力量不均衡的现实，是一种"大瘇""跖盭"的病态，旨在引起文帝的重视。　[2]楚灵王：春秋时楚康王之宠弟，名围，后改名熊虔。杀郏敖自立，后因太子禄为蔡大夫观起子所杀，众叛亲离，被逐出宫，自缢而死，谥灵。范无宇：楚国大夫。　[3]陈：楚地，在今河南淮阳区及安徽亳州一带。蔡：楚地，在今河南上蔡、新蔡等县地。叶（shè）：楚邑名，在今河南境内。不羹（láng）：有东西二不羹，东不羹在今河南舞阳县北，西不羹在今河南襄城县东南二十里。　[4]赋车：兵车。乘（shèng）：四马一车为乘。　[5]疑：通"拟"，比拟，指力量差不多。　[6]媒：媒介，诱因。原作"谋"，据卢文弨校本改。　[7]掉：摇动。　[8]乾溪：地名，在今安徽亳州东南。于：地名，《左传》作"芋"。守：官名。亥：人名。井：藻井，屋梁上的装饰。　[9]弛：裂。

《评注诸子菁华录》说:"前以畜兽树木比,此又以病势比,一层深一层。"

林云铭《古文析义》说:"居常屈伸不便,偶动则痛,此身何所赖焉。"

林云铭《古文析义》说:"喻及今不为变计,后世虽有能臣,亦难于措手。"

林云铭《古文析义》说:"无以为藩屏。"

林云铭《古文析义》说:"暗指从弟之子、兄子之子皆据大国。"

天下之势方病大瘇[1]。一胫之大几如要[2],一指之大几如股[3],臣闻"尾大不掉,末大必折",恶病也。平居不可屈信[4],一二指搐[5],身固无聊也[6]。失今弗治,必为锢疾,后虽有扁鹊[7],弗能为已。悲夫!枝拱苟大,弛必至心,此所以窃为陛下患也。病非徒瘇也,又苦蹠盭[8]。元王之子[9],帝之从弟也;今之王者,从弟之子也。惠王之子[10],亲兄之子也;今之王者,兄子之子也。亲者或无分地以安天下,疏者或专大权以逼天子,臣故曰"非徒病瘇也,又苦蹠盭也"。可痛哭者,此病是也。

[注释]

[1]瘇(zhǒng):同"瘇",腿脚肿。 [2]胫:小腿。几:接近。要:同"腰"。 [3]股:大腿。 [4]平居:平常,平时。信:通"伸"。 [5]搐:抽搐,动而痛。 [6]无聊:无所依赖,形容无可奈何。 [7]扁鹊:春秋时名医,姓秦,名越人。 [8]蹠(zhí):同"蹠",脚掌。原作"跂",据卢文弨校本改。盭(lì):戾,歪曲。 [9]元王之子:楚元王刘交的儿子刘郢,是文帝的叔伯兄弟。 [10]惠王之子:齐悼惠王刘肥的儿子刘襄。

[点评]

楚灵王大都导致国乱身死。本篇引古论今,论述汉朝"方病大瘇"的危机,"亲者或无分地以安天下,疏者或专大权以逼天子",若不及时解决,将蹈楚灵王的覆辙。虽然汉王朝与楚灵王时代相比,不知强大多少倍,不至于重蹈覆辙,但大都疑国、大臣疑主、都疑交争、臣疑并令是祸乱之媒,则是古今通理,"本细末大,弛必至心"是永恒的哲理。历史、现实与哲理相结合立论,令人无可争辩。

等齐事势[1]

诸侯王所在之宫卫[2],织履蹲夷[3],以皇帝所在宫法论之;郎中、谒者受谒取告[4],以官皇帝之法予之[5];事诸侯王或不廉洁平端,以事皇帝之法罪之。曰一用汉法,事诸侯王乃事皇帝也。谁是则诸侯之王乃将至尊也[6]。然则,天子之与诸侯,臣之与下,宜撰然齐等若是乎[7]?天子之相,号为丞相,黄金之印,诸侯之相,号为丞相,黄金之印,而尊无异等,秩加二千石之上[8]。天子列卿秩二千石,诸侯列卿秩二千石,则臣已同矣。人主登臣而尊[9],今臣既同,则法恶得不齐?天子卫御,号为大仆,银印,秩二千石;诸侯之御,号曰大仆,银印,秩二千石;则御已齐

天子诸侯尊卑不分,则法不立威不行。

> 秩、尊、御、号等齐，上下则无别。

> 等齐则贵贱无别，无别则乱生。

矣。御既已齐，则车饰恶得不齐？天子亲，号云太后；诸侯亲，号云太后。天子妃，号曰后；诸侯妃，号曰后。然则，诸侯何损而天子何加焉？妻既已同，则夫何以异？天子宫门曰司马，阑入者为城旦[10]；诸侯宫门曰司马，阑入者为城旦。殿门俱为殿门，阑入之罪亦俱弃市[11]。宫墙门卫同名，其严一等，罪已钧矣。天子之言曰令，令甲令乙是也；诸侯之言曰令，令仪之言是也[12]。天子卑号皆称陛下，诸侯卑号称陛下。天子车曰乘舆，诸侯车曰乘舆，乘舆等也。衣被次齐贡死经纬也[13]，苟工巧而志欲之，唯冒上轶主次也[14]。然则所谓主者安居，臣者安在？

[注释]

[1]等齐：指诸侯王与天子的等级、势力、衣服、号令相同。本篇论述君主和诸侯王之间没有等级区别，无以别贵贱、明尊卑，无法树立天子的威严，将导致祸乱。主张建立严格的等级制度，使上下分明，贵贱有别。在汉代各项制度并不完善的初期，本文具有创建性的意义。 [2]宫卫：守卫王宫的卫士。 [3]织履：织有花纹的鞋子。蹲夷：蹲坐。 [4]郎中：职官名，战国时为近侍之称，秦置为官，与侍郎、郎中同属郎中令，以其为郎居中，故曰郎中。谒者：秦置，汉因之，掌管宾客接待，其长称谒者仆射，也称大谒者。受谒：接受禀告。取告：告假。 [5]官：

事。　[6]谁：推。将：齐，等同。　[7]撰（xuǎn）然：整齐的样子。撰，通"选"，整齐。　[8]秩：俸禄。二千石（dàn）：汉代郡守的俸禄。十斗为一石。　[9]登：高。　[10]阑入：擅自进入，指进入没有证件或没有登记。城旦：刑罚名，发配到边境服筑城四年的劳役。　[11]弃市：在街市对罪人执行死刑，表示众人共弃之。　[12]令仪之言：言与仪同义。令，原无，据卢文弨校本补。言，号令。　[13]次齐：同"粢盛"，器皿中盛黍稷之类。贡死：祭祀的用品。经纬：等同。　[14]冒：与下文"轶"均意为超过。

　　人之情不异，面目、状貌同类，贵贱之别非人天根着于形容也[1]。所持以别贵贱、明尊卑者，等级、势力、衣服、号令也。乱且不息，滑曼无纪[2]。天性则同，人事无别。然则，所谓臣臣主主者非有相临之具、尊卑之经也[3]，持面形而肤之耳[4]。近习乎形貌[5]，然后能识，则疏远无所放[6]，众庶无以期[7]，则下恶能不疑其上？君臣同伦，异等同服，则上恶能不眩于其下[8]？孔子曰："长民者[9]，衣服不二，从容有常，以齐其民，则民德一。"《诗》云："彼都人士，狐裘黄裳"[10]，"行归于周，万民之望"。孔子曰："为上可望而知也，为下可类而志也[11]。则君不疑于其臣，而臣不惑于其君。"而此之不行，沐渎

韩非子主张人君以法、术、势驾驭臣下。

君子之德风，小人之德草。

无界[12]，可为长大息者此也。

[注释]

[1]天根：人的自然根性禀赋。形容：容貌。 [2]滑（gǔ）曼：纷乱抵突。 [3]临：监视，指察看。经：道，指准则，法制。 [4]肤：布，呈现在表面。 [5]习：熟悉。形貌：原作"昼近貌"，据卢文弨校本改。 [6]放（fǎng）：依，依照。 [7]期：限。指限定，识别。 [8]眩：疑惑。 [9]长（zhǎng）：统治。 [10]"彼都人士，狐裘黄裳"二句：见《诗·小雅·都人士》。都，国都，指镐京。 [11]类而志：按等类识别。 [12]沐渎：混乱。

[点评]

《左传》隐公十一年说："礼，经国家，定社稷，序民人，利后嗣者也。"序民人，即是区分人的等级，别贵贱，明尊卑。汉朝的现状则君的等级、势力、衣服、号令与臣等齐，没有区别，沐渎无界，等齐则上下相疑，不利于国家的治理和社稷的安定。汉高祖马背上夺取天下，上朝时大臣都不知站立在什么位置，陆贾提议建立礼乐制度，到文帝时还不到四十年，礼乐制度尚未完善，才会出现如此乱象。贾谊此文，提出了礼乐制度建设的重要内容。

服疑事势[1]

衣服疑者，是谓争先；泽厚疑者[2]，是谓争赏；权力疑者，是谓争强；等级无限，是谓争尊。

彼人者，近则冀幸[3]，疑则比争。是以等级分明，则下不得疑；权力绝尤[4]，则臣无冀志[5]。故天子之于其下也，加五等已往[6]，则以为臣[7]；臣之于下也，加五等已往，则以为仆。仆则亦臣礼也，然称仆不敢称臣者，尊天子，避嫌疑也。

衣服、泽厚、权力、等级不可等齐。

君主的权威依等而立。

[注释]

[1]服疑："疑"通"拟"，上下服饰不差。本篇承接上篇，专论不同地位、不同等级的人，服饰上应该有区别，所谓"见其服而知贵贱，望其章而知其势"，否则就会贵贱不分，尊卑不明，容易生乱。建立服饰制度，能使臣下遵守纲纪，那么乱无从生。 [2]泽厚：谓恩赏厚薄。原作"厚泽"，据卢文弨校本改。泽，恩泽，赏赐。 [3]冀：企图，非分地谋求。幸：侥幸，指侥幸篡夺。 [4]绝尤：完全不同。《管子·侈靡》"有知强弱之所尤"，注："尤，殊绝也。" [5]冀志：非分之想。冀，通"觊"。 [6]五等：五等爵位。根据《礼记·王制》，王国设立公、侯、伯、子、男五等爵位，诸侯设立上大夫、下大夫、上士、中士、下士五等爵位。 [7]以：原无，据李空同本补。臣：下原有"例"字，据李空同本删。

制服之道，取至适至和以予民，至美至神进之帝。奇服文章[1]，以等上下而差贵贱[2]。是以高下异，则名号异，则权力异，则事势异，则旗章异，则符瑞异[3]，则礼宠异[4]，则秩禄异，则

> 异则贵贱有别。

冠履异，则衣带异，则环佩异，则车马异，则妻妾异，则泽厚异，则宫室异，则床席异，则器皿异，则食饮异，则祭祀异，则死丧异。故高则此品周高[5]，下则此品周下。加人者品此临之[6]，埤人者品此承之[7]；迁则品此者进，绌则品此者损，贵周丰，贱周谦；贵贱有级，服位有等。等

> 法度依等而循。

级既设，各处其检[8]，人循其度。擅退则让，上僭则诛。建法以习之，设官以牧之。是以天下见其服而知贵贱，望其章而知其势，使人定其心，各著其目[9]。

[注释]

[1]文章：文彩。　[2]等：区别。下文"差"同。　[3]符：符节，作为凭信的物件。瑞：象征身份的信物。　[4]礼宠：礼遇宠荣。　[5]品：等级，标准。　[6]加：益，指提升，提拔。品：按标准评定，动词。　[7]埤：通"卑"，指贬谪。　[8]检：法度。　[9]著其目：著于其目，指看得明白。著，显明。

> 礼无等不立。

故众多而天下不眩[1]，传远而天下识祇[2]。卑尊已著，上下已分，则人伦法矣。于是主之与臣，若日之与星。以臣不几可以疑主[3]，贱不几可以冒贵[4]。下不凌等则上位尊，臣不逾级则主

位安。谨守伦纪，则乱无由生。

[注释]

[1]眩：疑惑。 [2]祗（zhī）：敬。 [3]几：通"冀"，非分谋求。 [4]冒：犯。

[点评]

此篇与上篇相类，重在建立等级制度，通过衣服、泽厚、权力、等级来区分上下尊卑贵贱，具体存在高下、名号、权力、事势、旗章、符瑞、礼宠、秩禄、冠履、衣带、环佩、车马、妻妾、泽厚、宫室、床席、器皿、食饮、祭祀、死丧二十种差异，做到贵贱有级，服位有等，以致臣下不逾等，主上尊而安，则乱不由生。此篇所论述的内容，比上篇更为具体细致。

益壤事势[1]

陛下即不为千载之治安，如今之势，岂过一传哉？诸侯犹且人恣而不制也[2]，至其相与[3]，持之以纵横之约相亲耳[4]，汉法令不可得行矣，犹且槁立而服强也。今淮阳之比大诸侯[5]，仅过黑子之比于面耳[6]，岂足以为楚御哉[7]？而陛下所恃以为藩捍者，以代、淮阳耳[8]。代北边与

《汉书评林》楼昉说："深识事势，议论剀切，笔力老健。至吴楚之反而说始验，至主父偃之出而策始行，信乎其通达国体也。"

《评注诸子菁华录》说："贾谊之意，以为今之定制，不必久远，弊且立见。"

《评注诸子菁华录》说:"极言代与淮阳之不足恃,所以必须益壤。"

强匈奴为邻[9],仅自见矣。唯皇太子之所恃者,亦以之二国耳。今淮阳之所有,适足以饵大国耳[10]。方今制在陛下,制国命子,适足以饵大国,岂可谓工哉?

[注释]

[1]益壤:扩大疆域。本文就淮阳、梁两个诸侯国的封地过小的实际,提出扩大其疆域的建议。具体做法是割淮南益淮阳,徙代都于睢阳,有患则割淮阳北边二三列城与东郡以益梁。淮阳、梁这两个诸侯国是文帝主要的依靠力量,扩大疆域,可以使诸侯国互相牵制,防止诸侯大国作乱。梁足以捍齐、赵,淮阳足以禁吴、楚,境内就可以安定无事。 [2]恣:放肆。 [3]相与:结交。 [4]纵横之约:指基于利害关系的各种盟约。 [5]淮阳:淮阳国,在今河南淮阳区。高祖第六子刘友立为淮阳王,后徙赵。高祖第二子刘武封代王,徙淮阳王。 [6]黑子:黑痣。 [7]楚御:《汉书》本传作"禁御"。楚训遮列,与禁同意。(章太炎《贾子义抄》说) [8]代:诸侯国,其地在今山西繁峙县西。 [9]匈奴:古代北方少数民族部落。 [10]饵大国:为大国所吞食。

小大之辨。

人主之行异布衣[1]。布衣者,饰小行,竞小廉,以自托于乡党邑里[2]。人主者,天下安、社稷固不耳[3]。故黄帝者[4],炎帝之兄也[5]。炎帝无道,黄帝伐之涿鹿之野[6],血流漂杵[7],诛炎帝而兼其地[8],天下乃治。高皇帝瓜分天下,以王功臣，反者如猬毛而起[9]。高皇帝以为不可，剽去不义诸侯[10]，空其国。择良日，立诸子洛阳上东门之外[11]，诸子毕王，而天下乃安。故大人者，不怵小廉[12]，不牵小行，故立大便以成大功。

《汉书评林》楼昉说："'不牵小行'句应上'异布衣'句。"

[注释]

[1]布衣：指平民百姓。 [2]乡党邑里：古代居民单位，各代不一。据《汉书·百官公卿大夫表》记载，汉制十里一亭，十亭一乡；据《管子·小匡》，五家为轨，六轨为邑；据《周礼·地官·大司徒》，五家为比，五比为间，五间为族，五族为党。此处泛指家乡。 [3]不：否。 [4]黄帝：传说中古代原始部落联盟的首领。原作"皇帝"，据卢文弨校本改。 [5]炎帝：传说中的古代部落领袖，因以火德王，故称炎帝。 [6]涿鹿：古山名，在今河北涿鹿县东南。 [7]杵（chǔ）：棒槌，舂米、捶衣、筑土所用；也指一种棒形兵器。 [8]兼：吞并。 [9]猬毛：形容众多。猬，刺猬。 [10]剽：削。 [11]上东门：洛阳东北城门。 [12]怵（xù）：同"訹"，诱。

今淮南地远者或数千里[1]，越诸侯而悬属于汉[2]，其苦之甚矣！其欲有卒也[3]，类良有[4]，所至逋走而归诸侯[5]，殆不少矣！此终非可久以为奉地也。陛下岂如蚤便其势，且令他人守郡，岂如令子。臣之愚计,愿陛下举淮南之地以益淮阳,梁即有后,割淮阳北边二三列城与东郡以益梁[6];即无后患,代可徙而都睢阳[7],梁起新郑以北著之河[8],淮阳包陈以南捷之江[9]。则大诸侯之有异心者,破胆而不敢谋。今所恃者,代、淮阳二国耳,皇太子亦恃之。如臣计,梁足以捍齐、赵[10],淮阳足以禁吴、楚[11],则陛下高枕而卧,终无山东之忧矣。臣窃以为此二世之利也[12],若使淮南久县属汉,特以资奸人耳[13]。惟陛下幸少留意,省臣昧死以闻。

臣谊窃昧死,愿得伏前陈施,下臣谊所以为治安,陛下幸以少须臾之间听,以验之于事,未有妨损也。臣闻圣主言问其臣,而不自造事,故为人臣得毕尽其愚忠,惟陛下财幸[14]。

《评注诸子菁华录》说:"熟于地势,统筹全局。后景帝时吴王濞反,卒得梁力。贾生真有先见之明。"

[注释]

[1]淮南:汉初诸侯国之一。高祖十一年(前196),封刘长为淮南厉王,领地大致在今安徽淮河一带。 [2]诸侯:淮阳和梁。悬:远。 [3]卒:俞樾认为是"立"字之误。卒可训尽,指结束悬属汉的情况。 [4]类:大抵,大率。良:确实。 [5]逋:逃。 [6]东郡:在今河南濮阳南。 [7]睢阳:在今河南商丘南。 [8]梁:诸侯王国名,这里指刘恢任梁王的同姓诸侯王国。

新郑：在今安徽太和县。　[9]陈：在今河南淮阳。捷：接，指接壤。　[10]齐：在今山东境内。赵：在今河北邯郸。　[11]吴：在今江苏苏州。楚：在今江苏铜山区。　[12]二世：颜师古《汉书》注认为指帝身及太子。吴恂《汉书注商》认为作"世世"。　[13]资：原作"恣"，据卢文弨校本改。助。　[14]财：通"裁"，裁决。

[点评]

　　本篇结合诸侯封国的实际情况，提出扩大淮阳和代两个诸侯国的疆域，作为汉中央政权的藩御，以防边境之患。中间一段引黄帝和汉高祖的做法，论述人主当考虑安天下、固社稷的大事，而不受小行的牵制。既是保卫国家的具体措施，也是为汉王朝长治久安出谋划策。

新书卷第二

权重[1]

诸侯势足以专制，力足以行逆，虽令冠处女[2]，勿谓无敢；势不足以专制，力不足以行逆，虽生夏育[3]，有仇雠之怨，犹之无伤也。然天下当今恬然者，遇诸侯之俱少也。后不至数岁，诸侯皆冠，陛下且见之矣，岂不苦哉！力当能为而不为，畜乱宿祸[4]，高拱而不忧，其纷也且也[5]，甚可谓不知且不仁。

位高权重，必生祸乱。

居安思危，当如临渊测深。

[注释]

[1]权重：指诸侯王的权势太重。作者认为诸侯王的权势太重，如果任其发展，将会酿成大祸。之所以现在还没有爆发危机，是因为诸侯还小。本篇与《宗首》《藩伤》《藩强》等篇同出

一旨。　[2]冠：古代男子二十岁举行加冠礼，表示成年。　[3]夏育：周朝时卫国的勇士，据说能力举千钧。　[4]畜：通"蓄"。宿：积。　[5]且：必。

夫秦自逆[1]，日夜深惟，苦心竭力，危在存亡，以除六国之忧[2]。今陛下力制天下，颐指而如意[3]，而故称六国之祸[4]，难以言知矣。苟身常无患，但为祸未在所制也。乱媒日长，孰视而不定。万年之后，传之老母弱子，使曹、勃不能制[5]，可谓仁乎？

六国之祸，非由秦生，实为必然。

[注释]

[1]逆：预料，预虑。　[2]六国：战国时韩、魏、燕、赵、齐、楚六国。　[3]颐指：动下巴发出指示。颐，下巴。　[4]称：举，取。　[5]曹：曹参，汉初开国功臣，后为丞相。勃：周勃，武将，汉代重臣。

[点评]

诸侯王势力强大必将反叛，既有历史的前鉴，又有当代的现状。之所以危机没有爆发，是因为诸侯王尚幼小。从维护中央政权和保护诸侯两个角度提醒汉文帝早做准备，防患于未然。言辞犀利，满是少年锐气。

五美事势[1]

海内之势，如身之使臂，臂之使指，莫不从制[2]。诸侯之君敢自杀不敢反，志知必薀醢耳[3]。不敢有异心，辐凑并进而归命天子[4]。天下无可以侥幸之权，无起祸召乱之业。虽在细民[5]，且知其安，故天下咸知陛下之明。

[注释]

[1]五美：五种美德，指天子的明、廉、仁、义、圣。本篇论述要想天下长治久安，必定要先割地定制，从而削弱诸侯王的势力。地制一定，则诸侯、宗室、细民不敢叛乱，天子的五种美德日益显现。本篇与《制不定》篇为姊妹篇。 [2]从制：服从其控制。 [3]志：意。 [4]辐凑：车轮的辐条汇聚于车轴。 [5]细民：小民。

割地定制，齐为若干国，赵、楚为若干国，制既各有理矣。于是齐悼惠王之子孙王之[1]，分地尽而止。赵幽王、楚元王之子孙[2]，亦各以次受其祖之分地，燕、吴、淮南佗国皆然[3]。其分地众而子孙少者，建以为国，空而置之，须其子孙生者，举使君之[4]。诸侯之地其削颇入汉者[5]，

《评注诸子菁华录》说："通篇以定制作线索。"

《评注诸子菁华录》说："胪陈五美，于参差之中见整齐之法。"

林云铭《古文析义》说："以其所封之地即分而封其子孙，是众建诸侯而少其力，妙着。"

《评注诸子菁华录》说："此即所谓众建诸侯而少其力也。"

林云铭《古文析义》说："为国多而子孙少者处置。"

为徙其侯国及封其子孙于彼也,所以数偿之[6]。故一寸之地,一人之众,天子无所利焉,诚以定治而已,故天下咸知陛下之廉。

林云铭《古文析义》说:"又为既绝侯国处置。"

[注释]
[1]齐悼惠王:刘肥,高祖之子,曹夫人所生。 [2]赵幽王:刘友,高祖之子,原为淮阳王,后徙为赵王。楚元王:刘交,高祖之弟,封为楚王。 [3]燕:国名,在今河北、辽宁及朝鲜北部。吴:同姓诸侯国,吴王刘濞,刘邦兄刘仲的儿子。淮南:同姓诸侯国,淮南厉王刘长,刘邦的小儿子,文帝的弟弟。佗:同"他"。 [4]举:全。 [5]颇:多。 [6]偿:还。

[点评]
建立一定的制度将土地和民众分封诸侯王,使互相制衡,天子制之以利,施之以威。天子不以土地民众为己利,以见其廉。

地制一定[1],宗室子孙虑莫不王[2]。制定之后,下无倍背之心,上无诛伐之志,上下欢亲,诸侯顺附,故天下咸知陛下之仁。

林云铭《古文析义》说:"上下无相疑之势,所以安上全下也。"

[注释]
[1]地:原作"经",据卢文弨校本改。 [2]虑:大抵。

《汉书评林》凌稚隆说："天下咸知陛下之明、之廉、之仁、之义四段，正众建诸侯之效，厥后晁错、主父偃之谋本此。"

林云铭《古文析义》说："按《春秋胡氏传》，古者君薨而世子未生之礼，植遗腹，朝委裘，疑古有此礼。"

《评注诸子菁华录》说："明而不廉则贪得，故继之以廉；廉而不仁则刻薄，故继之以仁；仁而不义则柔懦，故继之以义。四美能具，则作圣之基立矣。"

《汉书评林》真德秀说："此天下之善谋也。使文帝早用其说，安有七国之变？诚若是处之，则谊所谓斤斧者亦不必施矣。"

地制一定，则帝道还明而臣心还正，法立而不犯，令行而不逆。贯高、利几之谋不生[1]，机奇、启章之计不萌[2]，细民乡善，大臣致顺，上使然也，故天下咸知陛下之义。

[注释]

[1]贯高：赵王张敖的国相，因企图谋杀汉高祖刘邦被捕，自杀。利几：原为项羽部将，后降汉，封为颍川侯，高祖五年（前202）反叛。 [2]机奇：汉初棘蒲侯柴武之子，曾参与淮南王刘长的叛乱。《汉书》作"柴奇"。启章：刘长的部属，曾参与叛乱。萌：生。

地制一定，卧赤子天下之上而安[1]，植遗腹[2]，朝委裘[3]，而天下不乱，社稷长安，宗庙久尊，传之后世，不知其所穷。故当时大治，后世诵圣[4]。

[注释]

[1]赤子：新生婴儿。 [2]植：立。遗腹：遗腹子。 [3]朝委裘：向悬挂着的先帝裘衣朝拜。比喻君王空缺，无君王主事。 [4]诵：称颂。

一动而五美附，陛下谁惮而久不为此五美？

[点评]

明、廉、仁、义、圣五种美德，从割地定制的效果体现。地制定，诸侯王无侥幸之权，无起祸召乱之业，天下安定，体现天子之明；土地人民，不为己有，分封合理，体现天子之廉；为宗室子孙考虑，使之无背叛之心，体现天子之仁；依法定制，令行不逆，体现天子之义；天下不乱，社稷长安，体现天子之圣。论述的核心在定地制，效果在五美。

制不定 [1]

炎帝者，黄帝同父母弟也，各有天下之半。黄帝行道，而炎帝不听，故战涿鹿之野[2]，血流漂杵。夫地制不得，自黄帝而以困[3]。

[注释]

[1]制不定：即封地制度不定。黄帝兄弟相诛，高祖时反者数起，今诸侯为逆，都由于地制不定之害。又以屠牛为喻，主张仁义恩厚与权力法制并用，以消除诸侯之害。篇题下，依文例当补"事势"二字。 [2]涿鹿：古山名，在今河北涿鹿县东南。 [3]以：通"已"。

以高皇帝之明圣威武也，既抚天下，即天子之位，而大臣为逆者，乃几十发；以帝之势，身劳于兵间，纷然几无天下者数矣。淮阴侯、韩王信、陈豨、彭越、黥布及卢绾皆功臣也[1]，所尝爱信也，所爱化而为仇，所信反而为寇，可不怪也？地理蚤定，岂有此变！陛下即位以来，济北一反[2]，淮南为逆[3]，今吴有见告[4]，皆其薄者也。莫大诸侯澹然而未有故者[5]，天下非有固安之术也，特赖其尚幼，偷猥之数也[6]。且异姓负强而动者，汉已幸而胜之矣，又不易其所以然。同姓袭是迹而处，骨肉相动，又既有征矣[7]，其势尽又复然。殃祸之反[8]，未知所移，长此安穷！明帝尚不能以安，后世奈何！

《汉书评林》引林希元说："异姓负强而动，指韩、彭、陈豨言。"

《汉书评林》引林希元说："同姓袭是迹而动，指淮南、济北言。"

林云铭《古文析义》说："言诸侯王之封国不为之变制，殃祸不知移与谁受，即今不安后何以处此。"

[注释]

[1]淮阴侯、韩王信、陈豨（xī）、彭越、黥布及卢绾（wǎn）：参见《藩强》篇注。 [2]济北：参见《宗首》篇注。 [3]淮南：淮南厉王刘长，参见《宗首》篇注。 [4]吴：参见《宗首》篇注。有：通"又"。 [5]澹（dàn）然：安静的样子。 [6]偷猥：偷安苟且。原作"伦猥"，据卢文弨校本改。 [7]征：征兆。 [8]反：变。

屠牛坦一朝解十二牛[1]，而芒刃不顿者[2]，所排击[3]，所剥割，皆象理也[4]。然至髋髀之所[5]，非斤则斧矣。仁义恩厚者，此人主之芒刃也；权势法制，此人主之斤斧也。势已定，权已足矣。乃以仁义恩厚因而泽之，故德布而天下有慕志。今诸侯王皆众髋髀也，释斤斧之制，而欲婴以芒刃[6]，臣以为刃不折则缺耳。胡不用之淮南、济北？势不可也。

《评注诸子菁华录》说："先威后恩，受之者方知感激，古今同此一理。"

《精校评注古文观止》说："因喻入议，笔甚峭劲。"

林云铭《古文析义》说："此段引喻待诸侯王不可徒恃仁义恩厚。"

[注释]

[1]屠牛坦：名叫"坦"的杀牛人。坦，一名"吐"。 [2]芒刃：利刃。顿：通"钝"。 [3]排：分开。击：砍。 [4]象理：顺着肌肉的纹理。 [5]髋（kuān）：胯骨。髀（bì）：大腿骨。 [6]婴：加。

[点评]

此篇承上篇，论制不定之害。既引黄帝因地制不得与炎帝相战，又以屠牛坦解牛为喻，论证诸侯王的反叛，当用权势法制以控制，不能仅用仁义恩厚去安抚，否则殃祸无穷。诸侯王变乱的危机，其根源在地制不定。危言耸听，劝文帝及时采取措施。

审微 事势[1]

善不可谓小而无益，不善不可谓小而无伤。非以小善为一足以利天下[2]，小不善为一足以乱国家也。当夫轻始而傲微[3]，则其流而令于大乱，是故子民者谨焉[4]。彼人也，登高则望，临

《评注诸子菁华录》说："发明微之所以当审。"

《管子·牧民》说:"唯有道者能备患于未形也。"

《评注诸子菁华录》说:"历举老子、管子、墨子之言行,皆是证明微之当审。"

《论衡·率性》说:"是故杨子哭歧道,墨子哭练丝也,盖伤离本不可复变也。"

深则窥[5],人之性非窥且望也,势使然也。夫事有逐奸[6],势有召祸。老聃曰[7]:"为之于未有[8],治之于未乱。"管仲曰[9]:"备患于未形。"上也。语曰:"焰焰弗灭[10],炎炎奈何;萌芽不伐,且折斧柯。"智禁于微,次也。事之适乱[11],如地形之惑人也,机渐而往[12],俄而东西易面,人不自知也。故墨子见衢路而哭之[13],悲一跬而缪千里也[14]。

[注释]

[1]审微:明察事物微小的方面。任何事物,都是从微小开始发展的。本篇从礼制风俗等角度论述防止僭越,必须从微小的方面加以明察,早察坏事的起源,杜绝乱谋的产生,以防患于未然。 [2]小:原无,据卢文弨校本补。 [3]傲:傲慢,指忽视。 [4]子民者:以民为子的人,指统治者。 [5]窥:看。 [6]事有逐奸:事情会发展成奸邪。逐,当作"遂",生长,产生。 [7]老聃(dān):即老子,春秋时哲学家,道家学说的开创者,有《老子》一书传世。 [8]"为之于未有"二句:见《老子》第六十四章。 [9]管仲:即管子,春秋时政治家,齐国国相,辅佐齐桓公成就霸业,有《管子》一书传世。 [10]焰焰:原作"燋燋",字书无考,据卢文弨校本改。 [11]适:往。指导致。 [12]机渐:"机"是"积"的误字(《韩非子·有度》王先慎注),积渐,逐渐,渐渐。 [13]墨子:墨翟,春秋战国时期思想家,墨家学说的开创者,有《墨子》一书传世。衢(qú):四通的道路。 [14]跬

（kuǐ）：半步。缪：通"谬"，错。

昔者卫侯朝于周[1]，周行人问其名[2]，曰："卫侯辟疆。"周行人还之，曰："启疆、辟疆[3]，天子之号也，诸侯弗得用。"卫侯更其名曰燬[4]，然后受之。故善守上下之陛者[5]，虽空名，弗使逾焉。

《评注诸子菁华录》说："此正引审名号之微者作证。"

[注释]

[1]卫侯：卫文公，名燬，戴公弟。 [2]行人：官名，掌管宾客礼仪，《周礼·秋官》有大行人、小行人之分。 [3]疆：通"疆"，疆域，疆土。 [4]燬（huǐ）：同"燬"，义为烈火。 [5]陛：台阶，指等级区别。

古者周礼，天子葬用隧[1]，诸侯悬下[2]。周襄王出逃伯斗[3]，晋文公率师诛贼[4]，定周国之乱，复襄王之位。于是襄王赏以南阳之地[5]。文公辞南阳，请即死得以隧下。襄王弗听，曰："周国虽微，未之或代也。天子用隧，伯父用隧[6]，是二天子也。以地为少，余请益之。"文公乃退。

《评注诸子菁华录》说："此正引审葬礼之微者作证。"

[注释]

[1]隧：隧道，地道。天子或王的葬礼，挖墓道通墓室。 [2]悬下：吊棺下葬。 [3]周襄王出逃：周襄王十七年（前635），因

狄后私通子带，贬黜狄后，狄人借机来侵犯，周襄王出逃。伯斗：卢文弨认为是衍文。章太炎认为"斗"通"主"，伯主即霸主，指晋文公，则当属下读。俞樾则认为是大叔带。　[4]晋文公：姬姓晋氏，名重耳，春秋时期晋国的第二十二任君主，公元前636年至前628年在位，晋献公之子，母亲为狐姬。晋文公文治武功卓著，是春秋五霸中第二位霸主，也是上古五霸之一，与齐桓公并称"齐桓晋文"。　[5]南阳：地名，在今河南境内。　[6]伯：公、侯、伯、子、男五等爵位名之一，当时晋文公爵位为伯。

[点评]

　　防微杜渐是一种智慧，所谓千里之堤，溃于蚁穴，因为大事都是从小事开始，所以毋因善小而不为，毋因恶小而为之。卫侯名号用辟疆，文公请死后隧葬，看似小事，却不可乱，是为审微。今日所说细节决定成败，寓含审微之意。

　　礼，天子之乐宫悬[1]，诸侯之乐轩悬[2]，大夫直悬[3]，士有琴瑟。叔孙于奚者，卫之大夫也。曲悬者[4]，卫君之乐体也；繁缨者[5]，君之驾饰也。齐人攻卫，叔孙于奚率师逆之，大败齐师。卫于是赏以温[6]，叔孙于奚辞温，而请曲悬、繁缨以朝，卫君许之。孔子闻之，曰："惜乎！不如多与之邑。夫乐者所以载国，国者所以载君。彼乐亡而礼从之，礼亡而政从之，政亡而国从之，国亡而君从之。惜乎！不如多与之邑。"

《评注诸子菁华录》说："此反引不审乐礼之微者作证。"

[注释]

[1]宫悬：四面悬挂乐器。宫，房屋，四面有墙。 [2]轩悬：三面悬挂乐器。轩，车厢，三面有墙板。 [3]直悬：又作"特悬"，一面悬挂乐器。 [4]曲悬：同"轩悬"。 [5]繁缨：装饰马身的大带。 [6]温：地名，在今河南温县境内。

宓子治亶父[1]，于是齐人攻鲁，道亶父。始，父老请曰："麦已熟矣，今迫齐寇，民人出自艾傅郭者归[2]，可以益食，且不资寇。"三请，宓子弗听。俄而麦毕还乎齐寇[3]。季孙闻之[4]，怒，使人让宓子曰："岂不可哀哉！民乎寒耕热耘[5]，曾弗得食也。弗知犹可，闻或以告，而夫子弗听。"宓子蹴然曰[6]："今年无麦，明年可树。令不耕者得获，是乐有寇也。且一岁之麦，于鲁不加强，丧之不加弱。令民有自取之心，其创必数年不息。"季孙闻之，惭曰："使穴可入，吾岂忍见宓子哉！"

《评注诸子菁华录》说："此正引防民自取之微者作证。"

[注释]

[1]宓(mì)子：孔子弟子，名不齐，字子贱。春秋鲁人，性

仁爱，有才智，孔子称之为君子，后世追封为单父侯。亶（dǎn）父：即单（shàn）父，在今山东单县南。　[2]艾：刈，割。傅郭：围绕城郭边。　[3]还：归。　[4]季孙：季孙宿，鲁国大夫。　[5]热：原作"熟"，据卢文绍校本改。　[6]蹵然：吃惊的样子。

故明者之感奸由也蚤[1]，其除乱谋也远，故邪不前达[2]。

智者畏因。

[注释]

[1]奸由：坏事的起因。　[2]前达：提前来到。

[点评]

  凡事由微致巨，所以要防微杜渐。首段引老聃、管子之语，论证对祸乱当于未有为之，当于未乱治之，备患于未形为上。卫侯滥用名号，晋文公欲死用隧下，叔孙于奚请曲悬、繁缨以朝，皆违背礼制，事虽微，然不可渐；宓子任麦资于齐寇，不令民有自取之心，是见微知著。唯明者能早早预见奸由，提前消除乱谋，故祸患不生。所谓智者畏因，凡夫畏果，可以为鉴。

阶级事势[1]

  人主之尊，辟无异堂[2]，阶陛九级者[3]，堂高大几六尺矣。若堂无陛级者，堂高殆不过尺矣[4]。天子如堂，群臣如陛，众庶如地，此其辟也。故陛九级上，廉远地则堂高[5]；陛亡级，廉近地则堂卑。高者难攀，卑者易陵[6]，理势然也。故古者圣王制为列等，内有公、卿、大夫、士[7]，外有公、侯、伯、子、男，然后有官师、小吏[8]，施及庶人，等级分明，而天子加焉[9]，故其尊不可及也。

林云铭《古文析义》说："先设一喻。"

林云铭《古文析义》说："解堂所以贵高之故。"

《评注诸子菁华录》说："制为列等即是分阶级之意。"

林云铭《古文析义》说："解人主所以能尊之故。"

[注释]

[1]阶级：台阶，比喻等级制度。本篇主张建立严格的等级制度，天子至于庶人，各有等级，不得僭越，礼遇大臣，分别对待，以磨砺臣下礼义廉耻的节操，臣下就会修缮节行报答君主。《汉书·贾谊传》记载，"是时丞相绛侯周勃免就国，人有告勃谋反，逮系长安狱治。卒亡事，复爵邑，故贾谊以此讥上"，是本篇的写作背景。　[2]辟：同"譬"。堂：古代房屋的正厅，前为堂，后为室。　[3]陛：堂前两边的台阶。　[4]殆：原作"治"，据卢文弨校本改。　[5]廉：堂基的边缘。　[6]陵：登。　[7]"内有公、卿、大夫、士"二句，根据《礼记·王制》，王国设立公、侯、伯、子、男五等爵位，诸侯设立上大夫、下大夫、上士、中士、下士五等爵位。　[8]官师：管理具体事务的下级官吏。　[9]加：居其上。

鄙谚曰："欲投鼠而忌器[1]。"此善喻也。鼠近于器，尚惮而弗投，恐伤器也，况乎贵大臣之

林云铭《古文析义》说："又引一喻。"

近于主上乎！廉耻礼节以治君子[2]，故有赐死而无僇辱。是以系、缚、榜、笞、髡、刖、黥、劓之罪[3]，不及士大夫。以其离主上不远也。礼，不敢齿君之路马[4]，蹴其刍者有罪[5]；见君之几杖则起，遭君之乘舆则下，入正门则趋；君之宠臣虽或有过，刑僇不加其身，尊君之势也。此则所以为主上豫远不敬也[6]，所以体貌群臣而厉其节也[7]。今自王、侯、三公之贵[8]，皆天子之所改容而礼之也。古天子之所谓伯父、伯舅也[9]，令与众庶、徒隶同黥、劓、髡、刖、笞、傌、弃市之法[10]，然则堂下不亡陛乎？被僇辱者不太迫乎？廉耻不行也，大臣无乃握重权，大官而有徒隶无耻之心乎？夫望夷之事[11]，二世见当以重法者[12]，投鼠而不忌器之习也。

林云铭《古文析义》说："解贵臣所以不可辱之故。"

《评注诸子菁华录》说："引礼以明古时之有阶级。"

林云铭《古文析义》说："君之物犹敬之如此。"

《评注诸子菁华录》说："因尊君之故，所以敬礼大臣。"

林云铭《古文析义》说："即礼义廉耻以治君子作用。"

《汉书评林》凌稚隆说："为主上豫远不敬与厉大臣之节二句，此段纲领。"

林云铭《古文析义》说："已上言大臣与众庶同刑之失。"

林云铭《古文析义》说："阎乐敢杀二世于望夷宫者，由二世以秦制刑大臣为得当，无忌上之风故也。引证不为主上豫远不敬之弊。"

[注释]

[1]投：抛物击打。 [2]廉：廉洁，正直。 [3]系：用绳索系颈。缚：捆绑。榜（péng）：通"搒"，击打。笞（chī）：用竹条鞭打。髡（kūn）：剃光头发。刖（yuè）：砍去脚。黥（qíng）：刺面涂墨作印记。劓（yì）：割掉鼻子。 [4]齿：指查看牙齿以计算年龄。路马：驾车的马。路，车，天子的车称大路。 [5]蹴：踩踏。刍：草料。 [6]豫：同"预"，预备。 [7]体貌：礼貌。 [8]三公：

丞相、大司马、御史大夫（据《通典》说）。　[9] 伯父：周王朝对同姓诸侯的称呼。伯舅：周王朝对异姓诸侯的称呼。　[10] 傌（mà）：骂。潭本作"系"。建本作"僇"，杀戮。　[11] 望夷：望夷宫，秦宫名。赵高派女婿阎乐逼迫秦二世在望夷宫自杀。　[12] 当：判罪。

[**点评**]

用投鼠忌器作比喻，来说明君主与大臣如何妥善处理。用阶级作比喻，区分君臣关系。君主礼敬大臣，用廉耻礼节要求大臣，不与普通众庶相待，不使肉体受辱，所以刑不上大夫，赐死而不戮辱，则对大臣提出了自重、自律更高的要求。

臣闻之曰：履虽鲜[1]，弗以加枕；冠虽弊，弗以苴履[2]。夫尝以在贵宠之位，天子改容而尝体貌之矣，吏民尝俯伏以敬畏之矣。今而有过，令废之可也，退之可也，赐之死可也。若夫束缚之，系绁之[3]，输之司空[4]，编之徒官[5]，司寇、牢正、徒长、小吏骂詈而榜笞之[6]，殆非所以令众庶之见也。夫卑贱者习知尊贵者之事，一旦吾亦乃可以加也，非所以习天下也[7]，非尊尊贵贵之化也。夫天子之所尝敬，众庶之所尝宠，死而死尔，贱人安宜得此而顿辱之哉！

林云铭《古文析义》说："言其非法。"

《评注诸子菁华录》说："反覆开导，见得大臣不可不尊敬。"

林云铭《古文析义》说："言其非理。已上申明大臣有赐死而无戮辱者，恐其太迫，非豫远不敬之道，无以成人主之尊也。"

[**注释**]

[1]鲜：新。　[2]苴（jū）：草。这里用作动词，垫。　[3]絏（xiè）：绳索。这里用作动词，牵系。　[4]司空：掌管徭役的官。　[5]徒官：主管役吏刑徒的官署。　[6]司寇：掌管刑罚的官。牢正：监狱长，司寇下属官吏。徒长：刑徒之长，司寇下属官吏。詈（lì）：骂。　[7]习：教习。

林云铭《古文析义》说："引证礼貌大臣而厉其节之效。"

《汉书评林》林希元说："主上遇其大臣四句即《孟子》'视臣如犬马，则视君如寇雠'遗意。"

林云铭《古文析义》说："以犬马官徒自为行径如此。"

林云铭《古文析义》说："非人主之利。"

《评注诸子菁华录》说："极言不敬礼大臣之弊。文势如风樯阵马，一片神行。"

豫让事中行之君[1]，智伯伐中行，灭之，豫让移事智伯。及赵灭智伯，豫让衅面变容[2]，吸炭变声，必报襄子，五起而弗中，襄子一夕而五易卧。人问豫让，让曰："中行众人畜我，我故众人事之；智伯国士遇我，故为之国士用。"故此一豫让也，反君事仇，行若狗彘[3]，已而折节致忠[4]，行出乎烈士[5]，人主使然也。故人主遇其大臣如遇犬马，彼将犬马自如也；如遇官徒，彼将官徒自为也。顽顿无耻，嗜苟无节[6]，廉耻不立，则且不自好，苟若而可，见利则逝[7]，见便则夺。主上有败，则因而推之矣；主上有患，则吾苟免而已，立而观之耳；有便吾身者，则欺卖而利之耳。人主将何便于此？群下至众，而主至少也，所托财器职业者率于群下也。但无耻，但苟安，则主罢病。

[注释]

[1]豫让：春秋战国之际晋国人，初为晋六卿之一中行氏的家臣，智伯瑶消灭中行氏后，豫让又改事智伯瑶，赵襄子消灭智伯瑶，豫让刺杀赵襄子未果，自杀。中行（háng）：中行氏，晋六卿之一。 [2]衅（xìn）：涂抹。 [3]彘（zhì）：猪。 [4]折节：改变平素志行。 [5]烈士：古代泛指重义轻生、行为壮烈的人。 [6]奊（xǐ）诟：通"謑诟"，可耻。 [7]逝：往。

[点评]

人主如何礼遇大臣，是处理君臣关系的重要方面。用豫让反君事仇为例，论证礼遇臣下的重要性。

故古者礼不及庶人，刑不至君子，所以厉宠臣之节也[1]。古者大臣有坐不廉而废者[2]，不谓曰不廉，曰"簠簋不饰"[3]。坐秽污姑妇姊姨母，男女无别者，不谓污秽，曰"帷箔不修"[4]。坐罢软不胜任者[5]，不谓罢软，曰"下官不职"。故贵大臣定有其罪矣，犹未斥然至以呼之也，尚迁就而为之讳也。故其在大谴大何之域者[6]，闻谴何则白冠牦缨[7]，盘水加剑，造请室而请其罪耳[8]，上弗使执缚系引而行也。其中罪者，闻命

林云铭《古文析义》说："势不能胜。已上痛发大臣有徒隶无耻之心即为人主之害。"

《孔子家语正印》说："先王之制法刑不及于大夫者，所以重礼义、崇廉耻也。"

《汉书评林》凌稚隆说："按《大戴记》云：'刑不上大夫者，古之大臣有坐不廉污秽者，则曰簠簋不饰；淫乱男女无别者，则曰帷薄不饰；罔上不忠者，则曰臣节未著；罢懒不胜任者，则曰下官不职；干国之纪者，则曰行事不清。此五者，大夫定罪名矣。'贾谊之疏大略本此，盖古有此制，谊疏之以告帝云。"

林云铭《古文析义》说："总上三罪坐废者，曲全其名如此。"

而自弛[9]，上不使人颈戾而加也[10]。其有大罪者，闻令则北面再拜，跪而自裁，上不使人捽抑而刑也[11]。曰："子大夫自有过耳！吾遇子有礼矣。"遇之有礼，故群臣自憙[12]；厉以廉耻，故人务节行。上设廉耻礼义以遇其臣，而群臣不以节行而报其上者，即非人类也。

> 《评注诸子菁华录》说："有罪之大臣尚曲为隐讳，保全其体面，愈见阶级之不可不分。"
>
> 林云铭《古文析义》说："总上三项，揣人主待大臣之意。"
>
> 林云铭《古文析义》说："施厚必得报。"

[注释]

[1] 厉：通"砺"，磨砺，培养。　[2] 坐：因为。　[3] 簠簋（fǔ guǐ）：放置祭品的竹制器皿，方形为簠，圆形为簋。　[4] 帷：帷幔。箔：帘子。　[5] 罢（pí）软：懦弱无能，办事不力。　[6] 遣：谴责。何：斥责。　[7] 白冠氂缨：丧礼的服饰。白冠，生丝做的帽子。氂缨，长毛编织的帽带。氂，通"牦"。　[8] 请室：请罪之室。　[9] 自弛：自系。弛，通"纏"（俞樾说）。　[10] 颈戾：扭弯脖子。戾，曲。　[11] 捽（zuó）：揪住头发。抑：往下按。　[12] 自憙：自好，自爱。憙，通"喜"，好。

> 《评注诸子菁华录》说："以下极言敬礼大臣之效，亦有群山万壑赴荆门之势。"
>
> 林云铭《古文析义》说："在城谓之物，在人谓之志。"
>
> 《评注诸子菁华录》说："言圣人厉此节行以御群下，则人皆怀德，勠力同心，国家安固不可毁，状若金城也。"

故化成俗定，则为人臣者，主丑亡身[1]，国丑亡家，公丑忘私。利不苟就[2]，害不苟去，唯义所在，主上之化也。故父兄之臣诚死宗庙[3]，法度之臣诚死社稷[4]，辅翼之臣诚死君上[5]，守卫捍敌之臣诚死城郭封境。故曰"圣人有金城"者，此物比志也[6]。彼且为我死，故吾得与之俱生；彼且为我亡，故吾得与之俱存；夫将为我危，故吾得与之皆安。顾行而忘利[7]，守节而服义，故可以托不御之权[8]，可以托五尺之孤[9]。此厉廉耻、行礼义之所致也，主上何丧焉！此之不为，而顾彼之行，故曰可为长太息者也。

林云铭《古文析义》说："已上痛发以礼义廉耻治君子。不加刑者，所以礼貌而厉其节，即以固主上之尊也。"

[注释]

[1]丑：建本作"丑"，诸本皆作"尔"，《汉书》作"耳"。章太炎、刘师培认为"丑"训"耻"，耻辱，指遭受灾难。 [2]苟：苟且，随便。 [3]父兄之臣：身为父或为兄的大臣。 [4]法度之臣：执行法度的大臣。 [5]辅翼之臣：辅佐的大臣。翼，翅膀，指保护。 [6]此物比志：用事物比方心志。 [7]顾行：顾全德行。 [8]不御之权：无须驾驭的大权。 [9]五尺之孤：指幼小的君主。古代一尺相当于今天六寸多。

[点评]

《左传》昭公七年芈尹无宇所说"天有十日，人有十等，下所以事上，上所以共神也。故王臣公，公臣大夫，大夫臣士，士臣皂，皂臣舆，舆臣隶，隶臣僚，僚臣仆，仆臣台"，即是人的等级。本篇以堂的台阶为题，论述等级制度的必要。人主最尊，故须豫远不敬，群臣故须体貌而厉其节。礼不及庶人，刑不至君子，是维护等级制度之所需。维系等级的和谐相处，主上当设礼义廉耻以遇其臣，臣下当以节行而报其上。古代君臣关系的标准是君仁臣忠，对君臣双方都有要求，并非明清时期小说戏曲所说的"君要臣死臣不得不死"的愚忠。豫让为智伯报仇的故事，说明了君待臣如何，臣亦待君如何，对今日处理好上下级的关系，仍有参考意义。

新书卷第三

俗激事势[1]

大臣之俗,特以牍书不报[2],小期会不答耳[3],以为大故,以为大故不可矣。天下之大指,举之而激。俗流失,世坏败矣,因恬弗知怪[4],大故也。加刀笔之吏[5],务在筐箧[6],而不知大体。陛下又弗自忧,故如哉[7]!

《评注诸子菁华录》说:"俗之言续也,转相习也,谓大臣之积习。"

《评注诸子菁华录》说:"水流有所碍,其行加疾,谓之激。民犹水也,故其风俗亦当使有所碍,而后可速化。"

《评注诸子菁华录》说:"皆因不激之故。"

[注释]

[1]俗激:风俗反常,令人激愤。《汉书·礼乐志》记载当时"风俗流溢",即社会风气骄奢淫逸。文中列举大量事实,世俗流失败坏,侈靡之风盛行,抛弃礼义廉耻,有亡秦的遗风。指出解决的方法必须移风易俗,建立制度,设立君臣上下之分,父子六亲遵守礼仪纲纪,才能使社会长治久安。 [2]牍书:简牍文书,指钱粮出纳的表册。 [3]期会:约定时间的聚

会。 [4]恬：安。 [5]刀笔之吏：掌管文案的官吏。刀，古时书写于竹简木牍，有误则用刀削去。笔，抄写所用。 [6]筐箧：装书籍公文的器具。 [7]如："如此"的省文。

夫邪俗日长，民相然席于无廉丑[1]，行义非循也[2]。岂且为人子背其父，为人臣因忠于主哉？岂为人弟欺其兄，为人下因信其上哉？陛下虽有权柄事业，将所寄之[3]？管子曰："四维[4]，一曰礼，二曰义，三曰廉，四曰耻。""四维不张，国乃灭亡。"云使管子愚无识人也则可，使管子而少知治体，则是岂不可为寒心！今世以侈靡相竞，而上无制度，弃礼义、捐廉丑日甚，可为月异而岁不同矣。逐利乎不耳[5]，虑念非顾行也。今其甚者，到父矣[6]，财大母矣[7]，踝妪矣[8]，刺兄矣。盗者虑探柱下之金[9]，剟寝户之帘[10]，搴两庙之器[11]，白昼大都之中，剽吏而夺之金[12]。矫伪者出几十万石粟[13]，赋六百余万钱，乘传而行郡诸侯[14]，此其无行义之尤至者已[15]。其余猖獗而趋之者，乃豕羊驱而往。是类管子谓"四维不张"者也与！窃为陛下惜之。

《评注诸子菁华录》说："孝者所以事君，弟者所以事长，此千古颠扑不破之理。"

见《管子·牧民》。

《评注诸子菁华录》说："无制度便是不能激俗之根。"

林云铭《古文析义》说："所赴惟计利与否耳，非顾行之善恶。"

林云铭《古文析义》说："比秦俗不顾父母尤甚。"

林云铭《古文析义》说："比秦俗众掩寡四语尤甚。"

林云铭《古文析义》说："把此辈列在杀盗之后，骂得痛快。"

[注释]

[1]丑：耻。 [2]循：潭本及《汉书》作"脩"，同"修"，善。 [3]所：何。 [4]维：网上的大绳，又叫纲，泛指纲纪。 [5]不：否。 [6]刭（jǐng）：刀割脖子。 [7]财：通"裁"，裂。指残害，杀死。大母：祖母。 [8]踝：通"剐（guǒ）"，割。姁：母。 [9]探：取。柱下：（周）史室，官府。 [10]剟（duō）：割取。寝：庙的后室。 [11]搴（qiān）：拔取。两庙：指高帝庙、惠帝庙。 [12]剽（piāo）：抢劫。 [13]矫伪：假传皇帝的诏书。 [14]传（zhuàn）：传车，古代驿站递送文书用的专车。 [15]其：原作"靡"，据卢文弨校本改。

[点评]

礼、义、廉、耻是治国之纲，故称"四维"。四维不张，民众不讲道德诚信，而争相奢靡，不仅败坏世风，秩序混乱，而且导致国力减退，日趋灭亡，因此治国应当物质文明和精神文明建设并重。

以臣之意，吏虑不动于耳目[1]，以为是特适然耳。夫移风易俗，使天下移心而向道，类非俗吏之所能为也。陛下又不自忧，窃为陛下惜之。夫立君臣，等上下，使父子有礼，六亲有纪[2]，此非天之所为[3]，人之所设也。夫人之所设，弗为持此则僵[4]，不循则坏[5]。秦灭四维不张，故君臣乖而相攘[6]，上下乱僭而无差[7]，父子六亲

林云铭《古文析义》说："杀、盗、乘传之人，大臣未经耳闻目见，以为偶一有之，不足为怪。"

《评注诸子菁华录》说："此言不激俗之害。"

林云铭《古文析义》说:"经制,即制度之不易,可垂之后世者。"

《评注诸子菁华录》说:"此言能激俗之利。"

林云铭《古文析义》说:"行止俱难。"

《评注诸子菁华录》说:"从反面设喻,尤为指点明切。"

《汉书评林》邵经邦说:"两都经制不立,竟致王莽之祸,而后谊之言始验。"

殃僇而失其宜,奸人并起,万民离叛,凡十三岁而社稷为墟。今而四维犹未备也,故奸人冀幸,而众下疑惑矣。岂如今定经制[8],令主主臣臣,上下有差,父子六亲各得其宜,奸人无所冀幸[9],群众信上而不疑惑哉!此业一定,世世常安,而后有所持循矣。若夫经制不定,是犹渡江河无维楫,中流而遇风波也,船必覆败矣。悲夫!备不豫具之也[10],可不察乎?

[注释]

[1]虑:大抵,大率。 [2]六亲:见《数宁》篇注。 [3]"此非天之所为"二句:原作"此非天所设也",据卢文弨校本补。 [4]僵:倒下,指死亡。 [5]循:潭本作"修",治理。 [6]攘:侵夺。 [7]僭:以下犯上。 [8]经制:常规制度,指重要法度。 [9]冀幸:侥幸。 [10]备不豫具之也:谓没有事先准备而造成的后果。豫,预先,事先。

[点评]

秦朝二世而亡,除《过秦论》所述原因外,国家的纲纪制度尚未建设,也是一个重要原因。礼义廉耻是国家的四维,四维不张,国乃灭亡。汉朝的情况不容乐观,俗流失,世败坏,而大臣不知国之大体,以牍书不报、期会不答为大事,可谓不贤者识其小者。劝文帝定经制,立君臣,等上下,备四维,以求常安。

时变事势[1]

秦国失理,天下大败,众掩寡[2],知欺愚,勇劫惧,壮凌衰[3];功击奋者为贤[4],贵人善突盗者为忻[5],诸侯设谄而相轹[6],饰诈而相绍者为知[7],天下乱至矣!是以大贤起之,威振海内,德从天下。曩之为秦者,今转而为汉矣。

秦转为汉,因失理所致。

[注释]

[1]时变:时俗的变化。本篇在《俗激》篇之后,进一步从秦代世俗讨论汉代世俗的问题。秦代世俗败坏,相信兼并之法,追求进取之业,不知守成之术,以致迅速灭亡。汉代世俗看重空爵,轻视良民,奢侈成风,重用奸人,如果不采取措施,将蹈亡秦之覆辙。 [2]掩:袭击。 [3]凌:欺凌。 [4]功:通"工",善于。奋:迅速。 [5]贵人:俞樾认为是衍文。突盗:欺诈。忻(xīn):同"欣",喜。段玉裁《说文解字注》:"谓心之开发。"俞樾认为是"哲"字之误,可备一说。哲,智。 [6]轹(fù):连接车轮和车厢的木块。 [7]饰:掩饰。诈:原作"设",据李空同本改。绍:紧紧纠结。孙诒让认为通"绐",欺骗。知:智。

今有何如[1]?进取之时去矣,并兼之势过矣。胡以孝悌循顺为?善书而为吏耳。胡以行义

《评注诸子菁华录》说:"此是倒装句法。言只须善书为吏不必孝悌循顺,只须家富出官不必行义礼节。"

《评注诸子菁华录》说:"极写偏于骄而无耻之态。"

评注诸子菁华录》说:"极写风俗之变,当时势利情形描写殆尽。"

《评注诸子菁华录》说:"风俗偷薄古今一辙,可胜浩叹。"

《汉书评林》唐顺之说:"切中今时风俗之恶。"

礼节为?家富而出官耳。骄耻偏而为祭尊[2],黥劓者攘臂而为祭政[3]。行为狗彘也,苟家富财足,隐机盱视而为天子耳[4]。唯告罪昆弟,欺突伯父,逆于父母乎,然钱财多也,衣服修也[5],我何妨为世之基公[6]。唯爱季母、妻公之接女乎[7]?车马严也[8],走犬良也,矫诳而家美[9],盗贼而财多,何伤?欲交,吾择贵宠者而交之;欲势,择吏权者而使之。取妇嫁子,非有权势,吾不与婚姻;非贵有戚,不与兄弟;非富大家,不与出入。因何也?今俗侈靡,以出伦逾等相骄[10],以富过其事相竞。今世贵空爵而贱良,俗靡而尊奸;富民不为奸而贫,为里侮也;廉吏释官而归,为邑笑;居官敢行奸而富,为贤吏;家处者犯法为利,为材士。故兄劝其弟[11],父劝其子,则俗之邪至于此矣。

[注释]

[1]有:通"又"。 [2]祭尊:祭酒,主持祭祀的人,多由德高望重的长者担任。 [3]黥(qíng):墨刑,在面上刺字,涂以墨。劓(yì):割去鼻子的刑罚。攘:举。祭政:祭事和政事(阎振益、钟夏说)。 [4]隐机:倚着几案。机,通"几"。盱(yú):

张目。 [5]修:善,美好。 [6]基公:寄公,犹如寓公,封翁(阎振益、钟夏说)。 [7]季母:叔母。接女:妾女。 [8]严:整,指装备好。 [9]矫:伪装。诬(kēng):以非为是,以是为非。 [10]骄:自矜,炫耀。 [11]劝:勉励。

[点评]

夺取天下与治理天下不同。治理天下需要社会安定,尤其需要礼乐文明建设。汉初陆贾劝高祖事诗书,其意正在此。至汉代中期,社会财富日趋增长,奢靡之风日盛,所以与秦亡的教训作比较,以示警戒。

商君违礼义[1],弃伦理,并心于进取,行之二岁,秦俗日败。秦人有子,家富子壮则出分,家贫子壮则出赘[2]。假父耰锄杖彗耳[3],虑有德色矣;母取瓢椀箕箒,虑立讯语[4]。抱哺其子,与公并踞[5];妇姑不相说,则反唇而睨[6]。其慈子嗜利而轻简父母也[7],虑非有伦理也,亦不同禽兽仅焉耳[8]。然犹并心而赴时者,曰功成而败义耳。蹶六国[9],兼天下,求得矣,然不知反廉耻之节、仁义之厚,信并兼之法[10],遂进取之业,凡十三岁而社稷为墟。不知守成之数、得之之术也,悲夫!

林云铭《古文析义》说:"分宅而居。"

林云铭《古文析义》说:"壻于他家二句,皆不顾父母之养,有去者。"

林云铭《古文析义》说:"子有在家未去者,其事父母乃如此。"

林云铭《古文析义》说:"妇有在家未分居者,其事舅姑乃如此。"

《汉书评林》唐顺之说:"数句说尽薄俗。"

林云铭《古文析义》说:"已上言商君不顾秦俗之败,惟并心进取,及得天下之后犹不知改,以致大败成乱,不旋踵而为汉所灭。"

[注释]

[1]商君：参见《过秦论》上篇注。 [2]赘：男方到女方家落户。 [3]假父：借给父亲。耰（yōu）：农具名，用于碎土和平整土地。篲：扫帚。 [4]讯：责问。 [5]踞：蹲、坐。 [6]睨：斜视。 [7]轻简：怠慢。 [8]仅：指数量少，犹云差一点点。 [9]蹶：颠覆。 [10]信：通"伸"，推行。

[点评]

秦国夺取天下，并心于进取，以致秦俗日败，天下大乱而亡。汉朝已统一天下，进取之时已去，并兼之势已过，当吸取秦朝的教训，改变邪俗，重在守成，建立四维。虽与上篇同旨，但从时变立论，角度不同。

瑰玮事势[1]

天下有瑰政于此：予民而民愈贫，衣民而民愈寒，使民乐而民愈苦，使民知而民愈不知避县网[2]，甚可瑰也！今有玮术于此：夺民而民益富也，不衣民而民益暖，苦民而民益乐，使民愚而民愈不罹悬网[3]。陛下无意少听其数乎！

正反同类，讥讽入里。

[注释]

[1]瑰玮：本是美玉，引申为美好，文中指瑰政和玮术。瑰政，指当时的治政，即予民而民愈贫，衣民而民愈寒，使民乐而民

愈苦，使民知而民愈不知避县网。玮术，贾谊提出的医治"瑰政"的良方，即夺民而民益富也，不衣民而民益暖，苦民而民益乐，使民愈愚而民愈不罹县网。两相对比，劝主上去瑰政，行玮术。本篇针对当时人民弃农从商而发。 [2]不知：二字原重，据卢文弨校本删。县网：悬挂的网，比喻法网。 [3]罹：遭遇，指触犯。

夫雕文刻镂周用之物繁多[1]，纤微苦窳之器日变而起[2]，民弃完坚而务雕镂纤巧[3]，以相竞高[4]。作之宜一日，今十日不轻能成，用一岁，今半岁而弊[5]。作之费日挟功[6]，用之易弊。不耕而多食农人之食，是天下之所以困贫而不足也。故以末予民[7]，民大贫；以本予民[8]，民大富。

> 农为本，工商为末，本末不可倒置。

[注释]

[1]周用：足用，满足使用。俞樾疑"周"是"害"字之误。 [2]苦窳（yǔ）：粗制滥造，质量低劣。 [3]完坚：完好耐用之物。纤巧：细巧。 [4]竞高：争高下。 [5]弊：坏。 [6]挟功：指费工。功，通"工"。 [7]末：指工商业。 [8]本：指农业。

[点评]

农为本，工商为末。舍本逐末，则民贫；重本舍末，则民富。

黼黻文绣纂组害女工[1]，且夫百人作之，不能衣一人，方且万里不轻能具天下之力，势安得不寒？世之俗侈相耀，人慕其所不如，悚迫于俗[2]，愿其所未至，以相竞高，而上非有制度也。今唯刑余、鬻妾、下贱[3]，衣服得过诸侯、拟天子，是使天下公得冒主而夫人务侈也[4]。冒主务侈，则天下寒而衣服不足矣。故以文绣衣民而民愈寒，以褫民[5]，民必暖而有余布帛之饶矣[6]。

成由俭朴败由奢。

[注释]

[1]黼黻（fǔ fú）：织绣的花纹。文：通"纹"，花纹。纂组：精美的丝带。 [2]悚（sǒng）：惧怕。 [3]刑余：受过肉刑之人。鬻妾：买来的小妾。下贱：指奴婢。 [4]冒：犯。务侈：竞为奢侈。 [5]褫（chǐ）：谓夺去文绣之衣。 [6]饶：余，剩余。

[点评]

《弟子规》说："衣贵洁，不贵华。"追求服饰的华丽，是开社会奢侈之风，且华丽的服饰费时费工，将使供应不足，则布帛不足而民寒。

夫奇巧末技、商贩游食之民，形佚乐而心悬愆[1]，志苟得而行淫侈，则用不足而蓄积少矣；即遇凶旱，必先困穷迫身，则苦饥甚焉。今驱民而归之农，皆著于本，则天下各食于力。末技、游食之民转而缘南亩[2]，则民安性劝业而无县愆之心[3]，无苟得之志，行恭俭蓄积而人乐其所矣。故曰"苦民而民益乐"也。

林云铭《古文析义》说："无一夫不耕矣。"

林云铭《古文析义》说："趋末者少，食者亦不众，无残贼之公行矣。"

林云铭《古文析义》说："已上言畜积之足恃，且陈所以有畜积之策。"

[注释]

[1]佚：通"逸"。悬愆：心志放荡。愆，本意为过失，这里指放散（朱起凤《辞通》说）。　[2]南亩：南边向阳的土地，泛指农田。　[3]劝业：努力从事农业。

世淫侈矣，饰知巧以相诈利者为知士[1]，敢犯法禁昧大奸者为识理[2]。故邪人务而日形[3]，奸诈繁而不可止，罪人积下众多而无时已。君臣相冒[4]，上下无辨，此生于无制度也。今去淫侈之俗，行节俭之术，使车舆有度，衣服器械各有制数[5]。制数已定，故君臣绝尤而上下分明矣[6]。擅退则让[7]，上僭者诛，故淫侈不得生，知巧诈谋无为起，奸邪盗贼自为止，则民离罪远矣。知巧诈谋不起，所谓愚。故曰"使民愚而民愈不罹悬网"。

孔子说："民可使由之，不可使知之。"

[注释]

[1]知：智。巧：原讹作"乃"，据李空同本改。　[2]昧：掩

盖，隐藏。[3]形：见。[4]冒：欺蒙。[5]制数：制度，标准。[6]绝尤：完全不同。《管子·侈靡》"有知强弱之所尤"，注："尤，殊绝也。"[7]退：原讹作"遏"，据李空同本改。

此四者，使君臣相冒，上下无别，天下困贫，奸诈盗贼并起，罪人蓄积无已者也，故不可不急速救也。

林云铭《古文析义》说："惟祭祀方服，燕闲亦无常服，贵之至也。"

林云铭《古文析义》说："则为妇女常服可知。"

《汉书评林》引唐顺之说："只举两极小事，而风俗之极奢极靡尽见之矣。"

林云铭《古文析义》说："则为富人大贾常服可知。点此二段，起下奢僭意。"

林云铭《古文析义》说："用之有节而适其可。"

[点评]

以瑰玮为题，从民益富、民益暖、民益乐、民愈不罹罗网论述背本趋末、追求侈靡的治政时风之害。瑰政虽美，却为民害。玮术虽恶，实为民利。治理国家，当循根本，非逐一时之利，当逐万世之利。实恶却被美名，引人入胜，实是妙笔。

孽产子事势[1]

民卖产子，得为之绣衣、编经履[2]，偏诸缘[3]，入之闲中[4]，是古者天子后之服也。后之所以庙而不以燕也，而众庶得以衣孽妾。白縠之表[5]，薄纨之里[6]，緁以偏诸[7]，美者黼绣，是古者天子之服也，今贵富人大贾者丧资若兄弟[8]，召客者得以被墙[9]。古者以天下奉一帝一后而节适[10]，今贵人大贾屋壁得为帝服,贾妇优倡下贱产子得为后饰,然而天下不屈者,殆未有也。且主帝之身,白衣皂绨[11],而靡贾侈贵,墙得被绣;帝以衣其贱,后以缘其领,孽妾以缘其履:此臣之所谓踳也[12]。

林云铭《古文析义》说:"承上言其奢则费多财尽。"

《汉书评林》凌稚隆说:"以'奉一帝'一段收结上文,且'帝之身'一段又接上意而申言之。"

[注释]

[1] 孽产子:婢妾所生的子女,即庶子。本篇从出卖庶子之事说起,以庶子所穿的服饰与天子太后相同,来揭示时俗的奢侈及其危害。《等齐》篇讲到,所持以别贵贱、明尊卑的标准,是等级、势力、号令、衣服几个方面,如今富人大贾庶子服太后之服,天子之服用来被墙,这是上下舛逆的行为。照此下去,百姓必受饥寒的逼迫,想要他们不为奸邪盗贼,是不可能的事,而向皇帝进献计策的人说安定应该无为,所以贾谊为此叹息。 [2] 经:织。 [3] 偏诸:衣服、鞋子、帷帐的花边。缘:滚边。 [4] 闲:木栏、木笼。 [5] 縠(hú):细丝绸。 [6] 纨(wán):白色丝绸。 [7] 緁(qiè):缝。 [8] 贾(gǔ):商人。丧资:送葬的用品。 [9] 被墙:披挂在墙上。 [10] 节适:节制适度。 [11] 皂:黑色。绨(tì):粗厚的丝织品。 [12] 踳(chǔn):同"舛",错乱。

《评注诸子菁华录》说:"凌空提一句,文势愈不平。"

林云铭《古文析义》说:"因文帝节俭,又承上言其僭,则上下颠倒。"

且试观事理,夫百人作之,不能衣一人也,欲天下之无寒,胡可得也?一人耕之,十人聚而食之,欲天下之无饥,胡可得也?饥寒切于民之肌肤,欲其无为奸邪盗贼,不可得也。国已素屈

《评注诸子菁华录》说:"百人作之不能衣一人,极言刺绣工多,靡费之大。"

矣，奸邪盗贼特须时尔，岁适不为[1]，如云而起耳。若夫不为见，室满胡可胜抚也[2]？夫锌此而有安上者[3]，殆未有也。

[注释]

[1]适：恰巧。为：成，收成，指丰收。 [2]室满：指国家仓库钱财多。 [3]锌（chún）：通"准"，依据。

林云铭《古文析义》说："言因奢致屈之害。"

《评注诸子菁华录》说："无动，言不必更动也；为大，言务为宽大也。分两层说，故贾生亦分两层破之。"

林云铭《古文析义》说："言因僭致舛之害。"

林云铭《古文析义》说："此段止言其弊而不言救弊之策，盖革奢僭在于移风俗，移风俗在于张四维，张四维在于定经制。"

今也平居则无岯施[1]，不敬而素宽，有故必困。然而献计者类曰"无动为大"耳。夫无动而可以振天下之败者[2]，何等也？曰为大，夫治可也，若为大乱，岂若其小？悲夫！俗至不敬也，至无等也，至冒其上也，进计者犹曰"无为"，可为长大息者此也。

[注释]

[1]岯（cǐ）施：篱笆，比喻防备措施。 [2]振：救。

[点评]

庶人贱妾服皇后之服，是尊卑不分；黼黻锦绣，富贾被墙，是奢靡无度。尊卑不分，上下舛乱；奢靡无度，财力必屈。二者皆治国之大忌，不可不加治理。"孽产子"只是一个点，由点入面，见微知著。

铜布[1]

　　铜布于下,为天下灾。何以言之?铜布于下,则民铸钱者,大抵必杂以铅铁焉,黥罪日繁,此一祸也。铜布于下,伪钱无止,钱用不信,民愈相疑,此二祸也。铜布于下,采铜者弃其田畴[2],家铸者损其农事,谷不为则邻于饥,此三祸也。故不禁铸钱,则钱常乱,黥罪日积,是陷阱也。且农事不为,有疑为灾,故民铸钱不可不禁。上禁铸钱,必以死罪。铸钱者禁,则钱必还重[3];钱重则盗铸钱者起,则死罪又复积矣,铜使之然也。故铜布于下,其祸博矣[4]。

《评注诸子菁华录》说:"欲表七福,先言三祸。"

《汉书评林》胡缵宗说:"汉文承高、惠之后,思以富民,而使民放铸,其渐也,吴王富埒天下,邓通财拟王侯,先王之法废矣。"

[注释]

[1]铜布:指铜散布在民间铸钱。本篇针对汉文帝五年(前175)除盗铸钱令允许民间私铸的情况,力陈民间铸钱存在的祸害:一是铸钱造假,导致民犯黥罪;二是用钱失去诚信,使老百姓互相怀疑;三是民采铜铸钱,放弃农作,导致饥荒。主张把铸钱的权力收归国家,不让铜散布民间,有七种好处:即民不犯黥罪,不互相怀疑,民返回农作,钱有统一标准,用铜为兵器区分等级,增加国库收入并抑制商人,控制外族侵略。　[2]畴:耕治的田地。　[3]重:指价值高。　[4]博:多。

[点评]

民间铸钱，危害甚多。因牟利作假，导致犯罪，钱失标准，损害农事，所以必须禁止，由国家掌控。

今博祸可除，七福可致。何谓七福？上收铜勿令布下，则民不铸钱，黥罪不积，一。铜不布下，则伪钱不繁，民不相疑，二。铜不布下，不得采铜，不得铸钱，则民反耕田矣，三。铜不布下，毕归于上，上挟铜积，以御轻重，钱轻则以术敛之，钱重则以术散之，则钱必治矣，四。挟铜之积，以铸兵器，以假贵臣[1]，小大多少，各有制度，以别贵贱，以差上下，则等级明矣，五。挟铜之积，以临万货[2]，以调盈虚，以收畸羡[3]，则官必富而末民困矣，六。挟铜之积，制吾弃财，以与匈奴逐争其民，则敌必怀矣[4]，此谓之七福。

《评注诸子菁华录》说："前三福是除弊之福，后四福是兴利之福。除弊则曰铜勿布下，兴利则曰挟铜之积，七福中自有区别。"

[注释]

[1]假：给予。　[2]临：治理，管理。　[3]畸羡："畸"当从《汉书·食货志》作"奇"，奇羡，盈余。　[4]怀：归服。

故善为天下者，因祸而为福，转败而为功。今顾退七福而行博祸[1]，可谓长太息者，此其一也。

[注释]

[1]顾:反而。博:多。

[点评]

民间铸钱,为祸有三。杂以铅铁,以致黥罪日繁;伪钱不止,民众猜疑;放弃农耕,导致饥荒。禁止铜布民间,收归国有,可致七福;除了消其三祸,还可稳定物价,维持等级秩序,财货充足,防御匈奴。善治天下者因祸为福,转败为功,高度概括,一语点破。

一通[1]

所为建武关、函谷、临晋关者[2],大抵为备山东诸侯也。天子之制在陛下,今大诸侯多其力,因建关而备之,若秦时之备六国也。岂若定地势使无可备之患,因行兼爱无私之道,罢关一通,示天下无以区区独有关中者。所谓禁游宦诸侯及无得出马关者,岂不曰诸侯得众则权益重,其国众车骑则力益多,故明为之法,无资诸侯[3]。于臣之计,疏山东,孽诸侯[4],不令似一家者,其精于此矣[5]。岂若一定地制,令诸侯之民,人骑二马不足以为患,益以万夫不足以为害。今不定

一夫当关,万夫莫开。

本细末大则难制。

大理，数起禁，不服人心，害兼覆之义，不便。

[注释]

[1]一通：道路完全通畅。针对建武关、函谷关、临晋关为防备山东诸侯的作用，提出罢关的建议，使通行无阻，有利于国家输送贡赋，征调徭役，防止诸侯作乱。本篇与《益壤》篇同时确定土地制度的具体规划。　[2]武关：秦置，战国时在今陕西商洛境。函谷：关名，在今河南灵宝东北。临晋关：在今陕西大荔县东。　[3]资：助。　[4]孽：本指庶子，引申为分枝，这里指分散，与"疏"同义。　[5]其：陶鸿庆认为是"莫"字之误。精：甚。

天子都长安[1]，而以淮南东南边为奉地[2]，弥道数千[3]，不轻输致[4]。郡或乃越诸侯而有免侯之地[5]，于远方调均发征[6]，又且必同，大国包小国为境，小国阔大国而为都[7]，小大驳踔[8]，远近无衰[9]。天子诸侯封畔之无经也[10]，至无状也。以藩国资强敌，以列侯饵篡夫[11]，至不得也。陛下奈何久不正此？

与众建诸侯少其力同旨。

[注释]

[1]长安：在今陕西西安西北。　[2]奉地：领地。指直属于朝廷的地域。　[3]弥道：远道。　[4]输致：运输送达。　[5]郡或乃越诸侯而有免侯之地：谓有的郡被诸侯国隔开了，从此到彼要穿越诸侯地域。免侯之地，非诸侯管辖的地带。　[6]调均发征：谓朝廷向地方征调各种物资。　[7]阔：卢文弨认为当作"廓"，依邻。

陶鸿庆认为当释为远。　[8]驳跞（lì）：错杂的样子。　[9]衰：等次，差别。　[10]无经：没有界限。　[11]饵：食。篡夫：篡夺君位的人。

[点评]

汉朝建立武关、函谷关和临晋关，本是防备崤山以东诸侯，然而不利于大一统国家的建设。本文提出罢关之策，使天下畅通无阻，既可防止诸侯拥兵自重，又能减少转输之费，关键在封域有制。

属远事势[1]

古者天子地方千里，中之而为都，输将繇使[2]，其远者不在五百里而至；公侯地百里，中之而为都，输将繇使，远者不在五十里而至。输将者不苦其繇，繇使者不伤其费，故远方人安其居，士民皆有欢乐其土，此天下之所能长久也。

天子居天下之中，易于把控。

[注释]

[1]属远：连接朝廷遥远的领地。本篇针对汉朝廷领属的郡县过于遥远，既不方便，又可能产生变乱的状况，建议把国家中心同边远的奉地连接起来。古代天子把国都建在国土中心，是为了输送贡赋不过于劳苦，征调徭役不过于耗费。汉朝廷以庐江作为奉地，与秦国不把土地分封于人没有什么不同，边境的人民十分痛苦，痛苦就会发生变乱，想自立称王，容易被诸侯利用，不如

多分封诸侯以削弱他们的力量。　[2] 输将：运送贡赋钱粮。繇使：征调徭役。徭役是为国家承担的无偿劳动，有力役、军役和杂役等。

及秦而不然，秦不能分尺寸之地，欲尽自有之耳。输将起海上而来，一钱之赋耳[1]，十钱之费，弗轻能致也。上之所得者甚少，而民毒苦之甚深，故陈胜一动而天下不振[2]。

秦之弊为前车之鉴。

[注释]

[1] 赋：原讹作"贱"，据卢文弨校本改。　[2] 振：止。

今汉越两诸侯之中分[1]，而乃以庐江之为奉地[2]，虽秦之远边，过此不远矣。令此不输将、不奉主，非奉地义也[3]，尚安用此而久县其心哉！若令此如奉地之义，是复秦之迹也，窃以为不便。夫淮南窳民贫乡也[4]，繇使长安者，自悉以补，行中道而衣、行胜已羸弊矣[5]，强提荷弊衣而至。虑非假贷[6]，自诸非有以所闻也[7]。履蹻不数易不足以至[8]，钱用之费称此，苦甚。窃以所闻县令丞相归休者，虑非甚强也，不见得从者。夫行数千里绝诸侯之地，而悬属汉，其势终

汉之现状与秦无异。

不可久。汉往者家号泣而送之，其来徭使者家号泣而遣之，俱不相欲也，甚苦属汉而欲王，类至甚也[9]，逋逃而归诸侯者[10]，类不少矣。陛下不如蚤定，毋以资奸人。

[注释]

[1]两诸侯：指淮阳、梁。淮阳国，在今河南淮阳区。高祖第六子刘友立为淮阳王，后徙赵。高祖第二子刘武封代王，徙淮阳王。梁，诸侯王国名，这里指刘恢任梁王的同姓诸侯王国。 [2]庐江：郡名，在今安徽庐江、舒城一带。 [3]义：道理。 [4]窳（yǔ）：瘦弱。 [5]行胜：卢文弨认为"胜"是"滕"字之误，行滕，犹今之绑腿。 [6]假贷：借贷。 [7]诸：通"储"，储备。 [8]履蹻：穿草鞋。蹻，通"屩（juē）"，草鞋。易：换。 [9]类：大抵，大略。 [10]逋逃：逃亡。

[点评]

领属的郡县过远，一是输送贡赋、征调徭役耗费过多，民众不胜其苦，二是天子不易控制，难免生乱。以古代天子中都便民之例，反衬庐江郡输将之苦。建议合理划分地制，防止祸乱发生。

亲疏危乱事势[1]

陛下有所不为矣，臣将不敢不毕陈事制。假

《评注诸子菁华录》说:"此言高帝与诸人角材而臣之,有才足以制其力,亲身封王之有德,足以服其心,尚且不免于反,何况才德均不逮高帝。"

林云铭《古文析义》说:"既角材而臣之宜畏其威矣,以身封王之宜怀其德矣,其反者犹众且速如此。"

设令天下如曩也,淮阴侯尚王楚[2],黥布王淮南[3],彭越王梁[4],韩信王韩[5],张敖王赵[6],贯高为相[7],卢绾王燕[8],陈豨在代[9],令六七公诸皆无恙[10],案其国而居[11],当是时陛下即天子之位,试能自安乎哉?臣有以知陛下之不能也。天下殽乱,高皇帝与诸公并肩而起,非有侧室之势以豫席之也[12]。诸公率幸者乃得为中涓[13],其次仅得为舍人[14],高皇帝南面称帝,诸公皆为臣,材之不逮至远也[15]。高皇帝五年即天子之位,割膏腴之地以王有功之臣,多者百余城,少者乃三四十县,德至渥也。然其后十年之间,反者九起,几危天下者五六。陛下之与诸公也,非亲角材而臣之也[16],又非身亲封王之也,自高皇帝不能以是一岁为安,陛下独安能以是自安也?

[注释]

[1]亲疏危乱:指同姓诸侯王和异姓诸侯王造成的危乱。引用高祖时异姓诸侯王造反的事例,说明当今的同姓诸侯王必将造成祸乱,因为他们虽然名为人臣,实际上有一般平民兄弟的心理,都有统治天下称王称帝的想法。提醒汉文帝趁早采取措施,以防患于未然。亲,指同姓诸侯王。疏,指异姓诸侯王。 [2]淮阴侯:见《藩强》篇注。 [3]黥布:见《藩强》篇注。 [4]彭越:见《藩强》

篇注。　[5]韩信：韩王信，见《藩强》篇注。　[6]张敖：赵王。赵：在今河北邯郸一带。　[7]贯高：见《藩强》篇注。　[8]卢绾（wǎn）：见《藩强》篇注。　[9]陈豨（xī）：见《藩强》篇注。　[10]无恙（yàng）：无忧无病，指健在。　[11]案：占据。　[12]侧室：亲属，指辅佐。豫：预备。席：藉，凭借。　[13]中涓：官名，负责君主内舍事务。　[14]舍人：主要官员的侍从。　[15]逮：及。　[16]角（jué）材：衡量才能。

[点评]

高祖与诸公并肩夺取天下，亲自封诸公，尚不能避免诸公谋反，劝文帝防患于未然。

然尚有可诿者，曰疏，臣请试言其亲者。假令齐悼惠王王齐[1]，元王王楚[2]，中子王赵[3]，幽王王淮阳[4]，共王王梁[5]，灵王王燕[6]，厉王王淮南[7]，六七贵人皆无恙，各案其国而居，当是时陛下即天子之位，能为治乎？臣又窃知陛下之不能也。诸侯王虽名为人臣，实皆有布衣昆弟之心，虑无不帝制而天子自为者。擅爵人，赦死罪，甚者或戴黄屋[8]，汉法非立，汉令非行也。虽离道如淮南王者，令之安肯听？召之焉可致？幸而至，法安可得加！动一亲戚，天下环视而起，天下安可得制也！陛下之臣虽有悍如冯敬者[9]，

《评注诸子菁华录》说："从疏者卸到亲者，笔力矫健不群。"

《评注诸子菁华录》说："发明亲者所以必乱之故。"

林云铭《古文析义》说："自以为情亲不论名分。"

> 林云铭《古文析义》说:"臣不敢言。"

> 《精校评注古文观止》说:"细写'虑无不帝制而天子自为'一句。"

适启其口,匕首已陷于胸矣。陛下虽贤,谁与领诸侯?此所谓亲也者。

[注释]

[1]悼惠王:齐悼惠王刘肥。 [2]元王:楚元王刘交,高祖之弟,封为楚王。 [3]中子:赵隐王刘如意,汉高祖刘邦第四子。 [4]幽王:赵幽王刘友,高祖之子,原为淮阳王,后徙为赵王。 [5]共王:赵共王刘恢,高祖之子,原封梁王,继刘友之后改封赵王。 [6]灵王:刘建,高祖之子。 [7]厉王:淮南厉王刘长,刘邦的小儿子,文帝的弟弟。 [8]戴黄屋:乘用天子的车。黄屋,天子乘用的车,以黄缯为车盖之里。 [9]冯敬:文帝时的御史大夫,曾劝文帝削藩,被淮南厉王刘长派刺客刺伤。

故疏必危,亲必乱。陛下之因今以为治安,奈何知其必且危乱也!然且吟䫏而坚控守之[1],为何如制,以纆相悬[2]。臣能令知乱如今利百金。

[注释]

[1]吟䫏(xiū):卢文弨认为通"嚛齘(xiè)",咬牙切齿,强忍不言的样子。 [2]纆:通"縻",牵系,指控制。

[点评]

同姓诸侯王和异姓诸侯王权势太大,是汉王朝的危乱因素。本文指出,从汉高祖开始到文帝时,无论亲疏皆有叛乱，以汉高祖之强尚不能安，至于文帝更不能安，提醒文帝必须众建诸侯而少其力，防患于未然。引高祖发论，更能说服文帝。

忧民事势[1]

王者之法，民三年耕而余一年之食，九年而余三年之食，三十岁而民有十年之蓄。故禹水九年，汤旱七年，甚也，野无青草，而民无饥色，道无乞人，岁复之后，犹禁陈耕[2]。古之为天下，诚有具也。王者之法，国无九年之蓄谓之不足，无六年之蓄谓之急，无三年之蓄曰国非其国也。

亦见《礼》篇。

禹、汤之法值得借鉴。

《淮南子·主术训》说："夫天地之大，计三年耕而余一年之食，率九年而有三年之畜，十八年而有六年之积，二十七年而有九年之储，虽涔旱灾害之殃，民莫困穷流亡也。故国无九年之畜谓之不足，无六年之积谓之悯急，无三年之畜谓之穷乏。"

[注释]

[1]忧民：为百姓担忧。既指当时国家粮食积蓄情况让人为民忧愁，也指作为君上要考虑百姓的疾苦。本篇着重从粮食问题上论述积蓄对于国家的重要性，民以食为天，粮食储备在以农为本的古代中国尤为重要。如果粮食储备不足，遇到饥荒，将会引起动乱，指出汉王朝在积蓄问题上存在的隐患。本篇与《无蓄》篇同出一旨。　[2]陈耕：连年耕种。陈，陈陈相因之谓（章太炎《贾子义抄》说）。

今汉兴三十年矣，而天下愈屈，食至寡也，

汉之现状违背王者之法。

陛下不省耶[1]？未获耳[2]，富人不贷，贫民且饥；天时不收，请卖爵鬻子[3]，既或闻耳。曩顷不雨[4]，令人寒心，一雨尔，虑若更生。天下无蓄若此，甚极也，其在王法谓之何？必须困至乃虑，穷至乃图，不亦晚乎！窃伏念之，愈使人悲。

[注释]

[1]省（xǐng）：觉察。 [2]未获：指年成歉收。 [3]鬻（yù）：卖。 [4]曩：以前。顷：片刻，指短时间。

可与《无蓄》篇相参。

积蓄不足，危害至深，不可不虑。

然则，所谓国无人者何谓也？有天下而欲其安者，岂不在于陛下者哉？上弗自忧，将以谁偷[1]？五岁小康[2]，十岁一凶[3]，三十岁而一大康，盖曰大数也[4]。自人人相食，至于今若干年矣，即不幸有方二三千里之旱，天下何以相救？卒然边境有数十万之众聚，天下将何以馈之矣？兵旱相承，民填沟壑，剽盗攻击者兴继而起[5]，中国失救，外敌必骇。一日而及，此之必然。且用事之人未必此省，为人上弗自省忧，魄然事困[6]，乃惊而督下曰："此天也，可奈何？"事既无如，忧之何及？方今始秋，时可善为。陛下少闲，可使臣谊从丞相、御史计之。臣义诏所自用秩二千石上，虽幸使义计勿厚疏，殆无伤也有时矣。

[注释]

[1]偷：苟安。 [2]康：歉收的年成。《谷梁传·襄公二十四年》："四谷不升谓之康。" [3]凶：荒年。 [4]大数：大的规律。 [5]剽盗：劫掠。 [6]魄然：急迫的样子。魄，通"薄"，困貌。

[点评]

本篇与《无蓄》篇皆论粮食积蓄问题，贾谊上疏名为《论积贮疏》。农耕社会，以农为本，民以食为天。积蓄不足，百姓饥饿，盗兵四起。引王者之法所谓"不足""急"和"国非其国"论述汉之无蓄现状，以期引起重视。

解悬事势[1]

天下之势方倒悬，窃愿陛下省之也。凡天子者，天下之首也，何也？上也。蛮夷者[2]，天下之足也，何也？下也。蛮夷征令，是主上之操也；天子共贡[3]，是臣下之礼也。足反居上，首顾居下，是倒悬之势也。天下倒悬，莫之能解，犹为国有人乎？非特倒悬而已也，又类躄[4]，且病痱[5]。夫躄者一面病，痱者一方痛。今西为上

《评注诸子菁华录》说："首足上下，先表明其部位，然后折到倒悬，全不费力。"

可与《威不信》篇相参。

流，东为下流，故陇西为上[6]，东海为下，则北境一倒也[7]。西郡、北郡，虽有长爵不轻得复[8]，五尺以上不轻得息，苦甚矣！中地左戍[9]，延行数千里，粮食馈饷至难也。斥候者望烽燧而不敢卧[10]，将吏戍者或介胄而睡。而匈奴欺侮侵掠，未知息时，于焉信威广德难[11]。臣故曰："一方病矣。"医能治之，而上弗肯使也。天下倒悬甚苦矣，窃为陛下惜之。

《汉书评林》楼昉说："'医能治之'句，此谊自谓。"

[注释]

[1]解悬：解除天下倒悬之势。所谓倒悬之势，指汉天子与匈奴的关系颠倒。汉天子应是天下之首，匈奴蛮夷应是天下之足，如今首足倒置，是倒悬之势。非特倒悬，又似躄痱病，天下非常痛苦。末段陈述如何解除倒悬，但言之不详。本篇重在先明倒悬之势，引起主上注意，具体制服匈奴的方法，见《匈奴》篇。　[2]蛮夷：古代汉族统治者对少数民族侮蔑性的称呼。　[3]共贡：供给贡物。　[4]类：原作"虑"，据卢文弨校本改。躄(bì)：跛腿。　[5]痱(féi)：风瘫。　[6]陇西：陇山以西。　[7]北境一倒：指匈奴与汉中国的情势完全颠倒。一，完全。　[8]长：高。复：免除。　[9]中地：内地。左戍：闾左的人戍守边境。左，闾左，穷苦人居住之处。　[10]斥候：守望边界的人，相当于现代的侦察兵。　[11]信：通"伸"。

[点评]

汉中国大而居下，匈奴小而居上，是为倒悬。

进谏者类以为是困不可解也[1]，无具甚矣[2]。陛下肯幸听臣之计，请陛下举中国之祸而从之匈奴，中国乘其威而富强，匈奴伏其辜而残亡[3]，系单于之颈而制其命[4]，伏中行说而笞其背[5]，举匈奴之众唯上之令。杀之乎，生之乎，次也。陛下威惮大信[6]，德义广远，据天下而必固，称高号所诚宜，俯视中国，仰望四夷，莫不如志矣。然后退斋三日[7]，以报高庙[8]，令天下无愚智男女，皆曰皇帝果大圣也。胡忍以陛下之明，承天下之资，而久为戎人欺傲若此[9]，可谓国无人矣。

《评注诸子菁华录》说："顾上'信威广德难'句，总不外开合反正之法。"

《评注诸子菁华录》说："仍然说到未解，方不失进言本旨。"

[注释]

[1]类：大抵，大率。 [2]具：方法。 [3]辜：罪。 [4]单（chán）于：匈奴君长的称号。 [5]中行（háng）说（yuè）：文帝时的宦官，姓中行，名说。曾奉命护送公主至匈奴和亲，后投降匈奴。 [6]威惮：威怒，威严。信：通"伸"。 [7]斋：斋戒，一种清净身心以示虔诚的行为，不饮酒，不食荤腥，沐浴独居。 [8]高庙：高祖之庙。 [9]欺傲：慢侮。

[点评]

匈奴与汉王朝相比，不过一千石大县，然为边境之患，在古代向无良策，在文帝时代，甚至成为首足倒悬之势。汉代中国疆域广大，在交通不便的时代，无法抵御匈奴游牧民族的侵扰。贾谊试图提出良策，解除倒悬，使天子伸威广德，具体措施见《匈奴》篇。贾谊之策，在文帝时因国力不强并未施行，直到武帝国力非常强盛的时代，才真正解决匈奴的边患。

威不信事势[1]

> 天子、帝、皇名号有别，功绩亦异。

古之正义[2]，东西南北，苟舟车之所达，人迹之所至，莫不率服[3]，而后云天子；德厚焉，泽湛焉[4]，而后称帝；又加美焉，而后称皇。今称号甚美，而实不出长城。彼非特不服也，又大不敬。边长不宁，中长不静，譬如伏虎，见便必动，将何时已。昔高帝起布衣而服九州，今陛下杖九州而不行于匈奴。窃为陛下不足，且事势有甚逆者焉，其义尤要。

[注释]

[1]威不信：指天子的威严不能伸张。本篇接着上篇论述汉王朝与匈奴的关系，先引古代的正义，说明天子、帝、皇这些名号的区别，如今天子称号很美，但却不能使匈奴臣服，几百里之内威严都不能伸张，故为之流涕。信，通"伸"。 [2]正义：正确合宜的规定。 [3]率服：顺服。 [4]湛（zhàn）：深。

天子者，天下之首也，何也？上也。蛮夷者，天下之足也，何也？下也。蛮夷征令，是主上之操也；天子共贡，是臣下之礼也。足反居上，首顾居下，是倒植之势也[1]。天下之势倒植矣，莫之能理，犹为国有人乎？德可远施，威可远加，舟车所至，可使如志，而特扤然[2]。数百里而威令不信，可为流涕者此也。

头上足下，岂容倒悬。

[注释]

[1]植：立。　[2]扤然：卢文弨认为"扤"疑作"㧾"，通"㤟"。㤟然，寝食不安的样子。

[点评]

本篇与《倒悬》篇同旨，仍是论述匈奴的边患。其中一段文字基本相同，是贾谊平时所写的文稿。开头从天子、帝和皇这些名号的区别，揭示天子德威不行于匈奴，为下《匈奴》篇张本。

新书卷第四

匈奴事势[1]

窃料匈奴控弦大率六万骑[2],五口而出介卒一人[3],五六三十,此即户口三十万耳,未及汉千石大县也,而敢岁言侵盗,屡欲亢礼[4],妨害帝义,甚非道也。陛下何不使能者一试理此,将为陛下以耀蝉之术振之[5]。为此立一官,置一吏,以主匈奴。诚能此者,虽以千石居之可也。陛下肯听其事,计设令中国日治,匈奴日危;大国大富,匈奴适亡。吒犬马行[6],理势然也。将必以匈奴之众为汉臣民,制之令千家而为一国,列处之塞外,自陇西延至辽东[7],各有分地以卫边,使备月氏、灌窳之变[8],皆属之其置郡。然后罢

匈奴之边患非一日而然,亦非耀蝉之术可解,贾生未免书生气。

戎休边，民天下之兵。帝之威德，内行外信，四荒悦服，则愚臣之志快矣。不然，帝威不遂[9]，心与嘿嘿[10]。窃闻匈奴当今遂嬴[11]，此其示武昧利之时也[12]，而隆义渠、东胡诸国又颇来降[13]。以臣之愚，匈奴且动，疑将一材而出奇，厚贽以责汉[14]，不大兴不已。旁午走急数十万之众[15]，积于北方，天下安得食而馈之？临事而重困，则难为工矣，陛下何不蚤图？

[注释]

[1]匈奴：匈奴骑兵不超过五六万，人口不超过汉千石大县，胆敢每年侵犯骚扰，与汉朝廷对抗。本篇继《解县》《威不信》之后，具体提出制服匈奴的"三表""五饵"之策。所谓"三表"，指天子用信任、仁爱和爱好来感化匈奴；所谓"五饵"，指通过赏赐美好的物品、食品、音乐以及其他享乐的东西，从而败坏匈奴的目、口、耳、腹、心。旨在不通过武力达到分化瓦解匈奴从而制服的目的，即所谓"帝者战德"。　[2]控弦：引弓，指骑兵。　[3]介：甲。　[4]亢礼：礼节相等。亢，通"抗"。　[5]耀蝉之术：夜间用火光照耀引诱捕蝉的方法。　[6]吒：通"叱"，大声呵斥。　[7]陇西：郡名，在今甘肃临洮县东北。辽东：郡名，在今辽宁东南部。　[8]月氏（rù zhī）：也作"月氏""月支"，古代西域国名，原居于今甘肃、青海交界处，汉文帝时被匈奴攻破，迁移到今新疆伊犁河上游一带。灌窳：当作"浑窳"，即"浑庾"，古国名，在今山西省东北部。　[9]遂：达。　[10]嘿嘿：同"默

默"。　[11]遂：乃，终于。羸（léi）：通"羸"，强盛。　[12]昧：贪。　[13]而：下原有"建"字，据卢文弨校本删。隆：通"降"。义渠：西汉时西北边境的小国，在今甘肃庆阳及泾川县一带。东胡：匈奴东边的小国。　[14]赘：币，指财物。　[15]旁午：一纵一横，指交错纷繁。

[点评]

匈奴虽为边患，毕竟难与大汉王朝抗衡，所以用耀蝉作比喻。具体之策，于下文展开。

建图者曰[1]："匈奴不敬，辞言不顺，负其众庶[2]，时为寇盗，挠边境，扰中国，数行不义，为我狡猾，为此奈何？"对曰："臣闻伯国战智[3]，王者战义，帝者战德。故汤祝网而汉阴降[4]，舜舞干羽而三苗服[5]。今汉帝中国也，宜以厚德怀服四夷，举明义博示远方，则舟车之所至，人迹之所及，莫不为畜，又且孰敢忿然不承帝意[6]？

义、德重在怀柔，对匈奴作用有限。

[注释]

[1]图：谋策。　[2]负：依恃。　[3]伯：霸。　[4]汤祝网而汉阴降：据《新序·杂事》记载，商汤见捕猎的人四面布下罗网，正在祷告：天上地下四方来的禽兽都落到网中。商汤收起猎人的

三面网,只留一面,并让他祷告说:左右上下都可以逃走,我只取那些碰到网上的。汉水南边的国家听说这件事,认为商汤的德行能推及到禽兽身上,就有四十个国家归服商汤。汉阴,汉水南边。　[5]干羽:舞乐道具,干用于武舞,羽用于文舞。　[6]忿(fēn)然:纷乱的样子。忿,同"纷"。

臣为陛下建三表[1],设五饵[2],以此与单于争其民,则下匈奴犹振槁也[3]。夫无道之人,何宜敢捍此其久[4]?陛下肯幸用臣之计,臣且以事势谕天子之信,使匈奴大众之信陛下也。为通言耳,必行而弗易。梦中许人,觉且不背其信,陛下已诺,若日出之灼灼。故闻君一言,虽有微远,其志不疑;仇雠之人[5],其心不殆。若此则信谕矣,所图莫不行矣[6],一表。臣又且以事势谕陛下之爱,令匈奴之自视也,苟胡面而戎状者,其自以为见爱于天子也,犹若子之遻慈母也[7]。若此则爱谕矣,一表。臣又且谕陛下之好,令胡人之自视也,苟其技之所长与其所工,一可当天子之意。若此则好谕矣,一表。爱人之状,好人之技,仁道也;信为大操,帝义也。爱好有实,已诺可期,十死一生,彼必将至。此谓三表。

《汉书·贾谊传》说:"及欲试属国,施五饵三表以系单于,其术固以疏矣。"

信谕、爱谕、好谕仍是怀柔。

[注释]

[1] 表：标记，告示。《管子·君臣上》："犹揭表而令之止也。"尹知章注："表，谓以木为标，有所告示也。" [2] 饵：诱饵。 [3] 振：摇动。槁：枯树。这里指枯叶。 [4] 捍：通"悍"，凶悍。 [5] 仇雠：仇敌。 [6] 图：原作"孤"，据卢文弨校本改。 [7] 逜（wù）：遇见。

[点评]

施其所爱，投其所好，言出九鼎，是为三表，利欲兼施。

凡赏于国，此不可以均，赏均则国窾[1]，而赏薄不足以动人。故善赏者踔之[2]，驳辂之[3]，从而时厚之。令视之足见也[4]，诵之足语也，乃可倾一国之心。陛下幸听臣之计，则臣有余财。匈奴之来者，家长已上固必衣绣，家少者必衣文锦，将为银车五乘，大雕画之，驾四马，载绿盖[5]，从数骑，御骖乘[6]，且虽单于之出入也，不轻都此矣[7]。令匈奴降者时时得此而赐之耳。一国闻之者、见之者，希心而相告[8]，人人冀幸，以为吾至亦可以得此，将以坏其目，一饵。匈奴之使至者若大降者也，大众之所聚也，上必有所

五饵以物欲夺其心。

召赐食焉。饭物故四五盛，美嶅膹炙[9]，肉具醯醢[10]。方数尺于前，令一人坐此。胡人欲观者，固百数在旁。得赐者之喜也，且笑且饭，味皆所嗜而所未尝得也。令来者时时得此而飨之耳。一国闻之者、见之者，垂涎而相告[11]，人忄享忄享其所自[12]，以吾至亦将得此，将以此坏其口，一饵。降者之杰也，若使者至也，上必使人有所召客焉。令得召其知识[13]，胡人之欲观者勿禁。令妇人傅白墨黑，绣衣而侍其堂者二十三十人，或薄或撜[14]，为其胡戏以相饭[15]。上使乐府幸假之但乐[16]，吹箫鼓韬[17]，倒挈面者更进[18]，舞者蹈者时作，少间击鼓，舞其偶人。莫时乃为戎乐[19]，携手胥强上客之后[20]，妇人先后扶侍之者固十余人，令使者、降者时或得此而乐之耳。一国闻之者、见之者，希盱相告[21]，人人伋伋唯恐其后来至也[22]，将以此坏其耳，一饵。凡降者，陛下之所召幸，若所以约致也。陛下必有时有所官，必令此有高堂邃宇[23]，善厨处，大囷京[24]，厩有编马，库有阵车、奴婢、诸婴儿、畜生具。令此时大具召胡客，飨胡使，上幸令官助之具，假之乐。令此其居处乐虞、困京之畜，畜皆过其故王，虑出其单于或[25]，时时赐此而为家耳。匈奴一国倾心而冀，人人忣忣唯恐其后来至也，将以此坏其腹，一饵。于来降者，上必时时而有所召幸，抚循而后得入官。夫胡大人难亲也，若上于胡婴儿及贵人子好可爱者[26]，上必召幸大数十人，为此绣衣好闲[27]，且出则从，居则更侍。上即飨胡人也，大觳抵也[28]，客胡使也，力士武士固近侍傍，胡婴儿得近侍侧，胡贵人更进得佐酒前，上乃幸自御此薄，使付酒钱，时人偶之。为间则出绣衣，具带服宾余[29]，时以赐之。上即幸抚胡婴儿，捣遒之[30]，戏弄之，乃授炙幸自啖之，出好衣闲且自为赣之[31]。上起，胡婴儿或前或后，胡贵人既得奉酒，出则服衣佩绶，贵人而立于前，令数人得此而居耳。一国闻者、见者，希旴而欲，人人忣忣唯恐其后来至也，将以此坏其心，一饵。故牵其耳、牵其目、牵其口、牵其腹，四者已牵，又引其心，安得不来，下胡抑抂也[32]。此谓五饵。

以目、耳、口、腹、心设饵，应上战智。

[注释]

[1] 歀（kuǎn）：空。　[2] 踔（chuō）：逾越，超越。　[3] 驳
轹（lì）：交错。　[4]"令视之足见也"二句：是说赏赐的程度使
其看起来值得看，说起来值得说。足，值得。诵，述说。　[5] 绿
盖：绿色车盖的车。据《晋书》记载，为皇孙所乘。　[6] 骖乘：
三匹以上马拉的车。两旁的马为骖。　[7] 都：居，见《汉书·东
方朔传》颜师古注引如淳说。　[8] 希心：企慕之心。　[9] 胾
（zì）：大块肉。臐（fèn）：肉羹。　[10] 醯（xī）：醋。醢（hǎi）：
肉酱。　[11] 涎：口水。　[12] 悇憛（tú tán）："憛悇"之倒文，
贪欲，贪图。自：通"嗜"，盈欲（徐复说）。　[13] 知识：知交
故旧。　[14] 薄：通"博"，六博，古代的一种十二子棋。掕：
猜钱的游戏。　[15] 相：指助兴。　[16] 乐府：汉代掌管采诗配
乐的官署。但乐：又称"但歌"，古乐曲名。　[17] 鞀（táo）：
同"鼗"，一种手摇的小鼓。　[18] 倒挈（qiè）：翻筋斗一类的
杂技。面：戴着面具。　[19] 莫：暮。　[20] 胥强：相随。胥，
相。强，随。　[21] 希盱（yú）：喜悦的样子。希，读为"睎"，
睎、盱皆有仰望义，引申为仰慕、爱欲（肖旭说）。　[22] 伋
（jí）伋：迫切的样子。　[23] 邃：深。　[24] 囷（qūn）京：谷
仓。囷，圆形谷仓。京，大囷。　[25] 或：通"域"。　[26] 胡：
原作"故"，据卢文弨校本改。及：原作"召"，据卢文弨校本
改。　[27] 闲：本指养马之所，这里指住所。原作"阕"，据卢文
弨校本改。　[28] 觳（jué）抵：也作"角抵"，古代一种斗力摔
跤的游戏。　[29] 宾余：也作"比余"，栉的别称，发辫上的铜制
饰物。　[30] 捣遒：腾倒，指哄逗小儿翻转的动作。　[31] 赣：
通"赐"。　[32] 抑：往下按压。抏：通"陨"，坠落。

[点评]

　　五饵，目、口、耳、腹上的满足，从物欲上牵制；心意的满足，从心理上牵制，可谓周密。

　　若夫大变之应，大约以权决塞[1]，因宜而行，不可豫形[2]。尊翁主[3]，重相室[4]，多其长吏；众门大夫皆谋士也，必足之财。且用吾人，且用其尊，观其限，窥其谋，中外符节适縳拘也[5]。夫或人且安得久悍若此！故三表已谕，五饵既明，则匈奴之中乖而相疑矣，使单于寝不聊寐[6]，饭失其口，裨剑挟弓[7]，而蹲穹庐之隅[8]，左视右视，以为尽仇也。彼其群臣，虽欲毋走，若虎在后；众欲无来，恐或轩之[9]。此谓势然。其贵人之见单于，犹迬虎狼也[10]；其南面而归汉也，犹弱子之慕慈母也；其众人之见将吏，犹噩迬仇雠也[11]；南乡而欲走汉，犹水流下也。将使单于无臣之使，无民之守，夫恶得不系颈稽颡[12]，请归陛下之义哉！此谓战德。

三表、五饵意在分化瓦解匈奴，智取多于德服。

[注释]

　　[1]权：变。决塞：开通或阻塞。　[2]形：见。　[3]翁主：汉代对诸侯王之女的称呼。　[4]相室：为卿大夫管理内务的家

臣。　[5]缩（gōu）拘：互相连接，指符合。　[6]聊寐：指时时警惕，不能安睡。聊，苟且。　[7]裨（bì）：接，持。　[8]穹庐：游牧民族居住的帐篷。　[9]轩：先（卢文弨说）。　[10]迕（wù）：遇。　[11]噩：通"遌"，遇。　[12]稽颡：磕头。颡，额头。

彼匈奴见略[1]，且引众而远去，连此有数[2]。夫关市者，固匈奴所犯滑而深求也[3]。愿上遣使厚与之和，以不得已许之大市。使者反，因于要险之所，多为凿开[4]，众而延之，关吏卒使足以自守。大每一关，屠沽者、卖饭食者、羹臛膹炙者，每物各一二百人，则胡人著于长城下矣。是王将强北之，必攻其王矣。以匈奴之饥，饭羹啖膹炙，嘽潃多饭酒[5]，此则亡竭可立待也。赐大而愈饥，财尽而愈困，汉者所希心而慕也。则匈奴贵人，以其千人至者，显其二三；以其万人至者，显其十余人。夫显荣者，招民之机也。故远期五岁，近期三年之内，匈奴亡矣。此谓德胜。"

以显荣招民，财力不足难为，引起下文。

[注释]

[1]见略：指人口减少。见，被。略，夺取。　[2]连：连接，这里指吸引。数：方法。　[3]犯滑：侵扰，作乱。　[4]凿开：指设立关市。　[5]嘽（yǔn）潃：大口饕餮（章太炎《贾子义抄》说）。

喔，大口。潞，音义未详。

[点评]

开通关市，用显荣之策，吸引匈奴，从而分离匈奴，意欲不战而胜。

或曰[1]："建三表，明五饵，盛资翁主，禽敌国而后止[2]，费至多也，恶得财用而足之？"对曰："请无敢费御府铢金尺帛，然而臣有余资。"问曰："何以？"对曰："国有二族[3]，方乱天下，甚于匈奴之为边患也，使上下踖逆[4]，天下寠贫[5]，盗贼、罪人蓄积无已，此二族为崇也[6]。上去二族，弗使乱国，天下治富矣。臣赐二族，使崇匈奴，过足言者。"或曰："天子不怵[7]，人民愿之[8]。"曰："苟或非天子民，尚岂天子也？《诗》曰：'普天之下[9]，莫非王土；率土之滨，莫非王臣。'王者，天子也。苟舟车之所至，人迹之所及，虽蛮貊戎狄，孰非天子之所作也[10]？而憺渠颇率天子之民[11]，以不听天子，则憺渠大罪也。今天子自为怀其民，天子之理也，岂有怵人之民哉？"

提敛财之策。

[注释]

[1]或:有的人。 [2]禽:通"擒"。 [3]二族:指吴王濞和邓通(章太炎《贾子义抄》说)。 [4]踳(chuǎn):同"舛",违背。 [5]窾(kuǎn):空。 [6]祟:祸害。 [7]忧(chù):惧怕。 [8]悹(huàn):同"患",忧虑。 [9]"普天之下"以下四句:见《诗·小雅·北山》。 [10]作:役作,指统治,治理。 [11]憈(xù)渠:疑为"休屠"(音如朽储)的异译。休屠,匈奴王族。

[点评]

解决匈奴边患,本文提出帝者战德,具体良策有三表,即以事势谕天子之言,谕陛下之爱,谕陛下之好。有五饵,即坏其目、坏其口、坏其耳、坏其腹、坏其心。具体措施虽细致具体,但班固《汉书》认为其术太疏而不录。

势卑 事势[1]

匈奴侵甚、侮甚,遇天子至不敬也;为天下患,至无已也。以汉而岁致金絮缯彩[2],是入贡职于蛮夷也[3]。顾为戎人诸侯也[4],势既卑辱,而祸且不息,长此何穷!陛下胡忍以帝皇之号特居此[5]?

《评注诸子菁华录》说:"破空而来,有飘风骤雨之势。"

[注释]

[1]势卑:权势卑下。指汉朝每年向匈奴进贡黄金、丝帛,是汉王室权势卑辱。贾谊请求担任典属国的官职主管少数民族事务,

解决匈奴之患。劝文帝放弃小的快乐，考虑大的患难。　　[2]絮：丝绵。缯彩：有花纹的丝织品。　　[3]职：贡。《淮南子·原道训》："四夷纳职。"高诱注："职，贡也。"　　[4]顾：却，反而。　　[5]特：原作"持"，据卢文弨校本改。

> 《评注诸子菁华录》说："先就势卑作一顿笔，然后说中国之势并非不如匈奴。"

> 《评注诸子菁华录》说："见得匈奴之势未尝不可使之日卑。"

> 《汉书评林》凌稚隆说："'今不猎猛敌'数句亦讥射猎之失，与前'射猎之娱'一段相应。"

臣窃料匈奴之众不过汉一千石大县[1]，以天下之大而困于一县之正[2]，甚窃为执事羞之[3]。陛下有意，胡不使臣一试理此？夫胡人于古小诸侯之所铚权而服也[4]，奚宜敢悍若此？以臣为属国之官[5]，以主匈奴[6]。因幸行臣之计，半岁之内，休屠饭失其口矣[7]；少假之间[8]，休屠系颈以草，膝行顿颡[9]，请归陛下之义。唯上财幸。而后复罢属国之官[10]，臣赐归伏田庐，不复污末廷[11]，则忠臣之志快矣。今不獦猛兽而獦田彘[12]，不搏反寇而搏蓄菟[13]，所獦得毋小，所搏得毋不急乎？繁细是虞[14]，不图大患，非所以为安。

[注释]

[1]臣：原讹作"宾"，据卢文弨校本改。　　[2]正：君，官长。　　[3]执事：朝廷中管事的人，暗喻文帝。　　[4]铚（zhì）权：意义不详。孙诒让、刘师培认为当作"铚获"，意思是用短

镰刀割草。肖旭认为读为"挃卷",指收拢五指捣击。 [5]属国之官:掌外夷交涉之官。 [6]主:主管,掌管。 [7]休屠:匈奴的王号。 [8]少假之间:不久,指时间短暂。 [9]膝行:膝盖着地跪行。顿颡(sǎng):叩头。颡,额头。 [10]罢:下原有"履"字,据卢文弨校本删。 [11]末廷:朝廷远处的末位。 [12]獦:通"猎",狩猎。兽:原作"敌",据卢文弨校本改。 [13]菟:同"兔"。 [14]繁细是虞:以繁细的事情为虞。虞,通"娱",乐。

[点评]

本篇是《匈奴》的姊妹篇。匈奴侵侮至甚,为患不已。汉朝反向匈奴进贡金絮缯彩,天子失去帝皇的威严,故曰"势卑"。贾谊请求为属国之官,以主匈奴,使匈奴臣服,其言未免理想化,然而拳拳爱国之心,跃然纸上,深切感人。

淮难事势 [1]

窃恐陛下接王淮南子[2],曾不与如臣者孰计之也。淮南王来入赴,千乘之君,陛下为顿颡谢罪皇太后之前,淮南王曾不谯让[3],敷留之罪无加身者[4]。舍人横制等室之门[5],陛下追而赦之,吏曾不捕。王人于天子国横行不辜而无谴,乃赐美人,多载黄金而归。侯邑之在

《评注诸子菁华录》说:"淮南王长,文帝六年谋反,废,徙蜀,死于雍。子四:阜陵侯安,八年为淮南王。安阳侯勃,八年为衡山王。阳周侯赐八年为庐江王。东城侯良,七年薨,无后。后安、勃皆谋反,如谊言。"

其国者毕徙之他所。陛下于淮南王不可谓薄矣。然而淮南王，天子之法咫蹵促而弗用也^[6]，皇帝之令咫批倾而不行^[7]，天下孰不知？天子选功臣有识者以为之相吏，王堇不踏蹴而逐耳^[8]，无不称病而走者，天下孰弗知？日接持怨言以诽谤陛下之为，皇太后之馈赐逆抑而不受，天子使者奉诏而弗得见，僵卧以发诏书，天下孰不知？聚罪人奇狡少年，通栈奇之徒、启章之等而谋为东帝^[9]，天下孰弗知？淮南王罪已明，陛下赦其死罪，解之严道以为之神^[10]，其人自病死，陛下何负？天下大指孰能以王之死为不当？陛下无负也！

《评注诸子菁华录》说："连用四个'天下孰弗知'，见得淮南之罪天下共闻共见，不封其子未为刻薄。"

《评注诸子菁华录》说："此言宽待厉王于后。"

[注释]

[1] 淮难：淮南王造成的灾难。文帝因为淮南王是高帝最喜欢的小儿子，对他特别好，因此有过错总是宽赦，导致淮南王横行无忌，自作令，无视汉法，危害天下。本篇列举大量事实，论证并不是朝廷有负于淮南王，而是淮南王有负于朝廷。针对文帝八年（前172）分封淮南王的四个儿子为列侯，打算继续封王而发论，证明这样做无疑为谋反提供了资本，所谓假贼兵为虎翼。　[2] 接王：接下来封王。指淮南王死不久，即封其诸子为王。淮南：高祖十一年（前196），封刘长为淮南厉王，领地大致在今安徽淮河一

带。刘长,刘邦的小儿子,文帝的弟弟。 [3]谯(qiáo)让:责让,责备。这里指受到责备。 [4]敷留:即止留,与"稽留""迟留"同义。王念孙《广雅疏证》(三)云"敷"通"铺",止也。 [5]舍人:左右亲近侍从。等室:孙诒让认为当作"寺室",官寺宫室。 [6]咽:则。蹂促:同"蹂蹴",践踏。 [7]批倾:击倒,指推翻。 [8]堇:同"仅"。 [9]栈奇:即"柴奇",汉初棘蒲侯柴武之子,曾参与淮南王刘长的叛乱。启章:淮南厉王刘长的部属,曾参与叛乱。 [10]严道:地名,在今四川荣县。神:通"申",约束。

[点评]

淮南王是高祖的小儿子,因高祖骄纵而无道,文帝则因亲难以法治,可谓"当局者迷,旁观者清"。

如是,咽淮南王罪人之身也,淮南子罪人之子也。奉尊罪人之子,适足以负谤于天下耳,无解细于前事也[1]。且人不以肉为心则已,若以肉为心,人之心可知也。今淮南子少壮,闻父辱状,是立咽泣浃衿[2],卧咽泣交项,肠至腰肘如缪维耳[3],岂能须臾忘哉?是而不如是,非人也。陛下制天下之命,而淮南王至如此极,其子舍陛下而更安所归其怨尔。特曰势未便,事未发,舍乱而不敢言。若诚其心,岂能忘陛下哉?白公胜所为父报仇者[4],报大父与诸伯父、叔父也[5]。令

《评注诸子菁华录》说:"他日必恩将仇报。"

《评注诸子菁华录》说:"引古之报仇者作证。"

尹子西、司马子綦皆亲群父也,无不尽伤。昔者白公之为乱也,非欲取国代主也,为发愤快志尔,故挟匕首以冲仇人之匈[6],固为要俱靡而已耳[7],固非冀生也。

[注释]

[1]细:陶鸿庆认为"细"是"珤"的假借字,与"解"义同。 [2]咫:下原有"焉"字,据卢文弨校本删。洽:沾湿。 [3]肘:疑当作"胕",同"腑"。缪:缠。维:大绳。 [4]白公胜:春秋时楚平王的孙子,太子建的儿子。太子建与楚平王不合,出逃后死在郑国。白公胜为父亲报仇,杀死伯父令尹子西和叔父司马子綦,夺取了王权。不久,又被叶公杀死。 [5]大父:祖父。大,通"太"。 [6]挟匕首:原作"欲皆首",据卢文弨校本改。冲:"撞"的假借字。《广雅·释诂》一:"撞,刺也。"(徐复说) [7]靡:碎,指死亡。

今淮南土虽小,黥布用之耳[1],汉存特幸耳。夫擅仇人足以危汉之资[2],于策安便?虽割而为四,四子一心未异也。豫让为智伯报赵襄子[3],五起而不取者,无他,资力少也。子胥之报楚也[4],有吴之众也;白公成乱也,有白公之众也。阖闾富故[5],然使鲊诸刺吴王僚[6];燕太子丹富故[7],然使荆轲杀秦王政。今陛下将尊不亿之人[8]，予之众，积之财，此非有白公、子胥之报于广都之中者，即疑有鱄诸、荆轲起两柱之间。其策安便哉！此所谓假贼兵为虎翼者也，愿陛下留意计之。

《汉书评林》凌稚隆说："仅仅数语尔，而意转展，词迫切，自是汉初文字。"

可与《益壤》篇相参。

[注释]

[1]黥布：即英布。见《藩强》篇注。　[2]擅：通"禅"，禅让。　[3]豫让：春秋战国之际晋国人，初为晋六卿之一中行氏的家臣，智伯瑶消灭中行氏后，豫让又改事智伯瑶，赵襄子消灭智伯瑶，豫让刺杀赵襄子未果，自杀。　[4]子胥：伍子胥，春秋时楚国人，他的父亲、哥哥被楚平王杀害，他逃往吴国，借用吴国的力量报仇，攻下楚国国都。　[5]阖闾：春秋时吴国国王。富故：因财富充裕的缘故。　[6]鱄诸：春秋时吴国棠邑（今南京六合区西北）人，吴公子光（即吴王阖闾）欲杀王僚自立，伍子胥把他推荐给公子光。公元前515年，公子光乘吴内部空虚，与鱄诸密谋，以宴请吴王僚为名，藏匕首于鱼腹之中进献，当场刺杀吴王僚。吴王僚：阖闾的哥哥。　[7]燕太子丹：燕国太子，名丹，因国家弱小，派荆轲刺杀秦始皇嬴政。　[8]亿：度，推测，揣测。

[点评]

淮南王是高祖最小的儿子，最受宠爱，而文帝也对他宽容无制。淮南王因位高权重，悖逆无道，以致谋反被废。本篇用大量事实，列举淮南王的罪状，引白公胜为父报仇的事例，证明不能继封其子为王，以防其为父报仇。即使淮南王的四个儿子封地都很小，权势都不大，但四子一心，终是后患，劝文帝不要"假贼兵为虎翼"。

无蓄事势[1]

禹有十年之蓄，故免九年之水；汤有十年之积，故胜七岁之旱。夫蓄积者，天下之大命也[2]。苟粟多而财有余，何向而不济？以攻则取，以守则固，以战则胜，怀柔附远[3]，何招而不至？管子曰："仓廪实[4]，知礼节；衣食足，知荣辱。"民非足也，而可治之者，自古及今，未之尝闻。古人曰："一夫不耕，或为之饥；一妇不织，或为之寒。"生之有时而用之无度，则物力必屈[5]。古之为天下者至悉也，故其蓄积足恃。今背本而以末[6]，食者甚众，是天下之大残[7]；从生之害者甚盛，是天下之大贼也；汰流、淫佚、侈靡之俗日以长[8]，是天下之大祟也[9]。残贼公行，莫之或止；大命贬败[10]，莫之振救。何计者也，事情安所取？生之者甚少而靡之者甚众[11]，天下之势何以不危！汉之为汉几四十岁矣，公私之积犹可哀痛也。故失时不雨，民且狼顾矣[12]；

林云铭《古文析义》说："即有卒然之患，足恃为备，所以为大命。"

《吕氏春秋·爱类》说："神农之教曰：'士有当年而不耕者，则天下或受其饥矣；女有当年而不绩者，则天下或受其寒矣。'"

《评注诸子菁华录》说："孔子道国敬信之外，所以首重节用。"

林云铭《古文析义》说："趋末者亦必食，大伤乎财之源。"

《评注诸子菁华录》说："与《大学》'生之者寡，食之者众'同旨。"

岁恶不入[13]，请卖爵鬻子[14]。既或闻耳矣，安有为天下阽危若此而上不惊者[15]！

林云铭《古文析义》说："已上言汉无畜积甚为可惧，当预图也。"

[注释]

[1]无蓄：缺乏积蓄。本篇根据当时国家背本趋末、世风奢靡、缺乏粮食积蓄的事实，论述粮食积蓄对国家存亡的重大意义，提出"蓄积者，天下之大命"的重要观点。国家粮食有积蓄，进攻就能夺取，防守就能守得牢固，使远方人民归服。据《汉书·食货志》记载，贾谊奏上此疏之后，文帝以亲自耕种鼓励百姓，到汉武帝时，百姓人给家足，太仓之粟，陈陈相因。本篇可与《忧民》篇参看。　[2]大命：大计。　[3]怀柔：安抚。附远：使远方的人归附。　[4]"仓廪实"以下四句：见《管子·牧民》，文字稍有不同。　[5]屈：尽，匮乏。　[6]本：指农业。末：指工商业。　[7]之：原无，据卢文弨校本补。残：害，伤害。下文"贼"与此同义。　[8]汏：奢侈。流：淫放，指过度放纵。　[9]祟：灾祸。　[10]贬：损。　[11]靡：费，耗费。　[12]狼顾：狼生性警惕，行走时常常回头看。比喻民众恐慌。　[13]岁恶不入：年成不好纳不了税。入，指收入，包括民众的收获和官府的税收。　[14]卖爵鬻子：朝廷卖官爵，人民卖子女。　[15]阽（diàn）：危险。

《评注诸子菁华录》说："王道之大，不外教养两端。贾生惓惓于当时者如此，所谓王佐之才，非晁错之策可比。"

世之有饥荒，天下之常也，禹、汤被之矣。即不幸有方二三千里之旱，国何以相恤？卒然边境有急，数十百万之众聚，国何以馈之矣[1]？兵旱相乘[2]，天下大屈，勇力者聚徒而横击，罢

林云铭《古文析义》说："圣人之世亦不能有穰而无饥，安可不谋所恃？"

夫羸老易子孙而咬其骨[3]。故法未必通也，远方之疑者并举而争起矣。为人上者，乃试而图之。岂将有及乎？可以为富安天下，而直以为此廪廪也[4]，窃为陛下惜之。《王制》曰："国无九年之蓄，谓之不足；无六年之蓄，谓之急；无三年之蓄，国非其国也。"其王制若此之迫也，陛下奈何不使吏计所以为此，可以流涕者又是也。

林云铭《古文析义》说："此时法令必不能尽行无阻，其远处能怀疑贰之人皆乘敝而争为不轨。"

林云铭《古文析义》说："已上言畜积不肯早图，及大命将泛时，虽欲图之而不能也。"

《评注诸子菁华录》说："即一'廪'字，亦见《左氏》师承。"

林云铭《古文析义》说："民皆足，谓之富；民受治，谓之安。又以能为不为致惜，望文帝必行也。"

[注释]

[1]饷：供给粮饷。　[2]相乘：交加。　[3]羸（léi）：瘦弱。　[4]廪廪：通"懔懔"，危险的样子。

[点评]

　　天下的水旱，是大自然的规律；世间的饥荒，是人类在生产力低下时的常事。应付水旱饥荒，必须有粮食的积蓄，所以蓄积为天下之大命。禹、汤有十年之积，所以能战胜九年的水灾、七年的旱灾。粮食有积蓄，钱财有富余，能使国家稳固，人民归附。汉朝建立近四十年，而积蓄少得令人叹息，一旦有边境的侵犯和盗贼的祸乱，将无力应对。富安天下，当重本轻末，消除淫奢之风，去残、去贼、去祟。贾谊的《论积贮疏》，受到文帝的高度重视，纳为国策，到武帝初年，国家粮食充足，"人给家足""太仓之粟，陈陈相因"。

铸钱事势[1]

乃者窃闻吏复铸钱者[2],民人抵罪,多者一县百数,少者十数。家属、知识及吏之所疑[3],系囚、榜笞及奔走者,类甚不少。仆未之得验,然其刑必然。抵祸罪者,固乃始耳。此无息时,事甚不少,于上大不便,愿陛下幸勿忽。

[注释]

[1]铸钱:孝文帝五年,废除盗铸钱令,让百姓私自铸钱。本文论述民间私自铸钱的危害,铸钱造假处罚黥罪,与禁止铸钱处罚死罪,都是百姓的陷阱;且民间私自铸钱,荒废农业,导致国家粮食匮乏。主张铸钱收归国有,可以统一币制、稳定物价,对巩固国家政权大有好处。本篇可与《铜布》篇参看。 [2]复:报,呈报。 [3]知识:知交故旧。

法使天下公得顾租铸钱[1],敢杂以铅铁为它巧者,其罪黥。然铸钱之情,非殽铅铁及以杂铜也[2],不可得赢[3];而殽之甚微,又易为,无异盐羹之易,而其利甚厚。张法虽公铸铜锡,而铸者情必奸伪也。名曰顾租公铸,法也,而实皆黥罪也。有法若此,上将何赖焉?夫事有召祸而法

《汉书评林》胡缵宗说:"夫山泽之利不以封,货财之权不可假,虽大为之防,民犹踰之,而可恣其私铸乎?"

《评注诸子菁华录》说:"气魄沉雄。"

有起奸，今令细民操造币之势[4]，各隐亲其家而公铸作[5]，因欲禁其大利微奸，虽黥罪日报，其势不止，民理然也。夫白着以请之[6]，则吏随而掩之，为民设阱，孰积于是？上弗蚤图之，民势且尽矣。曩禁铸钱，死罪积下；今公铸钱，黥罪积下，虽少异乎，未甚也。民方陷溺，上且弗救乎？

《评注诸子菁华录》说："曲折有致。"

[注释]

[1]顾：通"雇"，雇用。租：租矿。　[2]殽：同"淆"，混杂。　[3]赢：余利。　[4]币：原作"弊"，据卢文弨本改。　[5]隐：隐蔽。亲：至，到。　[6]白着：显明。着，当作"著"。

[点评]

民间铸钱，不作伪不能盈利，作伪则犯罪，是为民设陷阱，正如《孟子》所说的"网民"，所以必须禁止。

且世民用钱，县异而郡不同：或用轻钱，百加若干，轻小异行；或用重钱，平称不受。法钱不立[1]，将使天下操权族[2]，而吏急而一之乎，则吏烦苛而民弗任，且力不能而势不可施；纵而弗苛乎，则郡县异而市肆不同，小大异用，钱文大乱。夫苟非其术，则何向而可哉？

《汉书评林》王维桢说："先设两端以难之。"

[注释]

[1]法钱：质量、重量符合法律规定的标准钱。 [2]权：权钱，标准钱。族：众，多。

夫农事不为，而采铜日烦，释其耒耨[1]，冶熔炉炭。奸钱日繁，正钱日亡。善人忧而为奸邪[2]，愿民陷而之刑僇[3]。黥罪繁积，吏民且日斗矣。少益于今，将甚不祥，奈何而忽？国知患此，吏必议曰"禁之"。不得其术，其伤必大，何以圉之[4]？令禁铸钱，钱必还重，四钱之粟，必还二钱耳。重则盗铸钱如云而起，则弃市之罪又不足以禁矣。奸不胜而法禁数溃。难言已，大事也，久乱而弗蚤振，恐不称陛下之明。凡治不得，应天地星辰有动，非小故也[5]。或累王德，陛下不可以息，方今始伏[6]，望可善图也。

《评注诸子菁华录》说："钱法欲疏通于下，而权利断自上操，故王制山海之利不以颁者，虑权之下逮也。"

[注释]

[1]耒耨（lěi nòu）：泛指农具。耒，翻地的农具。耨，锄草的农具。 [2]忧：通"诱"，诱。 [3]愿：质朴善良。 [4]圉（yǔ）：通"御"，阻止。 [5]故：事。 [6]伏：指阳气伏而不能出，则发生地震。

[点评]

民间铸钱,杂以铅铁,则犯黥罪;又法钱不立,奸钱日多,钱文大乱;民为取利,放弃农耕,此孟子所谓"网民"。奸不胜而法禁数溃,有百害而无一利。本篇与《铜布》篇主旨相近,又与《无蓄》存在因果关系。

新书卷第五

傅职连语[1]

或称《春秋》[2],而为之耸善而抑恶,以革劝其心[3]。教之《礼》[4],使知上下之则宣[5]。或为之称《诗》[6],而广道显德[7],以驯明其志[8]。教之《乐》[9],以疏其秽[10],而填其浮气[11]。教之语[12],使明于上世,而知先王之务明德于民也。教之故志[13],使知废兴者而戒惧焉。教之任术[14],使能纪万官之职任[15],而知治化之仪[16]。教之训典[17],使知族类疏戚[18],而隐比驯焉[19]。此所谓学太子以圣人之德者也[20]。

《评注诸子菁华录》说:"耸善,劝善也。杨子《方言》:'自关而西、秦晋之间相劝曰耸。'"

《评注诸子菁华录》说:"乐以养人性情而荡涤邪秽、消融渣滓,故曰疏其秽。"

《国语评苑》说:"春秋之世近古,教太子之法犹详。"

[注释]

[1]傅职:辅佐的职责。傅是帝王的家臣,负责教育帝王的

太子。教育太子的内容有"学""教""顺",教育太子的人,要选择贤能的人。具体官职有太师、太傅、太保、少师、少傅、少保、诏工、太史,各负其责。《保傅》篇谈到,太子之善在于早谕教与选左右,本篇重在选左右,可与《保傅》篇参看。　[2]《春秋》:儒家经典,相传为孔子根据鲁国史书改编,对历史事件和人物多有褒贬,所谓微言大义,是我国第一部编年体史书,记录了春秋各国二百四十二年的历史。　[3]革:通"諽",戒(徐复说)。　[4]《礼》:儒家经典,今存《周礼》《仪礼》《礼记》,合称"三礼",记录了职官和交接的礼仪制度。　[5]则:准则。宣:和。　[6]《诗》:即《诗经》,儒家经典,收录了305篇诗歌,富含教化内容。　[7]广道显德:使道德推广显明。　[8]驯:教导。[9]《乐》:即《乐经》,儒家经典,秦以后失传。　[10]疏:荡涤,去除。秽:污秽肮脏的东西。　[11]填:通"镇",压制。　[12]语:指《尚书》,儒家经典,书中记录了很多上古帝王诰语。　[13]故志:前世的历史记载。　[14]任术:任用和管理官吏的方法。　[15]纪:统领,治理。　[16]仪:法度。　[17]训典:先王的典籍,韦昭解释为五帝之书。　[18]族类:同族。疏戚:疏远的亲戚。　[19]隐:度,思忖。比驯:亲爱顺从。　[20]学(xiào):同"敩",教。潭本作"教"。

《国语评苑》孙应鳌说:"忠信之人可以学礼。"

或明惠施以道之忠[1],明长复以道之信[2],明度量以道之义,明等级以道之礼,明恭俭以道之孝,明敬戒以道之事,明慈爱以道之仁,明倜雅以道之文[3],明除害以道之武,明精直以道之伐[4],明正德以道之赏[5],明齐肃以道之教[6]。此所谓教太子也。

[注释]

[1]惠施：恩施，恩惠。道：通"导"，下文同。 [2]长复：久约不忘履行诺言（卢文弨说）。 [3]僩（xián）雅：指思想正确，言语得体。本书《道术》篇："容志审道谓之僩，反僩为野；辞令就得谓之雅，反雅为陋。"僩，通"娴"。 [4]精直：精明正直。 [5]正德：合理获取，所谓以道得之。德，通"得"。 [6]齐肃：庄敬。教：当从潭本作"敬"。

[点评]

上段论教太子以圣人之德，此段用十二个"明"字教太子，都围绕"道"开展，重在道德事理而不在具体的知识。

左右前后，莫非贤人以辅相之，总威仪以先后之[1]，摄体貌以左右之[2]，制义行以宣翼之[3]，章恭敬以监行之[4]，勤劳以劝之[5]，孝顺以内之[6]，敦笃以固之[7]，忠信以发之，德言以扬之。此所谓顺者也[8]。

《评注诸子菁华录》说："'德言以扬之'上，与《国语·楚语》大旨相同。"

[注释]

[1]总：持。威仪：礼容行止。 [2]摄：整顿，整饬。体貌：形体容貌。 [3]义行：合乎道义的行为。宣翼：辅佐。 [4]章：同"彰"，明。监：监察。 [5]勤劳：辛勤，辛苦。劝：鼓励，勉励。 [6]内：同"纳"，接受。 [7]敦笃：敦厚诚实。 [8]顺：

通"训"。

此傅人之道也[1]，非贤者不能行。

[注释]
[1]傅：辅佐，教导。

《评注诸子菁华录》说："自'天子不谕于先圣人之德'以下，与《大戴礼》大旨相同。"

太师之职责，重在教导天子经典的学习。

《评注诸子菁华录》说："前半详举辅导之法，教之于先，则君德易进。后半分叙辅导之职，正之于后，则君过易除。典制文看似繁重，实则条理分明。"

天子不谕于先圣人之德[1]，不知君国畜民之道，不见礼义之正，不察应事之理，不博古之典传，不傿于威仪之数[2]，《诗》《书》《礼》《乐》无经[3]，天子学业之不法：凡此其属，太师之任也[4]。古者齐太公职之[5]。

[注释]
[1]谕：明白，知晓。 [2]傿：通"娴"，习，熟悉。 [3]无经：不合常道。经，常。 [4]太师："三公"之一，天子的老师。 [5]齐太公：姜尚，周文王的老师，辅佐周武王伐商，尊为"师尚父"，封于齐。

天子不姻于亲戚[1]，不惠于庶民，无礼于大臣，不中于刑狱，无经于百官[2]，不哀于丧，不敬于祭，不诚于戎事[3]，不信于诸侯，不诚于赏罚，不厚于德，不强于行；赐予侈于左右近臣[4]，㥪授于疏远卑贱[5]；不能惩忿忘欲[6]，大行、大礼、大义、大道不从太师之教：凡此其属，太傅之任也[7]。古者鲁周公职之[8]。

太傅之职责，在大行、大礼、大义、大道。

[注释]

[1]姻：亲（章太炎说）。亲戚：亲属。 [2]经：纪，治理。 [3]诫：警戒。原作"直"，据卢文弨校本改。戎事：兵事。 [4]侈：多。 [5]㥪：同"吝"，吝惜。 [6]惩：止。忘：王谟本作"窒"。 [7]太傅：辅佐君王的大臣，"三公"之一。 [8]鲁周公：姓姬名旦，周文王之子，周武王之弟，辅佐周武王灭商有功，封于鲁。武王崩，成王幼小，周公代理国政。

天子处位不端，受业不敬[1]，教诲讽诵《诗》《书》《礼》《乐》之不经、不法、不古[2]，言语不序[3]，音声不中律；将学趋让进退即席不以礼[4]，登降揖让无容，视瞻、俯仰、周旋无节，妄咳唾[5]，数顾趋行不得[6]，色不比顺[7]，隐琴肆瑟[8]：凡此其属，太保之任也[9]。古者燕召公职之[10]。

太保之职责，在具体行事。

[注释]

[1]受业：从师学习。 [2]不古：不遵从故训。 [3]序：伦次。 [4]将：语助词。趋：快走。 [5]妄：妄自，随意。唾：吐

口水。　[6]数（shuò）：多次。顾：回头。　[7]比：和。　[8]隐琴肆瑟：倚在琴上，瑟放在一边，指不练习琴瑟。隐，凭依。肆，放置。　[9]太保："三公"之一，仅次于太傅。　[10]燕召公：即姬奭（shì），周文王庶子，封邑在召，武王封于燕。

[点评]

天子的立身处世大的方面，由三公负责监督和指导。

> 少师之职责，重在学习和应对。

天子燕业反其学[1]，左右之习诡其师[2]；答远方诸侯、遇贵大人，不知大雅之辞；答左右近臣，不知已诺之适[3]；僩问小诵之不博不习[4]：凡此之属，少师之任也[5]。古者史佚职之[6]。

[注释]

[1]燕业：燕居所习。反其学：与所学相反。　[2]习：狎（王聘珍说），调笑。诡：违。　[3]已诺：答应。适：适度。　[4]僩问：别本作"简闻"，闻于简策。　[5]少师："三公"的副官，辅佐天子。　[6]史佚：周史官史佚，也称尹佚，与姜太公、周公、召公并称四圣。

天子居处出入不以礼，衣服冠带不以制，御器在侧不以度，杂彩从美不以章德[1]，忿怒说喜不以义，赋与噍让不以节[2]，小行、小礼、小义、小道[3]：凡此之属，少傅之任也[4]。

> 少傅之职责，在小行、小礼、小义、小道，与太傅相辅。

[注释]

[1] 从：同"纵"，放纵，指追求。章：典章。原作"彰"，据卢文弨校本改。 [2] 噍让：用言语责备。 [3] 小行、小礼、小义、小道：孔广森所见本此句下有"不从少师之教"六字。 [4] 少傅："三公"的副官，次于少师，辅佐天子。

[点评]

天子学习、礼仪小的方面，由少师、少傅负责监督和指导。

天子居处燕私安所易[1]，乐而湛，夜漏屏人而数[2]，饮酒而醉，食肉而饱，饱而强食，饥而惏[3]，暑而喝[4]，寒而懦[5]，寝而莫宥[6]，坐而莫恃[7]，行而莫先莫后；帝自为开户，自取玩好，自执器皿，亟顾还面[8]，而器御之不举不臧[9]，折毁丧伤：凡此其属，少保之任也[10]。

> 少保之职责，重在日常起居的轨法。

[注释]

[1] 燕私：平时的生活。所：当是"而"字。《大戴礼记》作"如"，通"而"。易：指马虎、散漫。 [2] 夜漏屏人而数（shuò）：卢文弨认为此句下有脱文。祁玉章认为当连下句读。李尔钢认为此句指性生活。数，多次。 [3] 惏（lán）：同"婪"，贪

婪，指暴食。原作"馁"，据卢文弨校本改。 [4]暍（yē）：中暑。 [5]懦：当从别本作"嗽"。 [6]宥：通"侑"，帮助。 [7]恃：通"侍"。 [8]亟：屡次，多次。还面：指转头。 [9]臧：同"藏"。 [10]少保："三公"的副官，次于少傅，辅佐天子。

[点评]

天子日常起居小的方面，由少保负责监督和指导。

干戚戈羽之舞，管籥琴瑟之会[1]，号呼歌谣声音不中律，燕乐雅颂逆乐序[2]：凡此其属，诏工之任也[3]。

诏工之职责，重在歌舞的礼仪。

[注释]

[1]管籥（yuè）：笙箫之类的吹奏乐器。 [2]燕乐：饮宴之乐。雅：正声之乐。颂：祭祀先祖之乐。 [3]诏工：乐官之长。

不知日月之不时节，不知先王之讳与国之大忌[1]，不知风雨雷电之眚[2]：凡此其属，太史之任也[3]。

太史之职责，重在天文历法。

[注释]

[1]讳：忌讳，指名讳。 [2]眚（shěng）：灾异。 [3]太史：史官之长，掌管历法和历史文书，记录国家的重大活动。

[点评]

本篇专论太子的教育和天子辅佐的职责。太子的教育由傅担任，傅须为贤者。所教内容，重在圣人之德，具体教授《春秋》、《礼》、《诗》、《乐》、语、故志、任术、训典等，通过明惠施、长复、度量、等级、恭俭、慈爱、娴雅、除害、精直、正德、齐肃来引导太子如何做到忠、信、义、礼、孝、事、仁、文、武、罚、赏、敬，左右前后的辅佐通过总威仪、摄体貌、制义行、章恭敬、勤劳、孝顺、敦笃、忠信、德言为太子做出榜样。辅佐天子则由三公即太师、太傅、太保，三少即少师、少傅、少保担任，各司其职；另有诏工、太史专门负责音乐、天文方面的礼制。对太子和天子的教育辅佐从道德、学业、言行举止全方位进行，效果不到位，要追究辅佐者的责任，这种多角度的教育方法在今天仍然有非常积极的意义。

保傅连语[1]

殷为天子[2]，三十余世，而周受之。周为天子[3]，三十余世，而秦受之。秦为天子[4]，二世而亡。人性非甚相远也，何殷、周之君有道而长也，而秦无道之暴也[5]？其故可知也。

《评注诸子菁华录》说："此数句是领笔，亦是通篇之线。"

《汉书评林》邵经邦说："谊之疏可谓深明其未然矣，厥后景帝杀戮大臣，变易太子，废置王后，骄宠爱弟，几乎复蹈秦之故辙，孰谓谊果少年之见乎哉！"

[注释]

[1]保傅：太保、太傅，辅佐教育太子的两位官员，借此论述

太子的教育。从商、周两代长久而秦王朝短命的历史，阐述教育太子的重要性。初生时的教育，入学后的教育，成人后的教育，商、周都有好的事例。秦王朝快速灭亡的原因之一，在于教育没有方法。因为天下的命运，关系于太子，太子正则能天下定，而太子之善在于早期就施加教育并且选择好身边的人，这是贾谊把教育同治国相结合，寄天下于理想君主的一种政治规划。章太炎说，《保傅》篇大概出于古代的礼经，所以汉代与《孝经》《论语》一起教太子，见《汉书·昭帝本纪》，而后人又以《贾子新书》语掺入到里面。《大戴礼记》中也有此篇，内容略有不同。　[2]"殷为天子"二句：据《汉书·律历志》记载："凡殷世继嗣三十一王，六百二十九岁。"　[3]"周为天子"二句：据李善注《文选》引《战国策》吕不韦云："周凡三十七王，八百六十七年。"　[4]"秦为天子"二句：从秦始皇到胡亥，一共十五年。　[5]暴：短暂，短促。

《汉书评林》林希元说："'古之王者'一段想是古圣贤之语，贾谊述之如《乐记》然。"

古之王者，太子初生，固举以礼，使士负之，有司齐肃端冕[1]，见之南郊，见于天也。过阙则下[2]，过庙则趋；孝子之道也。故自为赤子而教固以行矣[3]。昔者周成王幼在襁褓之中[4]，召公为太保[5]，周公为太傅[6]，太公为太师[7]。保，保其身体；傅，傅之德义；师，道之教训：三公之职也。于是为置三少，皆上大夫也，曰少保、少傅、少师[8]，是与太子燕者也[9]。故孩提有识[10]。三公、三少固明孝仁礼义，以道习之，逐去邪人，不使见恶行。于是皆选天下之端士[11]，孝悌博闻有道术者，以卫翼之，使与太子居处出入。故太子初生而见正事，闻正言，行正道，左右前后皆正人也。习与正人居之，不能无正也，犹生长于楚，不能不楚言也。故择其所嗜，必先受业，乃得尝之[12]；择其所乐，必先有习，乃得为之。孔子曰："少成若天性，习贯如自然[13]。"是殷、周之所以长有道也。

《汉书评林》茅坤说："教太子一节此则贾生监秦二世之患，而所请尤三代以来首议。"

《评注诸子菁华录》说："是从孟子语戴不胜化出。"

《评注诸子菁华录》说："恐其懈惰，故以所嗜好而诱之。"

《汉书评林》杨慎说："少成若天性，此言先于伊洛，其理无异，而辞旨尤渊。"

《孔子家语正印》说："夫子之勉好学，意可知矣。"

[注释]

[1]齐肃：庄敬。齐，通"斋"，斋戒，见《傅职》篇注。端冕：穿礼服，戴礼帽。端，玄端，礼服。冕，礼帽。 [2]阙：古代宫殿正门前两侧的高楼。 [3]赤子：婴儿。婴儿出生时皮肤呈红色，故称赤子。以：通"已"。 [4]周成王：姬诵，周武王之子。襁褓：背负和包裹婴儿的布兜被毯之类。 [5]召公：见《傅职》篇注。太保："三公之一"，仅次于太傅。 [6]周公：见《傅职》篇注。太傅：太子的老师。 [7]太公：齐太公姜尚，见《傅职》篇注。太师："三公"之一，天子的老师。 [8]少保："三公"的副官，次于少傅，辅佐天子。少傅："三公"的副官，次于少师，辅佐天子。少师："三公"的副官，辅佐天子。 [9]燕：闲居，指指日常生活。 [10]孩提有识：原作"咳唾"，据卢文弨校本改、补。孩提，二三岁的幼儿。孩，小儿笑。提，提抱。 [11]端士：品行端正之士。 [12]尝：试。 [13]贯：通"惯"。

[**点评**]

太子的教育，从初生开始，由三公、三少担任，见正事，闻正言，行正道，重在习惯的养成。

及太子少长，知好色[1]，则入于学。学者，所学之官也[2]。《学礼》曰[3]："帝入东学，上亲而贵仁[4]，则亲疏有序而恩相及矣；帝入南学，上齿而贵信[5]，则长幼有差而民不诬矣[6]；帝入西学，上贤而贵德，则贤智在位而功不遗矣；帝入北学，上贵而尊爵，则贵贱有等而下不逾矣；帝入太学，承师问道，退习而考于太傅，太傅罚其不则而匡其不及[7]，则德智长而理道得矣：此五学既成于上，则百姓黎民化辑于下矣[8]。"学成治就，是殷、周所以长有道也。

《评注诸子菁华录》说："知好色之语，乃约略其年岁之所至耳，如《孟子》论人曰少，曰知好色，曰有妻子，曰仕，皆谓其年。"

《评注诸子菁华录》说："由襁褓而知好色，由知好色而既冠，次序秩然，一丝不乱。"

《汉书评林》楼昉说："曰乃生，曰少长，曰既冠，见得顷刻不曾放过。"

[**注释**]

[1]知好色：指身心发育、情欲初动。色，女色。　[2]官：通"馆"，馆舍。　[3]《学礼》：《礼古经》五十六篇之一（王聘珍《大戴礼记解诂》说）。　[4]上：同"尚"，崇尚。　[5]上齿：指尊老。齿，年龄。　[6]诬：欺骗。　[7]则：规范。匡：正。　[8]辑：和顺。

及太子既冠成人[1]，免于保傅之严，则有司直之史[2]，有彻膳之宰[3]。太子有过，史必书之，史之义，不得书过则死；过书而宰收其膳，宰之义，不得收膳即死。于是有进善之旌[4]，有诽谤之木[5]，有敢谏之鼓[6]，瞽史诵诗[7]，工诵箴谏[8]，大夫进谋，士传民语。习与智长，故切而不愧；化与心成，故中道若性[9]。是殷、周之所以长有道也。

《评注诸子菁华录》说："有一时之教，必有一时之效，不特用意周匝，而局度亦不涣散。"

[注释]

[1]冠：古代男子二十岁举行加冠的礼仪，表示成年。 [2]司直之史：秉笔直书的史官。 [3]彻膳之宰：主管减少膳食的职官。 [4]进善之旌：为进献善言者设置的旗帜。 [5]诽谤之木：为平民提意见设置的木牌。诽谤，批评、评议。 [6]敢谏之鼓：为勇于进谏者设置的鼓。进谏先击鼓。 [7]瞽史：掌乐之官，多以盲人担任。 [8]工：乐师。箴（zhēn）：劝诫。 [9]中（zhòng）：合。

[点评]

殷、周之所以长有道，在太子成年之前，保、傅对学习的严格监督，在太子成年之后，史、宰对过错的严格监督，以致中道若性。建国治民，以教为先，君王率先落实。

三代之礼：天子春朝朝日[1]，秋暮夕月[2]，所以明有敬也；春秋入学，坐国老[3]，执酱而亲

《评注诸子菁华录》说:"《礼·玉藻》:凡血气之类,君子弗身践。与此同意。"

《评注诸子菁华录》说:"所引皆太学事,而称明堂之位者,太学统于明堂也。"

《评注诸子菁华录》说:"《尚书大传》曰:'古者天子必有四邻,前曰疑,后曰承,左曰辅,右曰弼。天子有问,无以对,责之疑;可志而不志,责之承;可正而不正,责之辅;可扬而不扬,责之弼。'与此小异。"

《汉书评林》唐顺之说:"此节以三代对秦言。"

馈之[4],所以明有孝也;行以鸾和[5],步中《采荠》[6],趋中《肆夏》[7],所以明有度也;其于禽兽也,见其生不忍其死,闻其声不尝其肉,故远庖厨,所以长恩,且明有仁也。食以礼,收以乐[8]。失度,则史书之,工诵之,三公进而读之,宰夫减其膳,是天子不得为非。《明堂之位》曰[9]:"笃仁而好学,多闻而道顺。天子疑则问,应而不穷者谓之道。道者,道天子以道者也,常立于前,是周公也。诚立而敢断[10],辅善而相义者谓之辅。辅者,辅天子之意者也,常立于左,是太公也。洁廉而切直,匡过而谏邪者谓之拂。拂者,拂天子之过者也,常立于右,是召公也。博闻强记,捷给而善对者谓之承。承者,承天子之遗忘者也,常立于后,是史佚也[11]。故成王中立听朝,则四圣维之[12],是以虑无失计而举无过事。"殷、周之所以长久者,其辅翼太子有此具也。

[注释]

[1]春朝(zhāo)朝(cháo)日:春分早上祭日。 [2]秋暮夕月:秋分晚上祭月。 [3]国老:告老退职的卿大夫。 [4]酱:

肉酱。《礼记·内则》云"六十非肉不饱",故古人以肉食敬老。 [5]鸾和:悬挂在车上的两种铃。鸾在车衡上,和在车轼上。根据鸾和发出的响声控制行车的速度。 [6]《采荠》:古乐名(郑玄说)。 [7]《肆夏》:古乐名(郑玄说)。 [8]收:吃完后撤去食具。 [9]《明堂之位》:礼古经的篇名。今《礼记》中有《明堂位》篇。 [10]敦:通"剸",断。 [11]史佚:周史官尹佚,也称史佚。 [12]四圣:周史官尹佚与姜太公、周公、召公并称四圣。

[点评]

道、辅、拂、承在天子前、后、左、右,所以虑无失计而举无过事。教育太子在先,辅佐天子在后,一脉相承。

及秦而不然,其俗固非贵辞让也,所上者告讦也[1];固非贵礼让也,所上者刑罚也。使赵高傅胡亥而教之狱[2],所习者非斩劓人[3],则夷人之三族也[4]。故今日即位,明日射人,忠谏者谓之诽谤,深为之计者谓之妖言,其视杀人若艾草菅然[5]。岂胡亥之性恶哉?其所以集道之者非理故也。

《评注诸子菁华录》说:"此段极言秦时之失教。"

[注释]

[1]告讦(jié):告发,告密。 [2]赵高:秦始皇的宦官,胡亥的老师。胡亥:秦始皇的小儿子,公元前210—前207年在

位。[3]劓（yì）：割鼻。[4]三族：有几种说法：一指父、子、孙，一指父族、母族、妻族，一指父母、兄弟、妻子。[5]艾：通"刈（yì）"，割。菅（jiān）：茅草。

鄙谚曰："不习为吏[1]，而视已事[2]。"又曰："前车覆而后车戒。"夫殷、周之所以长久者，其已事可知也；然而不能从，是不法圣智也。秦之亟绝者，其轨迹可见也；然而不避，是后车又覆也。夫存亡之变，治乱之机，其要在是矣。天下之命，悬于太子；太子之善，在于蚤谕教与选左右[3]。心未滥而先谕教[4]，则化易成也；夫开于道术[5]，知义理之指，则教之功也。若其服习积贯[6]，则左右而已矣。夫胡越之人，生而同声，嗜欲不异，及其长而成俗也，累数译而不能相通，行有虽死而不相为者[7]，则教习然也。臣故曰"选左右、蚤谕教最急"。夫教得而左右正，则太子正矣，太子正而天下定矣。《书》曰："一人有庆[8]，兆民赖之。"此时务也。

《评注诸子菁华录》说："分两层收摄全篇，而以反掉出之，语尤急切。"

《评注诸子菁华录》说："通篇大旨不外蚤谕教、选左右二意，至此说明，正如画龙之点睛。"

《评注诸子菁华录》说："此数行可为性相近、习相远注释。"

《汉书评林》引凌稚隆说："此段纲领在'早谕教'与'选左右'二句上。"

《汉书评林》引真德秀说："'此时务也'止，当是太息之四。"

[注释]

[1]习：熟悉。[2]已事：已往之事，指旧例。[3]谕：教。[4]滥：指心志放荡。[5]开：启发。[6]积贯：形成习惯。

贯，同"惯"。　[7]为：助。　[8]"一人有庆"二句：见《尚书·吕刑》。庆，善。

[点评]

《傅职》篇从教育内容和方法以及职责方面进行论述，本篇则从殷、周统治长久而秦则快速灭亡入手，论述太子教育的重要性。引周成王为例，从小进行教育，赤子时教固已行，三公三少从身体、德义和教训施行教育，前后左右有正人陪伴，少成若天性，习惯如自然；少年阶段重点进行学业和仁、信、德、礼方面的教育，成年以后有辅佐进行各方面的监管，以致天子有敬、有孝、有度、有仁。殷、周之所以能统治长久，在于教育有方，早期就进行正确的教育，使太子学成治就，中道若性；周成王有周公导于前，太公辅于左，召公拂于右，史佚承于后。秦之速亡，因为胡亥所习者无道。国家的长久与否，在于太子的教育，教得而左右正则太子正，太子正则天下定，"选左右、蚤谕教"是教育的核心。

连语 连语[1]

纣[2]，天子之后也。有天下而宜然。苟背道弃义，释敬慎而行骄肆[3]，则天下之人，其离之若崩，其背之也不约而若期[4]。夫为人主者，诚奈何而不慎哉？纣将与武王战，纣陈其卒，左臆右膺[5]，鼓之不进，皆还其刃，顾以乡纣也[6]。纣走还于寝庙之上，身斗而死，左右弗肯助也。纣之官卫舆纣之躯[7]，弃之玉门之外[8]。民之观者皆进蹴之[9]，蹈其腹，蹶其肾，践其肺，履其肝。周武王乃使人帷而守之。民之观者搴帷而入[10]，提石之者犹未肯止[11]。可悲也！夫执为民主[12]，直与民为仇，殃咎若此。夫民尚践盘其躯[13]，而况有其民政教乎！羞甚！臣窃闻之曰："善不可谓小而无益，不善不可谓小而无伤。"夫牛之为胎也，细若鼷鼠[14]，纣损天下自象箸始[15]。故小恶大恶一类也，过败虽小，皆纣之罪也。周谚曰："前车覆而后车戒。"今前车已覆矣，而后车不知戒，不可不察也。

纣王背道弃义，失民心者失天下。

千里之堤，溃于蚁穴。

[注释]

[1]连语：本篇篇目疑脱，"连语"大概是原来的小题，后来传写为大题，又有人加为小标目。宋代王应麟《玉海》有"昭纪"的题目，怀疑是本篇的题目。文中用纣王的百姓反叛纣王、梁王决断疑狱的历史故事，说明统治国家、畜养百姓、施行政教的人，对待百姓应该宽厚。又从人主分上中下三等，说明选择左右的急迫性，引起下文辅佐的内容，这大概是"连语"的意思。从写作手法看，"连语"有借古讽今的意味。　[2]纣：商朝最后

一位君主。《谥法》:"残义损善曰纣。" [3]释:舍弃。 [4]期:约会,约定。 [5]臆:胸肉(章太炎说),指身边的人。 [6]顾:反。 [7]舆:用车载。 [8]玉门:纣的宫殿门名。 [9]蹴:踩踏。 [10]搴(qiān):掀起,撩起。 [11]提(dǐ):投掷。 [12]埶:同"势"。 [13]践盘:指反复踩踏。 [14]螇(xī)鼠:一种小鼠。 [15]象箸(zhù):象牙筷子。《韩非子·喻老》:"昔者纣为象箸而箕子怖。"箸,筷子。原作"著",据卢文弨本改。

[点评]

民众痛恨纣王,是纣与民为仇的结果。治理天下者,当以此为鉴。

梁尝有疑狱[1],群臣半以为当罪,半以为不当,虽梁王亦疑。梁王曰:"陶之朱叟[2],以布衣而富侔国[3],是必有奇智。"乃召朱公而问之曰:"梁有疑狱,吏半以为当罪,半以为不当,虽寡人亦疑,为吾决是奈何?"朱公曰:"臣鄙人也,不知当狱。然臣家有二白璧,其色相如也[4],其径相如也,其泽相如也。然其价也,一者千金,一者五百金。"王曰:"径与色泽皆相如也,一者千金,一者五百金,何也?"朱公曰:"侧而视之,其一者厚倍之,是以千金。"王曰:"善。"故狱疑则从去,赏疑则从予,梁国说[5]。以臣谊窃观

《评注诸子菁华录》说:"梁王因陶朱能致富而使之决狱,陶朱即以家所有者为喻,是亦针锋隐隐相对处也。"

之，墙薄咫亟坏[6]，缯薄咫亟裂[7]，器薄咫亟毁，酒薄咫亟酸。夫薄而可以旷日持久者，殆未有也。故有国畜民施政教者，臣窃以为厚之而可耳。

[注释]

[1]梁：战国时魏国。魏惠王于公元前362年迁都大梁，故称梁。　[2]陶之朱叟：即范蠡。范蠡帮助越王勾践消灭吴国后，改名换姓逃到曹国陶地（今山东定陶），经商致富，号称"陶朱公"。　[3]侔（móu）：相当。　[4]相如：相等。　[5]说：同"悦"。　[6]咫（zhǐ）：则。亟：急速。下皆同。　[7]缯（zēng）：古代丝织品的总称。

孔子说："唯上知与下愚不移。"

抑臣又窃闻之曰，有上主者，有中主者，有下主者。上主者，可引而上，不可引而下；下主者，可以引而下，不可引而上；中主者，可引而上，可引而下。故上主者，尧、舜是也，夏禹、契、后稷与之为善则行[1]，鲧、驩兜欲引而为恶则诛[2]。故可与为善，而不可与为恶。下主者，桀、纣是也[3]，虽侈、恶来进与为恶则行[4]，比干、龙逢欲引而为善则诛[5]。故可与为恶，而不可与为善。所谓中主者，齐桓公是也[6]，得管仲、隰朋则九合诸侯[7]，任竖貂、易牙则饿死胡宫[8]，虫流而不得葬[9]。故材性乃上主也，贤人必合，而不肖人必离，国家必治，无可忧者也。若材性下主也，邪人必合，贤正必远，坐而须亡耳，又不可胜忧矣。故其可忧者，唯中主耳，又似练丝，染之蓝则青，染之缁则黑[10]，得善佐则存，无善佐则亡，此其不可不忧者耳。《诗》曰："芃芃棫朴[11]，薪之槱之；济济辟王，左右趋之。"此言左右日以善趋也，故臣窃以为练左右急也[12]。

善佐对中主尤其重要。

[注释]

[1] 契（xiè）：商辛氏之子，尧时任司徒，殷的始祖。后稷：周的始祖。传说母亲姜嫄踩了巨人的脚印而怀孕，生下后稷来以为不吉祥，丢在僻野的巷道，牛马不踩踏他；丢到冰上，飞鸟用翅膀盖护他。于是再抱回来，取名叫作弃。长大后尧任他为农官，封于邰，号后稷。　[2] 鲧（gǔn）：禹的父亲，尧封为崇伯。尧派他去治水，他性情不好，胡作非为，错误地运用堙塞和阻挡的方法，九年没有成绩；又窃取上帝的至宝"息壤"，上帝派火神祝融在羽山把他杀死。驩（huān）兜：也作"讙兜"，本是神话中动物，人面鸟嘴，有翅膀，吃鱼，后变为尧时四凶之一。　[3] 桀：夏朝最后一位君主，暴君。《谥法》："贼人多杀曰桀。"纣：商朝最后一位君主，暴君。　[4] 虽侈：也作"推哆""推移"，桀的佞臣。恶来：纣的大臣。　[5] 比干：纣的伯父，忠谏被杀。龙逢（páng）：即关龙逢，纣的大臣，忠谏被囚禁而死。　[6] 齐桓公：春秋时齐国国君，五霸之一，公元前685—前643年在位，曾九次联合诸

侯,平定天下。 [7]管仲:即管子,见《审微》篇注。隰(xí)朋:齐桓公的良臣之一。 [8]竖貂:也作"竖刁",齐桓公的佞臣。管仲死后,他与易牙、开方专权,导致齐国大乱。易牙:齐桓公的佞臣。善于调味。管仲死后,他与竖貂、开方专权,导致齐国大乱。胡宫:寿宫(徐复说)。 [9]虫流:指尸体腐烂,蛆虫爬出门。 [10]缁(zī):黑色。 [11]"芃(péng)芃棫(yù)朴"以下四句:见《诗·大雅·棫朴》。芃芃,茂盛的样子。棫,木名,白桵。朴,枹木。槱(yǒu),聚积。济济,庄严恭敬的样子。辟,君。 [12]练:拣,选择。

[点评]

商朝的百姓仇恨纣王,其死后,"皆迚蹴之,蹈其腹,蹶其肾,践其肺,履其肝",表明仇恨之深。何以如此?因纣王背弃道义,骄横放纵。陶朱公断疑狱的故事,表明有国畜民施政教者当待民宽厚。人主分上中下三等,上主可与为善,不可与为恶,贤人必合,国家必治,尧、舜是也;下主可与为恶,不可与为善,邪人必合,国家必亡,桀、纣是也;中主得善佐则存,不得善佐则亡,齐桓公是也。归根结底,无论哪类君主,善佐都是最重要的。

辅佐连语[1]

大相上承大义而启治道[2],总百官之要,以调天下之宜;正身行,广教化,修礼乐,以美风俗；兼领而和一之，以合治安。故天下失宜，国家不治，则大相之任也。上执政职[3]。

大相把握大纲。

[注释]

[1]辅佐：即辅助君主治国的朝廷众官。本篇陈述了大相、大拂、大辅、道行、调讯、典方、奉常、挑师八种职官职掌的范围与职责，除了"大相"与汉代所承袭秦国中的相国略微相似，"奉常"完全相同外，其他官名则完全不同。这大概是贾谊所造官名。章太炎说："按《辅佐》篇官名，既非周制，又非汉制，是春秋新法也。当与《荀子·王制》篇互详。" [2]大相：贾谊所造官名，相当于汉朝的相国、丞相。启：开辟。 [3]执政：执掌政务的人。

大拂秉义立诚[1]，以翼上志；直议正辞，以持上行[2]；批天下之患[3]，匡诸侯之过。令或郁而不通[4]，臣或戾而不义[5]，大拂之任也。中执政职。

大拂重在纠偏。

[注释]

[1]大拂（bì）：贾谊所造官名，位低于大相，纠正君主过失，相当于汉代的御史大夫。拂，通"弼"。 [2]持：扶持。 [3]批：排除。 [4]郁：阻塞。 [5]戾（lì）：同"戾"，乖违。

大辅闻善则以献[1]，知善则以献；明号令，大辅重在理业。

正法则，颁度量，论贤良，次官职，以时巡循[2]，使百吏敬率其业[3]。故经义不衺[4]，贤不肖失序[5]，大辅之任也。下执事职[6]。

[注释]

[1]大辅：贾谊所造官名，辅佐国君督察具体执行事宜的官，大致相当于副丞相。　[2]巡循：巡视，视察。　[3]率：行，从事。　[4]经：常。衺：正。　[5]不肖：指坏人。肖，本指儿女的外貌像父母，引申为才能品德方面相像。　[6]执事：负责具体事务的专职人员。

[点评]

执政之职，大相为上，把握治理天下的大方向，重在设计。大拂为中，监督落实，重在纠过。执事为下，具体负责各个方面。综合治理，各有侧重。

道行重在礼仪。

道行典知变化[1]，以为规是非[2]，明利害；掌仆及舆马之度[3]，羽旄旌旗之制，步骤徐疾之节，春夏秋冬马之伦色[4]；居车之容，登降之礼，见规宜谕，见过则諞[5]。故职不率义，则道行之任也。

[注释]

[1]道行：贾谊所造官名，掌管出行礼法之官，相当于汉代九卿中的太仆。道，通"导"。典：主管。　[2]规：纠正。　[3]仆：

供役使的仆人。 [4]伦：类。 [5]讕：通"谰"，谏，劝告。

调讯典博闻[1]，以掌驷乘[2]，领时从[3]，比贤能[4]，天子出则为车右，坐立则为位，承圣帝之德，畜民之道。礼乐之正，应事之理，则职以箴；刑狱之衷，赏罚之诚，已诺之信，百官之经，丧祭之共，戎事之诚，身行之强，则职以谂[5]；遇大臣之敬，遇小臣之惠，坐立之端，言默之序，音声之适，揖让之容，俯仰之节，立事之色，则职以证[6]；出入不从礼，衣服不从制，御器不以度，迎送非其章，忿说忘其义，取予失其节，安易而乐湛，则职以谏。故善不彻，过不闻，侍从不谏，则调讯之任也。

调讯重在轨度。

[注释]

[1]调讯：贾谊所造官名，君主手下咨询进谏的官员。 [2]驷乘：四马拉的车，指车马。 [3]时从：即侍从。时，通"伺"，侍奉。 [4]比：原作"此"，据卢文弨本改。 [5]谂（shěn）：深谏（《说文》）。 [6]证：谏。

典方典容仪[1]，以掌诸侯、远方之君，撰之班爵、列位、轨任之约[2]，朝觐、宗遇、会同、享聘、贡职之数[3]；辨其民人之众寡，政之治乱；率德道顺[4]，僻淫犯禁之差第；天子巡狩则先循于其方。故或有功德而弗举，或有淫僻犯禁而不知，典方之任也。

典方重在外交礼仪。

[注释]

[1]典方：贾谊所造官名，主管四方交往事务的官员，相当于汉代九卿中的典客。 [2]轨任：指职责。 [3]朝觐、宗遇：诸侯四季朝见天子的名称。春曰朝，夏曰宗，秋曰觐，冬曰遇。会同：诸侯朝见天子的名称。一方诸侯朝见为会，四方诸侯朝见为同。 [4]率德：循德。

[点评]

调讯、典方负责礼仪，有所侧重。调讯重在天子的礼仪，典方重在四方诸侯的礼仪。

奉常典天[1]，以掌宗庙社稷之祀，天神地祇人鬼[2]，凡山川四望国之诸祭[3]，吉凶妖祥占相之事；序礼乐丧纪[4]，国之礼仪毕居其宜，以识宗室；观民风俗，审诗商[5]，修宪命[6]，禁邪言，息淫声；于四时之交，有事于南郊，以报祈天明[7]。故历天事不得，事鬼神不序，经礼仪人伦不正，奉常之任也。

《荀子·王制》说："修宪命，审诛赏，禁淫声，以时顺修，使夷俗邪音不敢乱雅。"

奉常重在祭祀。

[注释]

[1]奉常:掌管宗庙礼仪的官。 [2]地祇(qí):地神。 [3]四望:不能亲往就祭,遥望四方而行祭祀之仪。 [4]序:安排。丧纪:丧事。 [5]诗商:诗章。商,通"章"。 [6]修宪:二字原无,据俞樾《诸子平议》说补。 [7]报:祭。天明:天命。

祧师典春[1],以掌国之众庶,四民之序,以礼义伦理教训人民;方春三月,缓施生遂[2],动作百物,是时有事于皇考祖考[3]。

祧师重在教育。

[注释]

[1]祧(tiāo)师:负责祭祀祖先的官员。祧,远祖的庙。 [2]生遂:生长。 [3]皇考祖考:似误。《大戴礼记》作"皇祖皇考",是。

[点评]

辅佐的职官,本篇论述了八种,即大相、大拂、大辅、道行、调讯、典方、奉常、祧师,陈述了各自执掌的范围和责任,大体分为治国、执政、礼仪、外交、祭祀、时令、教育几个方面,与《周礼》的职官相似,但不见其他文献记载,是贾谊独创。

问孝(缺)

新书卷第六

礼连语[1]

昔周文王使太公望傅太子发[2]。太子嗜鲍鱼[3],而太公弗与,太公曰:"礼,鲍鱼不登于俎[4],岂有非礼而可以养太子哉?"寻常之室无奥剽之位[5],则父子不别;六尺之舆无左右之义,则君臣不明。寻常之室、六尺之舆处无礼,即上下蹐逆[6],父子悖乱,而况其大者乎!故道德仁义,非礼不成;教训正俗,非礼不备;分争辩讼,非礼不决;君臣、上下、父子、兄弟,非礼不定;宦学事师,非礼不亲;班朝治军,莅官行法[7],非礼威严不行;祷祠祭祀,供给鬼神,非礼不诚不庄。是以君子恭敬、撙节、退让以明礼[8]。

从太子的饮食须合理展开礼论。

总论礼的重要性。

可与《礼记·曲礼上》篇参看。

[注释]

[1]礼：治国以道德仁义，是贾谊的政治理想，要国治必须民安，而礼是上至人君、下至庶民的行为规范，所以治国必须用礼。道德仁义，非礼不成；君臣上下，非礼不定。礼是巩固国家、安定社稷的要道。人君守礼，有利于民，在天地间会引起善的反应，使阴阳协调，万物生长顺畅，民众安乐。本篇详细地论述了礼的各种规范及其作用，可与《容经》《礼容语下》等篇参看。　[2]周文王：姬昌。周朝的始祖，周武王的父亲。太公望：即姜尚，周文王的老师，辅佐周武王伐商，尊为"师尚父"，封于齐。太子发：周武王姬发。　[3]鲍鱼：盐腌制的鱼，味道腥臭，不用于祭祀。　[4]俎（zǔ）：盛放祭品的礼器，木制，有四足。　[5]寻常：长度单位。八尺为寻，两寻为常。奥：室中西南角。剽：通"表"（章太炎说）。　[6]踳（chuǎn）逆：乖违、颠倒。踳，通"舛"。　[7]莅官：指居官。莅，临。　[8]撙（zǔn）节：抑制，节制。

[点评]

　　太公不让太子吃鲍鱼，其事虽小，其理却大。恶不可谓小而无害，不去纠正。以礼养太子，申论礼的重要性，由生活的小事论及治国的大事，有以小见大之妙。

　　礼者，所以固国家，定社稷，使君无失其民者也。主主臣臣，礼之正也；威德在君，礼之分也；尊卑大小，强弱有位，礼之数也。礼，天子爱天下，诸侯爱境内，大夫爱官属，士庶各爱其从礼之正、礼之数、礼之至、礼之质，分论礼之用。

家，失爱不仁，过爱不义。故礼者，所以守尊卑之经、强弱之称者也。礼，天子适诸侯之宫[1]，诸侯不敢自阼阶[2]。阼阶者，主之阶也。天子适诸侯，诸侯不敢有宫，不敢为主人礼也。君惠臣忠，父慈子孝，兄爱弟敬，夫和妻柔，姑慈妇听[3]，礼之至也。君惠则不厉[4]，臣忠则不贰，父慈则教，子孝则协，兄爱则友，弟敬则顺，夫和则义，妻柔则正，姑慈则从，妇听则婉，礼之质也。

[**注释**]

[1]宫：室。《尔雅·释宫》："宫谓之室，室谓之宫。" [2]阼（zuò）阶：厅堂东面的台阶。古时宾主相见，主人立在东阶，客人从西阶走上来。 [3]姑：公婆，女子丈夫的妈妈。听：顺从。 [4]厉：通"戾"，暴；反仁为戾。

礼者，臣下所以承其上也。故《诗》云："一发五豝[1]，吁嗟乎驺虞。"驺者，天子之囿也；虞者，囿之司兽者也。天子佐舆十乘，以明贵也。二牲而食[2]，以优饱也[3]。虞人翼五豝以待一发[4]，所以复中也[5]。人臣于是所尊敬[6]，不敢以节待，敬之至也。甚尊其主，敬慎其所掌职，而志厚尽矣。作此《诗》者，以其事深见良臣顺上之志也。良臣顺上之志者，可以义矣[7]。故其叹之也长，曰"吁嗟乎"。虽古之善为人臣者，亦若此而已。

礼主尊敬。

[注释]

[1]"一发五犯（bā）"二句：见《诗·召南·驺虞》。犯，小猪。驺（zōu）虞，园林中管理禽兽的官。 [2]二牲：两只牲畜，指肴膳丰盛。 [3]优饱：充分饱。 [4]翼：围赶。 [5]复中（zhòng）：连中，指一箭射中多头小猪。 [6]于是：相当于"于其"。 [7]以：谓。

[点评]

礼的作用在于维持次序，达到和谐。这种和谐，是建立在尊卑有序、强弱有别、互敬互爱的基础之上的，正所谓"和而不同"。

礼者，所以节义而没不遐[1]。故飨饮之礼，先爵于卑贱而后贵者始羞[2]，殽膳下浃而乐人始奏[3]。觞不下遍，君不尝羞。殽不下浃，上不举乐[4]。故礼者，所以恤下也。由余曰[5]："干肉不腐，则左右亲；苞苴时有[6]，筐篚时至[7]，则群臣附；官无蔚藏[8]，腌陈时发[9]，则载其上[10]。"《诗》曰："投我以木瓜[11]，报之以琼琚；匪报也，永以为好也。"上少投之，则下以躯偿

礼主和。

矣；弗敢谓报，愿长以为好。古之蓄其下者，其施报如此。国无九年之蓄，谓之不足；无六年之蓄，谓之急；无三年之蓄，国非其国也。民三年耕，必余一年之食；九年，而余三年之食；三十岁相通，而有十年之积。虽有凶旱水溢，民无饥馑。然后天子备味而食，日举以乐[12]。诸侯食珍不失，钟鼓之县可使乐也。乐也者，上下同之。故礼，国有饥人，人主不飧；国有冻人，人主不裘；报囚之日[13]，人主不举乐。岁凶谷不登，台扉不涂，榭彻干侯[14]，马不食谷，驰道不除，食减膳，飨祭有阙。故礼者，自行之义，养民之道也。受计之礼，主所亲拜者二：闻生民之数则拜之，闻登谷则拜之。《诗》曰："君子乐胥[15]，受天之祜。"胥者，相也。祜，大福也。夫忧民之忧者，民必忧其忧；乐民之乐者，民亦乐其乐。与士民若此者，受天之福矣。

参见《礼记·王制》。

参见《礼记·曲礼下》。

礼主养民。

《孟子·梁惠王下》："乐民之乐者，民亦乐其乐；忧民之忧者，民亦忧其忧。"

[注释]

[1]逯(tà)：及。 [2]羞：珍羞，指吃美味。 [3]浃：普遍。 [4]举乐：奏乐。 [5]由余：春秋时晋人，亡命入戎，秦穆公用计使其归降。后秦用由余之计伐戎，开地千里，征服西

戎。　[6]苴(jū)：包裹物品的草包，引申指馈赠的食品。　[7]筐筥：盛放物品的竹制器皿，筐呈方形，筥呈圆形。引申指馈赠的礼物。　[8]蔚：本指草木茂盛，这里指丰富。　[9]腌陈：用盐腌制贮存备用的食物。　[10]载：通"戴"。　[11]"投我以木瓜"以下四句：见《诗·卫风·木瓜》。琼琚，佩带的玉饰。琼，美玉。琚，佩玉名。　[12]举：特指杀牲摆上丰盛的美食。《周礼·天官·膳夫》郑玄注："杀牲盛馔曰举。"《左传·庄公二十年》："司寇行戮，君为之不举。"杜预注："去盛馔。"　[13]报：判决。　[14]榭：筑在高台上的房子，这里指射箭练武的场所。彻：通"撤"。干侯：即"豻(àn)侯"，用豻皮制作的靶心。　[15]"君子乐胥"二句：见《诗·小雅·桑扈》。

[点评]

　　礼的践行，是为了养民。君主闻生民之数则拜，闻年谷丰收则拜，因为民为贵，社稷次之，君为轻。

　　礼，圣王之于禽兽也，见其生不忍见其死，闻其声不尝其肉，隐弗忍也[1]。故远庖厨，仁之至也。不合围，不掩群[2]，不射宿[3]，不涸泽。豺不祭兽[4]，不田猎；獭不祭鱼[5]，不设网罟；鹰隼不鸷[6]，罦而不逮[7]，不出楃罗[8]；草木不零落，斧斤不入山林；昆虫不蛰，不以火田；不麛[9]，不卵，不剔胎[10]，不殀夭[11]，鱼肉不入庙门，鸟兽不成毫毛不登庖厨。取之有时，用之

语本《孟子·梁惠王上》。

礼主仁。

可参《礼记·王制》和《说苑·修文》。

有节，则物蕃多。汤曰："昔蛛蝥作罟[12]，不高顺、不用命者，宁丁我网[13]。"其惮害物也如是。《诗》曰："王在灵囿[14]，麀鹿攸伏。麀鹿濯濯，白鸟翯翯。王在灵沼，于牣鱼跃。"言德至也。圣主所在，鱼鳖禽兽犹得其所，况于人民乎！

[注释]

[1]隐：恻隐，同情。忍：狠心。 [2]掩：突袭。 [3]宿：歇息的鸟兽。 [4]豺：一种肉食野兽，比狼小。祭兽：豺捕杀小兽储备过冬，四面摆开，有似祭祀时摆上祭品，故称祭兽。 [5]獭（tǎ）：水獭，一种水居小兽。祭鱼：初春时獭捕杀鱼，四面摆开，有似祭祀时摆上祭品，故称祭鱼。 [6]隼（sǔn）：一种猛禽。鸷（zhì）：攻击。 [7]睢（suī）：仰目，注视的样子。 [8]植罗：直立的网。卢文弨怀疑是"罻罗"之误。罻罗，罗网。肖旭认为作"颖罗"，"颖"读为"倾"，即今侧挂之网。 [9]麛（mí）：鹿子，泛指小兽。这里作动词，捕杀小兽。 [10]刳（kū）：剖。 [11]殀（yāo）：指杀害。夭：幼小的动物。 [12]蛛蝥（máo）：蜘蛛。 [13]宁：乃，就。丁：当，指碰上，撞上。 [14]"王在灵囿"以下六句：见《诗·大雅·灵台》。麀（yōu）鹿，母鹿。濯濯，欢快游玩的样子。翯翯，肥壮润泽的样子。牣，充满。

故仁人行其礼，则天下安而万理得矣。逮至德渥泽洽[1]，调和大畅，则天清澈[2]，地富煴[3]，物时熟；民心不挟诈贼，气脉淳化；攫啮搏拏之兽鲜[4]，毒蠚猛蚄之虫密[5]，毒山不蕃[6]，草木少薄矣。铄乎大仁之化也[7]。

仁主化，至大和。

[注释]

[1]逮：及。　[2]澈：原作"彻"，据卢文弨本改。　[3]富煴（yūn）：指富饶。　[4]拏（ná）：攫取，捉取。鲜（xiǎn）：少。　[5]蠚（zhē）：毒虫用毒刺刺人。蚄（fāng）：食谷虫（卢文弨说）。密：通"宓"，安处不妄动（章太炎说）。　[6]毒：厚。　[7]铄：美。

[点评]

本篇是礼的专论。首段用太公以礼养太子的故事阐述礼的重要意义，引用《曲礼》的文字，连用七个否定句，非礼不成，非礼不备，非礼不决，非礼不定，非礼不亲，非礼威严不行，非礼不诚不庄，强调礼对社会国家治理的重要性。第二段从礼之正、礼之分、礼之数进而论述礼之至、礼之质。后面四段论述礼对处理君臣上下的关系，礼的仁爱体现出养民之道以及对自然环境的保护，从而达到人与自然的和谐。文中四次引《诗》证礼，与历代解《诗》者不同，如《诗·召南·驺虞》"一发五豝，吁嗟乎驺虞"的诗句，解《诗》者多解释为"喻得贤者多也"，本文则从臣下所以承其上、深见良臣顺上之志作解，可见贾谊对《诗》与礼的关系有独到的见解。

容经连语[1]

志有四兴：朝廷之志，渊然清以严[2]；祭祀之志，谕然思以和[3]；军旅之志，怫然愠然精以厉[4]；丧纪之志，漻然愁然忧以湫[5]。四志形中，四色发外。维如[6]。

志色之经

《评注诸子菁华录》说："《吕氏春秋》：'艳然充盈手足矜者，兵革之色也。'"

《评注诸子菁华录》说："核字省句，剖析毫厘，刘彦和之所谓精约也。"

[注释]

[1]容经：仪容的规则。本篇前半部分记述了在各种场合下的体态仪表的规则，多为古礼，后半部分论述了礼仪的相关理论及其意义。廖平说："容经共分十六门，有韵言以便诵习。容即《汉书》徐生善为颂之颂，即容仪。此经以《洪范》五事为纲：一曰貌，二曰言，三曰视，四曰听，五曰思。以《周礼·保氏》六仪为纬：一曰祭祀之容，二曰宾客之容，三曰朝廷之容，四曰丧纪之容，五曰军旅之容，六曰车马之容。按经多详四仪，车马有专目，宾客则略。" [2]渊然：深沉的样子。 [3]谕然：颜色和顺的样子。谕，通"愉"。思：忧愁。 [4]怫然愠然：发怒的样子。精：精壮。厉：严厉。 [5]漻（liáo）然：寂静的样子。愁（chóu）然：忧愁的样子。湫（qiū）：忧愁悲伤的样子。 [6]维如：卢文弨曰此下当有缺文。维，绳索。

容有四起：朝廷之容，师师然翼翼然整以敬[1]；祭祀之容，遂遂然粥粥然敬以婉[2]；军旅之容，漍然肃然固以猛[3]；丧纪之容，怮然慼然若不还[4]。

容经

朝廷、祭祀、军旅、丧纪是国之大事。

《周礼·地官·保氏》六仪有宾客、车马两容。

[注释]
[1]师师然：庄严恭敬的样子。翼翼然：恭敬谨慎的样子。 [2]遂遂然：安舒的样子。粥（yù）粥然：敬慎恭肃的样子。 [3]漍（bì）然：整肃的样子。 [4]怮（yōu）然慼然若不还：指祭祀时忧伤去世的亲人不能回来。怮然，忧愁的样子。慼然，哀伤的样子。还，回。

[点评]
在心为志，在体为容，在面为色。朝廷、祭祀、军旅、丧纪四者，志、色、容迥然有别。

视有四则：朝廷之视，端沶平衡[1]；祭祀之视，视如有将[2]；军旅之视，固植虎张[3]；丧纪之视，下沶垂纲[4]。

视经

《评注诸子菁华录》说："语韵古峭。"

[注释]
[1]端：正直。沶：古"流"字，此指视线所向。 [2]将：奉献，进献。 [3]固植：指心志坚定。植，心志。《管子·法法》："上无固植，下有疑心。"尹知章注："植，志。"虎张：像猛虎张大眼

睛。　[4]纲：本指网上的大绳，这里特指系帽子的带子，垂在脖子下。原作"网"，据卢文弨本改。

　　言有四术：言敬以和，朝廷之言也；文言有序，祭祀之言也；屏气折声[1]，军旅之言也；言若不足，丧纪之言也。

　　言经

[注释]

[1]屏：通"摒"，憋住。折声：压低声音。

[点评]

　　朝廷、祭祀、军旅、丧纪四者，视容、言语亦迥然不同。

　　固颐正视[1]，平肩正背，臂如抱鼓，足间二寸，端面摄缨[2]，端股整足。体不摇肘曰经立[3]，因以微磬曰共立[4]，因以磬折曰肃立[5]，因以垂佩曰卑立。

　　立容

[注释]

　　[1]颐：腮，面颊。　[2]摄：结，系。缨：帽带。　[3]经立：正立。　[4]微磬：微微弯曲身体。磬，古代的一种打击乐器，形

同曲尺。共立：恭立。共，通"恭"。 [5]磬折：如磬之折，指深度弯曲身体。

坐以经立之容[1]，胻不差而足不跌[2]。视平衡曰经坐，微俯视尊者之膝曰共坐，俯首视不出寻常之内曰肃坐，废首低肘曰卑坐[3]。

坐容

[注释]

[1]坐以经立之容：指端坐不摇动手臂。 [2]胻（héng）不差：指坐时后折的小腿不斜。胻，小腿。差，斜。跌：偏差，歪斜。 [3]废：伏，偃。

行以微磬之容，臂不摇掉[1]，肩不上下，身似不则[2]，从然而任。

行容

[注释]

[1]掉：摇动。 [2]则：同"侧"。

趋以微磬之容[1]，飘然翼然[2]，肩状若沷，足如射箭。

趋容

《评注诸子菁华录》说："行迟趋速，两种形状跃然纸上。"

[注释]

[1]趋：小步快走。　[2]飘然：轻松自如的样子。翼然：如鸟展开翅膀的样子，是形容快步走时衣袖摆动的状态。

旋以微磬之容，其始动也[1]，穆如惊倏；其固复也[2]，旄如濯丝。

蹌旋之容[3]

[注释]

[1]"其始动也"二句：是说旋转始动之时，肃穆凛然之感有如震惊疾奔之倏。穆，肃穆，指有凛然之感的气氛。倏（shū），传说中一种行走迅速的奇兽。　[2]"其固复也"二句：是说旋转停止时，头发随惯性飘动，有如漂洗柔丝。固，指身体不动。复，指回到原点。旄，通"毛"，指毛发。濯丝，漂洗柔丝。　[3]蹌旋：通"盘旋"。

[点评]

立、坐、行、趋、盘旋，各有规范。

跪以微磬之容，揄右而下[1]，进左而起，手有抑扬，各尊其纪[2]。

跪容

[注释]

[1]揄：引，曳，指拖动。　[2]尊：同"遵"。纪：纲纪，指规定。

拜以磬折之容，吉事上左[1]，凶事上右，随前以举。项衡以下[2]，宁速无迟，背项之状如屋之氐[3]。

拜容

[注释]

[1]上：通"尚"，崇尚。 [2]项衡：颈项要平。 [3]氐：当是"丘"字，高坡，这里指屋脊。

拜而未起[1]。

伏容

[注释]

[1]拜而未起：卢文弨认为此条有脱文。

[点评]

跪、拜、伏三者，各有规范。

坐乘以经坐之容，手抚式[1]，视五旅[2]，欲无顾，顾不过毂。小礼动，中礼式，大礼下。

坐车之容

[注释]

[1]式：同"轼"，车前横木，即扶手。 [2]视五旅：卢文弨

认为即《曲礼》所云"立视五寯"。寯（guì），陆德明《经典释文》云车轮转一周为寯，一周一丈八尺九寸，则五寯即九丈四尺五寸，约今三十米。

立乘以经立之容，右持绥而左臂诎[1]，存剑之纬[2]，欲无顾，顾不过毂。小礼据[3]，中礼式，大礼下。

立车之容

可参《礼记·曲礼上》。

[注释]

[1]绥：系在车上的绳索，上车时作拉手用。诎：通"屈"，弯曲。　[2]存：放。纬：剑鞘上作为装饰的丝带。　[3]据：倚靠。

礼，介者不拜[1]，兵车不式。不顾不言，反抑式以应武容也。

兵车之容

[注释]

[1]介：披着铠甲。

[点评]

乘车分坐乘、立乘，各有规范。兵车虽属乘车，另有规范。

若夫立而技[1]，坐而踹[2]，体怠懈，志骄傲，趑视数顾[3]，容色不比[4]，动静不以度，妄咳唾，疾言嗟[5]，气不顺，皆禁也。

[注释]

[1]技：通"跂（qǐ）"，踮起脚。　[2]踹（pián）：脚不正。[3]趑：一本作"趡"（zào），同"躁"。　[4]比：和顺。　[5]疾：快速。嗟：叹气。

古者年九岁入就小学，蹍小节焉[1]，业小道焉[2]；束发就大学，蹍大节焉，业大道焉。是以邪放非辟，无因入之焉。谚曰："君子重袭[3]，小人无由入；正人十倍，邪辟无由来。"古之人其谨于所近乎！《诗》曰："芃芃棫朴[4]，薪之槱之；济济辟王，左右趋之。"此言左右日以善趋也。

《尚书大传》说十五始入小学，十八始入大学，与此不同。

学业循序渐进，习惯依正而行。

[注释]

[1]蹍：指履行。节：礼节。　[2]小道：指洒扫应对等方面的技艺。　[3]重（chóng）袭：本指衣上加衣，此指君子之德层层加厚。　[4]"芃（péng）芃棫（yù）朴"以下四句：见《诗·大雅·棫朴》。芃芃，茂盛的样子。棫，木名，白桵。朴，枹木。槱（yǒu），聚积。济济，庄严恭敬的样子。辟，君。

> 居有法则，动有文章，画龙点睛。

古者圣王居有法则，动有文章[1]，位执戒辅[2]，鸣玉以行。鸣玉者，佩玉也，上有双珩[3]，下有双璜[4]，冲牙蠙珠以纳其间[5]，琚瑀以杂之[6]。行以《采荠》[7]，趋以《肆夏》[8]，步中规[9]，折中矩[10]。登车，则马行而鸾鸣[11]，鸾鸣而和应[12]，声曰和，和则敬。故《诗》曰："和鸾雍雍[13]，万福攸同。"言动以纪度，则万福之所聚也。故曰：明君在位可畏，施舍可爱，进退可度，周旋可则，容貌可观，作事可法，德行可象，声气可乐，动作有文，言语有章，以承其上，以接其等。以临其下，以畜其民。故为之上者敬而信之，等者亲而重之，下者畏而爱之，民者肃而乐之，是以上下和协而士民顺一。故能宗揖其国以藩卫天子，而行义足法。夫有威而可畏谓之威，有仪而可象谓之文。富不可为量，多不可为数。故《诗》曰："威仪棣棣[14]，不可选也。"棣棣，富也。不可选，众也。言接君臣、上下、父子、兄弟、内外、大小品事之各有容志也。

> 《左传评苑》穆文熙说："威仪难并言，然不难可畏而难可象，又不徒在四体而在行事。"

[注释]

[1]文章：文采，指车服旌旗的文采。　[2]戒：警戒之命。

辅:辅佐。 [3]珩(héng):玉佩上端的一种玉饰,据《国语·晋语》韦昭注,似磬而小。 [4]璜(huáng):半璧形的玉。玉佩由三组玉系联而成,璜在左右组的末端。 [5]冲牙:玉佩由三组玉系联而成,中组中间的玉为冲,左右两边的玉为牙。蠙(pín)珠:在珩之下、冲牙之上的玉。 [6]琚瑀:在珩璜之间的玉。琚,赤色的美玉。瑀,白色的玉。 [7]《采荠》:古乐名(郑玄说)。 [8]《肆夏》:古乐名(郑玄说)。 [9]规:画圆的工具。 [10]矩:画方形或直角的工具。 [11]鸾:在车衡上悬挂的铃。 [12]和:在车轼上悬挂的铃。 [13]"和鸾雍雍"二句:见《诗·小雅·蓼萧》。雍雍,形容和谐。 [14]"威仪棣棣"二句:见《诗·邶风·柏舟》。棣棣,形容文雅而有风度。

[点评]

由礼容的具体规范论及广泛应用,上下、内外、大小品事各有容志,目的是达到上下和协。

子赣由其家来[1],谒于孔子,孔子正颜举杖,磬折而立,曰:"子之大亲毋乃不宁乎?"放杖而立,曰:"子之兄弟亦得无恙乎?"曳杖倍下行[2],曰:"妻子家中得毋病乎?"故身之倨佝[3],手之高下,颜色声气,各有宜称,所以明尊卑,别疏戚也。

孔子现身说礼。

可参《吕氏春秋·异用》。

[注释]

[1]子赣:即子贡,孔子学生端木赐的字,春秋卫国人。 [2]倍

下：背过身去。倍，通"背"。 [3]倨佝(gōu)：弯曲。

子路见孔子之背[1]，磬折举袂[2]，曰："唯由也见。"孔子闻之，曰："由也，何以遗亡也[3]？"故过犹不及，有余犹不足也。

[注释]

[1]子路：孔子学生仲由的字。 [2]袂：同"袖"，衣袖。 [3]何以遗亡也：此句遗忘的内容指在尊长的正面应该行礼，在背后就不必行礼，要免去繁文缛节。亡，通"忘"。

语曰："沉乎明王[1]，执中履衡[2]。"言秉中适而据乎宜。故威胜德则淳[3]，德胜威则施[4]。威之与德，文若缪繆[5]，且畏且怀，君道正矣。"质胜文则野，文胜质则史，文质彬彬[6]，然后君子。"

文质兼备，不过不及，方为完美。

[注释]

[1]沉：通"审"，明察。 [2]执中履衡：指处事适度公正。 [3]淳：通"憝(duì)"，恶(俞樾说)。 [4]施：通"弛"，松懈。 [5]文：交错。缪繆(jiū mò)：绳索。缪，同"纠"，三股绳。繆，绳索。 [6]彬彬：文质各占一半的样子。

龙也者，人主之辟也[1]。亢龙往而不返[2]，故《易》曰"有悔"。悔者，凶也。潜龙入而不能出，故曰"勿用"。勿用者，不可也。龙之神也，其惟兹龙乎[3]？能与细细，能与巨巨，能与高高，能与下下。吾故曰：龙变无常，能幽能章。故圣人者，在小不宝[4]，在大不窕[5]；狎而不能作，习而不能顺；姚不惛[6]，卒不妄[7]；饶裕不赢[8]，迫不自丧；明是审非，察中居宜，此之谓有威仪。

以龙为喻，变化自适，是为威仪。

[注释]

[1]辟：同"譬"，比喻。 [2]亢龙：高位之龙，在易卦中处在上爻的位置，比喻居高位而自傲的君主。亢，高。 [3]兹：此。 [4]宝：通"槐"，大。 [5]窕：小。 [6]姚：缓慢。惛：同"昏"。 [7]卒：同"猝"，仓猝。 [8]赢：满足。

[点评]

礼不可过，也不可不及，当适中称宜。孔子的故事，是行礼的典范。

古之为路舆也[1]，盖圜以象天，二十八橑以象列宿[2]，轸方以象地[3]，三十辐以象月[4]。故仰则观天文，俯则察地理，前视则睹鸾和之声，

可参《周礼·考工记·辀人》。

> 物与文相配成礼，形成教化。

侧听则观四时之运。此舆教之道也。

[注释]

[1]路舆：车。路，通"辂"。 [2]橑（liáo）：通"轑"，车盖上支撑的木条，即车盖弓。宿（xiù）：星宿。东西南北四方共有二十八宿。 [3]轸（zhěn）：车箱。 [4]辐：连接车轴心与车轮的木条。

人主大浅则知暗[1]，太博则业厌[2]，二者异失同败[3]，其伤必至。故师傅之道，既美其施，又慎其齐[4]；适疾徐，任多少；造而勿趣[5]，稍而勿苦[6]；省其所省[7]，而堪其所堪[8]。故力不劳而身大盛，此圣人之化也。

> 可参《春秋繁露·玉杯》。

[注释]

[1]大：同"太"。 [2]厌：损抑，减损。 [3]二者异失同败：是说两者其失不同，其败相同。 [4]齐：同"剂"，剂量，指份量。 [5]造：致，达到。趣：催促。 [6]稍：逐渐，指循序渐进。 [7]省（shěng）：了解。 [8]堪：承受。

[点评]

容经即是仪容之礼。本文前半部分详细地记述了志色、容、视、言、立、坐、行、趋、跘旋、跪、拜、伏、坐车、立车、兵车十五项仪容的礼节，其中志色、容、视、言四项按朝廷、祭祀、军旅、丧纪分述。后半部分论述礼容的要求、作用及其标准，礼容涉及社会生活的各个方面，即接君臣、上下、父子、兄弟、内外、大小品事之各有容志，礼容用来明尊卑，别疏戚，区别君子，圣人用礼容教化天下。这些礼容的细节及其意义，在儒家经典《仪礼》《礼记》中，都没有相关的记载，是宝贵的礼仪文献资料。

春秋连语[1]

楚惠王食寒菹而得蛭[2]，因遂吞之，腹有疾而不能食。令尹入问曰[3]："王安得此疾？"王曰："我食寒菹而得蛭，念谴之而不行其罪乎[4]，是法废而威不立也，非所闻也；谴而行其诛，则庖宰、监食者法皆当死，心又弗忍也。故吾恐蛭之见也，遂吞之。"令尹避席再拜而贺曰："臣闻'皇天无亲，惟德是辅'，王有仁德，天之所奉也，病不为伤。"是昔也，惠王之后而蛭出[5]，故其久病心腹之积皆愈。故天之视听，不可谓不察。

所谓吉人自有天相。

亦见《新序·杂事四》和《论衡·福虚》。

[注释]

[1]春秋：指春秋时期，代指历史。本篇记录了春秋时期楚惠王、卫懿公、邹穆公、宋康公、晋文公、楚怀王、齐桓公、孙叔

敖以及秦二世胡亥等人的一些历史轶事，从正反两个方面说明君主用仁德治国，就会得到人民的拥护、上天的福祐，从而逢凶化吉，国家昌盛；反之则人民背离，国家衰败。这些资料大概是贾谊作太傅时所用的教材，其目的是使君主从中汲取历史经验和教训。　[2]楚惠王：楚昭王之子，名章，春秋时楚国国君，公元前488—前432年在位。寒菹（zū）：腌菜。蛭：水蛭，环节动物，居池沼或水田中，吸食人或动物的血液，俗称蚂蟥。　[3]令尹：春秋时楚国最高的军政长官。　[4]谴：谴责，责备。行其罪：加以惩罚。　[5]后：后宫。这里指后宫的厕所。

卫懿公事《左传》闵公二年、《韩诗外传》卷七、《史记·卫康叔世家》等文献皆有记载。

民贵君轻，何况君轻民重物乎？

卫懿公喜鹤[1]。鹤有饰以文绣者，赋敛繁多而不顾其民，贵优而轻大臣[2]。群臣或谏，则面叱之。及翟伐卫[3]，寇挟城堞矣[4]。卫君垂泪而拜其臣民曰："寇迫矣，士民其勉之。"士民曰："君亦使君之贵优，将君之爱鹤，以为君战矣。我侪弃人也[5]，安能守战？"乃溃门而出走。翟寇遂入，卫君奔死，遂丧其国。故贤主者，不以草木禽兽妨害人民，进忠正而远邪伪，故民顺附而臣下为用。今释人民而爱鸟兽，远忠道而贵优笑，反甚矣。人主之为人主也，举错而不偾者[6]，杖贤也。今倍其所主而弃其所杖，其偾仆也，不亦宜乎？语曰："祸出者祸反，恶人者人亦恶之。"

管子曰[7]："不行其野[8]，不违其马。"此违其马者也。

[注释]

[1]卫懿公：春秋时卫国国君，卫惠公之子，名亦。公元前668—前661年在位。　[2]优：俳优，倡伎。　[3]翟伐卫：据《左传》闵公二年记载，在公元前660年。翟，春秋时小国，在今河南汝南一带。　[4]挟：接（俞樾说），接近。城堞：城墙。堞，城墙上的矮墙。　[5]侪（chái）：辈。弃人：被抛弃的人。　[6]偾（fèn）：仆倒，指灭亡。　[7]管子：即管仲，春秋时政治家，齐国国相，辅佐齐桓公成就霸业，有《管子》一书传世。　[8]"不行其野"二句：意思是马善识途，即使不在野外行走，也不要离开马。比喻守住根本。

[点评]

楚惠王与卫懿公，一爱民，一爱鹤，福报不同，对比鲜明。

邹穆公有令[1]，食凫雁者必以秕[2]，毋敢以粟。于是仓无秕而求易于民[3]，二石粟而易一石秕。吏以请曰："秕食雁，为无费也。今求秕于民，二石粟而易一石秕，以秕食雁，则费甚矣。请以粟食之。"公曰："去！非而所知也。夫百姓煦牛

《评注诸子菁华录》说:"穆公心中爱民,视公私如一体,盖闻孟子之言而感悟者。可见向之凶年饥岁,仓廪实、府库充而不知发者,皆有司莫以告误之也。"

可参《新序·刺奢》篇。

而耕[4],曝背而耘,苦勤而不敢堕者,岂为鸟兽也哉?粟米,人之上食也,奈何其以养鸟也?且汝知小计而不知大会[5]。周谚曰:'囊漏贮中'[6],而独弗闻与?夫君者,民之父母也,取仓之粟移之于民,此非吾粟乎?鸟苟食邹之秕,不害邹之粟而已。粟之在仓与其在民,于吾何择?"邹民闻之,皆知其私积之与公家为一体也。

[注释]

[1]邹穆公:春秋时邹国国君。邹在今山东邹城、费县、金乡县等地。 [2]食(sì):喂养。凫:鸭子。雁:鹅。秕(bǐ):瘪谷。 [3]无:原作"毋",据卢文弨校本改。 [4]煦:通"呴",即"吁",出气声。 [5]会(kuài):汇总计算。 [6]囊漏贮中:谓仓库里的口袋漏了,漏出来的东西仍在仓库里。

楚王欲淫邹君,乃遗之技乐美女四人[1]。穆公朝观,而夕毕以妻死事之孤[2],故妇人年弗称者弗蓄,节于身而弗众也。王舆不衣皮帛,御马不食禾菽,无淫僻之事,无骄燕之行[3],食不众味,衣不杂采,自刻以广民,亲贤以定国,亲民如子。邹国之治,路不拾遗,臣下顺从,若手之投心。是故以邹子之细,鲁、卫不敢轻,齐、楚不能胁。邹穆公死，邹之百姓若失慈父，行哭三月，四境之邻于邹者，士民乡方而道哭[4]，抱手而忧行。酤家不雠其酒[5]，屠者罢列而归[6]，傲童不讴歌[7]，舂筑者不相杵，妇女抉珠瑱[8]，丈夫释玦韣[9]，琴瑟无音，期年而后始复[10]。故爱出者爱反，福往者福来。《易》曰："鸣鹤在阴[11]，其子和之。"其此之谓乎！故曰：天子有道，守在四夷；诸侯有道，守在四邻。

邹穆公重民轻己，与卫懿公对比鲜明。

[注释]

[1]遗（wèi）：赠送。技乐：乐工。技，通"伎"。 [2]死事之孤：为国事而死的孤儿。 [3]燕：通"宴"，玩乐。 [4]乡方：对着邹穆公居住的方向。 [5]雠：通"售"，卖。 [6]列：解，宰割。 [7]傲：通"敖"，游。 [8]抉：去掉。珠瑱（tiàn）：镶嵌珍珠的耳饰。 [9]玦：扳指，戴在拇指上，开弓时钩住弓弦拉开弓，平时作装饰。韣（jiàn）：装弓的袋子。 [10]期（jī）年：一周年。 [11]"鸣鹤在阴"二句：见《周易·中孚》。

[点评]

邹穆公食凫雁以秕，不害民之粟，爱民如子，所以能君民合力，在诸侯国间立足。

宋康王时[1]，有爵生鹯于城之陬[2]。使史占之，曰："小而生大，必伯于天下[3]。"康王大喜。

《孔子家语·五仪解》《说苑·敬慎》记载为殷王帝辛之时，与此不同。

宋康王违天弃民，又是一比。

亦见《战国策·宋卫策》《新序·杂事四》。

《战国策评苑》引穆文熙说："治世未必无灾，乱世未必无祥。明君遇灾而惧，遇祥而不废修省，今主反是而康又其下者也。"

《战国策评苑》引钱福说："国之将亡也，则天必出妖孽以徵动之，而庸闇之主必且以为祯祥而恣其淫虐，以速成其败亡之兆，宋康是也。"

于是灭滕[4]，伐诸侯[5]，取淮之地[6]，乃愈自信，欲霸之亟成。故射天笞地[7]，伐社稷而焚之，曰威服天地鬼神；骂国老之谏者为无头之棺，以视有勇[8]；剖伛之背[9]，斮朝涉之胫[10]，国人大骇。齐王闻而伐之，民散城不守。王乃逃于郳侯之馆[11]，遂得而死。故见祥而为不可[12]，祥反为祸。

[注释]

[1]宋康王：名偃，春秋时宋国的末代国君。 [2]爵：通"雀"。鹯（zhān）：一种猛禽，似鹞，毛色青黄，常捕击斑鸠、鸽子、燕子、麻雀等为食。陬（zōu）：角落。 [3]伯：通"霸"。 [4]滕：国名，在今山东滕州西南。 [5]诸侯：《战国策》卷三十二、《新序·杂事》四皆作"薛"。 [6]淮之地：泛指淮河流域的地区。 [7]射天笞地：用箭射天，用鞭子鞭打大地，形容狂妄。 [8]视：通"示"。 [9]伛（yǔ）：驼背。 [10]斮（zhuó）：同"斫"，砍。 [11]郳侯：郳国国君，侯是爵位。郳，春秋时的小国，在今山东滕州、峄城区一带。 [12]祥：吉兆。

晋文公出畋[1]，前驱还白[2]，前有大蛇，高若堤，横道而处。文公曰："还车而归。"其御曰："臣闻祥则迎之，见妖则凌之。今前有妖，请以从吾者攻之。"文公曰："不可。吾闻之曰：天子梦恶则修道，诸侯梦恶则修政，大夫梦恶则修官，庶人梦恶则修身。若是，则祸不至。今我有失行，而天招以夭[3]，我若攻之，是逆天命也。"乃归。齐宿而请于庙曰[4]："孤实不佞，不能尊道，吾罪一；执政不贤，左右不良，吾罪二；饬政不谨，民人不信，吾罪三；本务不修，以咎百姓，吾罪四；齐肃不庄，粢盛不洁[5]，吾罪五。请兴贤遂能而章德行善，以道百姓[6]，毋复前过。"乃退而修政。居三月，而梦天诛大蛇，曰："尔何敢当明君之路！"文公觉，使人视之，蛇已鱼烂矣。文公大说，信其道而行之不解，遂至于伯。故曰：见妖而迎以德，妖反为福也。

晋文公见妖罪己，退而修政，妖反为福。

《评注诸子菁华录》说："左氏叙晋文之霸皆诸臣辅佐之功，观此则重耳亦有胜人处。"

可参《新序·杂事二》《风俗通义·怪神》。

[注释]

[1]晋文公：名重耳，晋献公之子，春秋时五霸之一，公元前636—前621年在位。畋（tián）：打猎。 [2]还白：回来说。白，说。 [3]夭：通"妖"。 [4]齐：通"斋"，一种清净身心以示虔诚的活动，不饮酒，不食荤腥，沐浴独居。宿：静居。 [5]粢盛：祭器中盛放的谷物。 [6]道：同"导"。

[点评]

宋康王见祥为不可，晋文公见妖而迎以德，祸福相反。

楚怀王好矜不让，国亡身流。

楚怀王心矜好高人[1]，无道而欲有伯王之号。铸金以象诸侯人君，令大国之王编而先马，梁王御[2]，宋王骖乘，周、召、毕、陈、滕、薛、卫、中山之君皆象使随而趋[3]。诸侯闻之，以为不宜，故兴师而伐之。楚王见士民为用之不劝也[4]，乃征役万人，且掘国人之墓。国人闻之振动，昼旅而夜乱[5]。齐人袭之，楚师乃溃。怀王逃适秦，克尹杀之西河[6]，为天下笑。此好矜不让之罪也，不亦羞乎？

[注释]

[1]楚怀王：战国时楚国国君，名槐，楚威王之子，公元前328—前299年在位。矜：骄傲。 [2]梁王：即魏王。魏惠王于公元前362年迁都大梁，故称梁。 [3]周、召、毕、陈、滕、薛、卫、中山：都是当时的小国。 [4]劝：努力。 [5]旅：排成阵列。 [6]克尹：人名，未详。西河：地名，在今陕西南部一带。

齐桓公之始伯也[1]，翟人伐燕[2]，桓公为燕北伐翟，乃至于孤竹[3]，反，而使燕君复召公之职[4]。桓公归，燕君送桓公，入齐地百六十六里。桓公问于管仲曰[5]："礼，诸侯相送，固出境乎？"管仲曰："非天子不出境。"桓公曰："然则燕君畏而失礼也,寡人恐后世之以寡人能存燕而朝之也。"乃下车,而令燕君还车,乃剖燕君所至而与之[6],遂沟以为境而后去。诸侯闻桓公之义,口不言而心皆服矣。故九合诸侯,莫不乐听;扶兴天子,莫不劝从。诚退让,人孰弗戴也?

齐桓公割境尽礼,取信于诸侯,终成霸主。

亦见《韩诗外传》卷四、《史记·齐太公世家》、《说苑·贵德》。

[注释]

[1]齐桓公:见《宗首》篇注。 [2]翟:北方少数民族部落。燕:国名,在今河北、辽宁及朝鲜北部。 [3]孤竹:古国名,在今河北卢龙县一带。 [4]召公:即姬奭(shì),周文王庶子,封邑在召,武王封于北燕。 [5]管仲:即管子,见《审微》篇注。 [6]剖:分割。

[点评]

楚怀王好矜不让,灭国亡身,齐桓公依礼割地,九合诸侯,成为霸主,有合道不合道之差。

二世胡亥之为公子[1],昆弟数人,诏置酒飨群臣,召诸子赐食先罢。胡亥下陛,视群臣陈履状善者[2],因行践败而去[3]。诸侯闻之,莫不大息。及二世即位,皆知天下之弃之也。

胡亥品性低下,不成大器,实属必然。

亦见《新序·杂事五》。

[注释]

[1]二世胡亥:秦始皇的小儿子,公元前210—前207年在

位。　[2]陈履状善者：鞋子摆放得整齐的。　[3]践败：用脚踩踏踢乱。践，原作"残"，据卢文弨本改。

孙叔敖素有阴德，取信于国人。

《评注诸子菁华录》说："仁者爱人。孙叔少时已有相臣之度，宜其匡辅楚庄为南国贤臣也。"

亦见《古列女传·孙叔敖母》《新序·杂事一》《论衡·福虚》。

孙叔敖之为婴儿也[1]，出游而还，忧而不食。其母问其故，泣而对曰："今日吾见两头蛇，恐去死无日矣。"其母曰："今蛇安在？"曰："吾闻见两头蛇者死，吾恐他人又见，吾已埋之也。"其母曰："无忧，汝不死。吾闻之，有阴德者[2]，天报以福。"人闻之，皆谕其能仁也[3]。及为令尹[4]，未治而国人信之。

[注释]

[1]孙叔敖：春秋时楚国的令尹。下文所述事《新序·杂事》一、《列女传》《论衡·福虚》篇都有记载。　[2]阴德：暗中做的善事。　[3]谕：明白，知晓。　[4]令尹：最高的行政长官，相当于后代的宰相。

[点评]

以"春秋"为题，记载了这个时期十个历史小故事，如楚惠王食寒菹得蛭，不忍加罪于人；邹穆公易粃食雁，爱民如子；晋文公遇蛇退而修政；齐桓公割地与燕；孙叔敖埋两头蛇。皆用仁德治国，或受人民拥护，或得上天护佑，因而妖反为福，国家昌盛；而宋康王射天笞地，楚怀王好矜不让，秦二世践败陈履，皆因无仁爱之心，祥反为祸，人民背弃，体现出敬天爱人的民本思想。

新书卷第七

先醒连语 [1]

怀王问于贾君曰[2]:"人之谓知道者先生,何也?"贾君对曰:"此博号也,大者在人主,中者在卿大夫,下者在布衣之士。乃其正名,非为先生也,为先醒也。彼世主不学道理,则嘿然惛于得失[3],不知治乱存亡之所由,怮怮然犹醉也[4]。而贤主者学问不倦,好道不厌,惠然独先迺学道理矣[5]。故未治也知所以治,未乱也知所以乱,未安也知所以安,未危也知所以危。故昭然先寤乎所以存亡矣。故曰'先醒',辟犹俱醉而独先发也[6]。故世主有先醒者,有后醒者,有不醒者。

以醒设喻,生动形象。

可参《韩诗外传》卷六。

[注释]

[1] 先醒：就是先觉悟。醒对醉而言，懂得国家兴衰存亡的道理为醒，反之为醉。文章用了楚庄王、宋昭公和虢公三个国君的事迹，从先醒、后醒和不醒三个方面说明认识国家兴衰存亡的道理的重要性。本篇是贾谊任梁怀王太傅时的教学资料，可与《春秋》篇参看。　[2] 怀王：汉文帝子刘揖，又名刘胜，封于梁。文帝三年（前177）立，十一年（前169）坠马死。贾君：贾谊。文帝七年（前173），贾谊二十八岁，任梁怀王太傅。君，疑为后人所改。　[3] 嘿：同"默"。惛：神志不清。　[4] 忳（zhūn）忳然：无知的样子。　[5] 惠然：敏锐的样子。惠，通"慧"。迺：通"乃"。　[6] 发：醒。

"昔楚庄王即位[1]，自静三年[2]，以讲得失[3]。乃退辟邪而进忠正，能者任事而后在高位，内领国政，辟草而施教[4]，百姓富，民恒一，路不拾遗，国无狱讼。当是时也，周室坏微，天子失制矣，宋、郑无道，欺昧诸侯。庄王围宋伐郑，郑伯肉袒牵羊，奉簪而献国。庄王曰：'古之伐者，乱则整之，服则舍之，非利之也。'遂弗受。乃与晋人战于两棠[5]，大克晋人，会诸侯于汉阳[6]，申天子之辟禁[7]，而诸侯说服[8]。庄王归，过申侯之邑[9]。申侯进饭，日中而王不食。申侯请罪曰：'臣斋而具食甚洁，日中而不饭，臣敢请罪。'庄王喟然叹曰[10]:'非子之罪也!吾闻之曰:其君贤君也,而又有师者王;其君中君也,而有师者伯[11];其君下君也,而群臣又莫若者亡。今我下君也,而群臣又莫若不穀[12],恐亡有也[13]。吾闻之,世不绝贤。天下有贤,而我独不得,若吾生者,何以食为?'故庄王战服大国,义从诸侯,戚然忧恐,圣智在身,而自错不肖[14],思得贤佐,日中忘饭,可谓明君矣。此之谓'先寤所以存亡',此先醒者也。

《尚书·仲虺之诰》说:"能自得师者王,谓人莫己若者亡。"

楚庄王安不忘危,忧患在先,是为先醒。

可参《荀子·尧问》《新序·杂事一》《说苑·君道》。

[注释]

[1]楚庄王:春秋时楚国国君,名侣,公元前613—前591年在位,五霸之一。 [2]静:静居。 [3]讲:论。 [4]辟草:开垦土地。 [5]两棠:即狼汤,郑地(陈奇猷《吕氏春秋校释》说)。 [6]汉阳:地名,汉水的北面。 [7]辟:法。 [8]说:同"悦"。 [9]申侯:申国国君。申,春秋时小国,侯爵,在今河南南阳一带。 [10]喟然:叹息的样子。 [11]伯:通"霸"。 [12]不穀:古代君王对自己的谦称。 [13]亡有:无有,指无有国家。 [14]错:置。不肖:不才。

[点评]

先醒是比喻。先醒之人能先悟得何以存亡的道理,楚庄王即是其人。

《评注诸子菁华录》说:"《左氏传》《史记·宋微子世家》均言宋昭公为公子鲍所弑,无出亡复国事。春秋时国失而复存者,惟楚之昭王,此作宋昭公者,殆传写之讹也。"

宋昭公亡而寤存,是为后醒。

亦见《韩诗外传》卷六、《新序·杂事五》。

"昔宋昭公出亡至于境[1],喟然叹曰:'呜呼!吾知所以存亡!吾被服而立,侍御者数百人,无不曰吾君丽者;吾发政举事,朝臣千人,无不曰吾君圣者。外内不闻吾过,吾是以至此,吾困宜矣。'于是革心易行,衣苴布[2],食粺飧[3],昼学道而夕讲之。二年,美闻于宋。宋人车徒迎而复位,卒为贤君,谥为昭公。既亡矣,而乃寤所以存,此后醒者也。

[注释]

[1]宋昭公:春秋时宋国国君。宋国有二昭公,一名杵臼,宋成公之少子,公元前619—前611年在位,因无道被弑。据《韩诗外传》记载,这里昭公应是昭公得,其事迹不详。 [2]苴布:粗麻布。苴,麻。 [3]粺:音义未详,卢文弨怀疑是豆食的余屑。飧(jùn):剩饭。

"昔者虢君骄恣自伐[1],谄谀亲贵,谏臣诘逐[2],政治踳乱[3],国人不服。晋师伐之,虢人不守,虢君出走,至于泽中,曰:'吾渴而欲饮。'其御乃进清酒[4]。曰:'吾饥而欲食。'御进股脯、粱糗[5]。虢君喜曰:'何给也?'御曰:'储之久矣。'曰:'何故储之?'对曰:'为君出亡而道饥渴也。'君曰：'知寡人亡邪？'对曰：'知之。'曰：'知之何以不谏？'对曰：'君好谄谀而恶至言[6]，臣愿谏，恐先虢亡。'虢君作色而怒。御谢曰：'臣之言过也。'为间[7]，君曰：'吾之亡者，诚何也？'其御曰：'君弗知耶？君之所以亡者，以大贤也。'虢君曰：'贤，人之所以存也。乃亡，何也？'对曰：'天下之君皆不肖，夫疾吾君之独贤也，故亡。'虢君喜，据式而笑曰[8]：'嗟！贤固若是苦耶！'遂徒行而于山中居，饥倦，枕御膝而卧。御以块自易[9]，逃行而去。君遂饿死，为禽兽食。此已亡矣，犹不悟所以亡，此不醒者也。

《评注诸子菁华录》说："妙语解颐。"

虢君亡而不知亡，是为不醒。

亦见《韩诗外传》卷六、《新序·杂事五》。

[注释]

[1]虢（guó）：春秋时的小国，在今河南三门峡和山西平陆县一带，公元前655年被晋国消灭。伐：夸耀。 [2]诘：指责。 [3]蹲：同"舛"。 [4]御：驾车的人。清酒：与浊酒相对，经过过滤的酒。 [5]腶（duàn）脯：一种加生姜、桂花捶打制成的干肉。粱：一种好粟米。原作"梁"，据卢文弨本改。糗（qiǔ）：干米粉。 [6]至言：直言。 [7]为间：过了不久。 [8]式：通"轼"，车前的扶手。 [9]块：土块。易：替换。

"故先醒者，当时而伯；后醒者，三年而复；

不醒者，枕土而死，为虎狼食。呜呼！戒之哉！"

亦见《韩诗外传》卷六。

[点评]

醒指觉悟。所悟者，治国之道。以三位国君为例，阐述先醒、后醒和不醒治国的做法与结果。楚庄王圣智在身而自错不肖，任用贤能，从而战服大国，义从诸侯，当时而霸，先悟所以存亡，是先醒者。宋昭公能知其所以亡，革心易行，三年而复，成为贤君，既亡而悟所以存，是后醒者。虢君骄恣自伐，拒用贤能，枕土而死，为虎狼食，已亡犹不悟所以亡，是不醒者。《连语》篇分上主、中主、下主，可与此相参。

耳痹连语[1]

窃闻之曰：目见正而口言枉则害[2]，阳言吉错之民而凶则败[3]，倍道则死[4]，障光则晦[5]，无神而逆人[6]，则天必败其事。

天人合一。

[注释]

[1]耳痹：耳朵麻痹，比喻听不进忠言。文中用伍子胥为父亲报仇、勾践灭吴的历史故事，说明欺罔神灵、违背人道受到上天的惩罚，天在高处，但视听在下，不可不谨慎。表现出浓重的天人相应观念。本篇是贾谊作太傅时所用的教学资料，旨在用天人谴告说教导梁怀王敬天爱人。 [2]枉：不正。 [3]阳：通"佯"。错：

通"措"。　[4]倍：通"背"。　[5]晦：昏暗。　[6]无：悔。

故昔者楚平王有臣曰伍子胥[1]，王杀其父而无罪，奔走而之吴，曰："父死而不死，则非父之子也。死而非补，则过计也。与吾死而不一明，不若举天地以成名。"于是纡身而不囗[2]，适阖闾[3]，治味以求亲[4]。阖闾甚而安之[5]，说其谋[6]，果其举，反其听[7]，用而任吴国之政也。民保命而不失，岁时熟而不凶，五官公而不私，上下调而无尤，天下服而无御[8]，四境静而无虞[9]。然后，忿心发怒，出凶言，阴必死[10]，提邦以伐楚。五战而五胜，伏尸数十万，城郢之门[11]，执高库之兵[12]，伤五藏之实[13]，毁十龙之钟，挞平王之墓[14]。昭王失国而奔[15]，妻生虏而入吴。故楚平王怀阴贼[16]，杀无罪，殃既至此矣。

吴国重用伍子胥，楚平王反此。

可参《史记·伍子胥列传》《说苑·奉使》《吕氏春秋·首时》《淮南子·泰族训》等篇记载。

[注释]

[1]楚平王：名居，春秋时楚国国君，公元前528—前516年在位。伍子胥：名员。他的父兄被楚平王杀死，他逃到吴国，辅佐吴王阖闾五战攻破楚国国都，掘平王墓，鞭其尸。后又辅佐夫差大败越国，因夫差听信谗言，被逼自杀。其事《史记》记载较详。　[2]纡（yū）：屈，曲。不囗：卢文弨云别本"不"作

"乃"。无空字，连下句读。　[3] 阖闾：名光，春秋末年吴国国君，公元前514—前496年在位。　[4] 治味：烹调美味。　[5] 甚：重，指看重。　[6] 说：同"悦"。　[7] 反其听：不听之以耳而听之以心，指用心听取意见。听，原作"德"，据卢文弨校本改。　[8] 御：治理。　[9] 虞：忧。　[10] 阴必死：暗暗下定必死的决心。　[11] 郢：春秋时楚国国都，在今湖北江陵县纪南城。　[12] 执："蓻"字之讹，烧（刘师培《贾子新书补释》说）。高库：高库为藏粟藏兵之所（章太炎《贾子义抄》说）。　[13] 五藏：五种仓库，包括车库、兵库、祭器库、乐器库、宴器库（李尔钢《新书全译》说）。　[14] 挞：鞭打。　[15] 昭王：楚昭王，名珍，楚平王之子，公元前515—前489年在位。　[16] 阴贼：内心狠毒。

[点评]

伍子胥为报父仇，投吴击楚，鞭楚平王之墓，实因平王杀无罪，无神而逆人。

《史记评林》茅坤说："子胥忿恚若是，则其在当时处君臣上下之间必多不当于道矣，此谗之所由兴也。"

子胥发郁冒忿[1]，辅阖闾而行大虐。还十五年，阖闾没而夫差即位[2]，乃与越人战江上，栖之会稽[3]。越王之穷至乎吃山草，饮腑水[4]，易子而食。于是履跣戴璧[5]，号啥告毋罪[6]，呼皇天，使大夫种行成于吴王[7]。吴王将许，子胥曰："不可！越国之俗，勤劳而不愠，好乱而无礼，溪徼而轻绝[8]，好诅而倍盟[9]。放此类者，鸟兽之俦徒，狐狸之丑类也[10]，生之为患，杀之无咎，请无与成。"大夫种拊心嗥啼，沫泣而言信，割白马而为牺，指九天而为证，请妇人为妾，大夫为臣，百世名宝因闲官为积，孤身为关内诸侯，世为忠臣。吴王不忍，缩师与成，还，谋而伐齐。子胥进争不听，忠言不用。越既得成，称善累德以求民心[11]。于是上帝降祸，绝吴命乎直江[12]。君臣乖而不调，置社稷而分裂，容台振而掩败[13]，犬群嗥而入渊，彘衔蓰而适奥[14]，燕雀剖而蚖蛇生[15]，食蘆菹而蛭口[16]，浴清水而遇蛋[17]。伍子胥见事之不可为也，何笼而自投水[18]，自抉而珥东门[19]，身鸱夷而浮江[20]。怀贼行虐[21]，深报而殃不辜，祸至乎身矣！越于是果逆谋负约，袭邦刿夫差[22]，兼吴而拊[23]。事济功成，范蠡负石而蹈五湖[24]，大夫种絮领谢室[25]，渠如处车裂回泉[26]。自此之后，勾践不乐，忧悲荐至[27]，内崩而死。

可参《淮南子·览冥训》。

吴王夫差终败于越，不听伍子胥之故。

[注释]

[1]发郁冒忿：发泄积压的愤怒。 [2]夫差：春秋时吴国最后一位国君，阖闾之子，公元前495—前473年在位。 [3]会稽：

山名，在今浙江绍兴东南。　　[4]腑：同"腐"（俞樾说）。　　[5]甓（pì）：砖。戴璧：谓置璧于神前。　　[6]号唫：哭诉。唫，通"吟"。　　[7]大夫种：文种，越国大夫，与范蠡辅佐勾践灭吴，被勾践赐剑自杀。行成：构和。　　[8]溪徼：刻薄。　　[9]诅：盟誓。　　[10]丑：类。　　[11]称：通"再"，并举，有积累之义（俞樾说）。　　[12]直江：刘师培疑是"胥江"之讹。胥江，在今浙江北部。　　[13]容台：行礼容之台（高诱说）。振：通"震"。掩败：倒塌。　　[14]奥：室的西南角，为尊者之位。　　[15]蚖（wán）蛇：一种毒蛇。　　[16]蘆菹：以芦笋为菹。蘆，"芦"的俗字（王耕心说）。菹，腌菜。蛭：蚂蟥。　　[17]虿（chài）：蝎子一类毒虫。　　[18]何：同"荷"，背负。笼：竹筐。　　[19]抉：剜，挖出。珥：珠玉耳饰，这里用作动词，悬挂。　　[20]鸱夷：皮革口袋。　　[21]虐：原作"逆"，据吉府本改。　　[22]剉（cuò）：折伤。　　[23]拊：拊循，指占有。　　[24]五湖：说法不一，按《国语·越语》韦昭注，指太湖以及附近的胥湖、蠡湖、洮湖、滆湖。　　[25]絷（bié）：结。谢室：即"请室"，关押犯罪官员之处。　　[26]渠如：即皋如，《吴越春秋》作"句如"，越国大夫。回泉：地名，未详。　　[27]荐：重。

故天之诛伐，不可为广虚幽间[1]，攸远无人，虽重袭石中而居[2]，其必知之乎！若诛伐顺理而当辜，杀三军而无咎；诛杀不当辜，杀一匹夫，其罪闻皇天。故曰：天之处高，其听卑，其牧芒[3]，其视察。故凡自行，不可不谨慎也。

皇天无亲，唯德是辅。

[注释]

[1]广虚幽间：指空旷幽深。　　[2]重（chóng）袭：犹重重，

层层，二字同义。　[3] 牧：察（《方言》卷十二）。芒：通"荒"，广远。

[点评]

痹为感觉迟钝，耳痹比喻听不进忠言。伍子胥为父报仇，致楚昭王失国，吴先胜越，越王勾践终灭吴，皆因不能听用忠言所致。古人认为天有神灵，监察人间，欺罔神灵、违背天道者必将受到惩罚。从天人感应生出天人谴告说，提醒当政者敬天爱民。

谕诚连语[1]

汤见设网者四面张，祝曰[2]："自天下者，自地出者，自四方至者，皆罗我网[3]。"汤曰："嘻！尽之矣！非桀其孰能如此？"令去三面，舍一面，而教之祝曰："蛛蝥作网[4]，今之人修绪[5]。欲左者左，欲右者右，欲高者高，欲下者下。吾请受其犯命者。"士民闻之，曰："汤之德及禽兽矣，而况我乎？"于是下亲其上。

商汤至诚，德及禽兽，民众亲附。

亦见《史记·殷本纪》《新序·杂事五》《吕氏春秋·异用》。

[注释]

[1] 谕诚：显示诚心让人知道。文中记述商汤、楚昭王、周文王、豫让四人五则故事，说明人主应该用诚心对待士民，士民才

能亲近君上，信任君上，为君上所用。本篇是贾谊作太傅时所用的教学资料。　[2]祝：祷告。　[3]罗：通"罹"，遭遇。　[4]蛛蝥（máo）：蜘蛛。　[5]修：重习，指重复做。绪：事。

楚昭王当房而立[1]，愀然有寒色[2]，曰："寡人朝饥馑时，酒二酖[3]，重裘而立，犹憯然有寒气[4]，将奈我元元之百姓何[5]？"是日也，出府之裘以衣寒者，出仓之粟以赈饥者。居二年，阖闾袭郢[6]，昭王奔隋[7]。诸当房之赐者，请还，至死之寇。阖闾一夕而十徙卧，不能赖楚[8]，曳师而去。昭王乃复，当房之德也。

楚昭王至诚，惠及百姓。

[注释]

[1]楚昭王：见《耳痹》篇注。　[2]愀（qiǎo）然：忧愁的样子。　[3]酖：同"觛（dàn）"，酒杯。　[4]憯（cǎn）然：痛苦的样子。　[5]元元：可怜爱的样子（《史记·孝文帝本纪》索隐引顾野王说）。　[6]阖闾：名光，春秋末年吴国国君，公元前514—前496年在位。郢：春秋时楚国国都，在今湖北江陵纪南城。　[7]隋：春秋时的一个小国，在今湖北随州一带。　[8]赖：取。

[点评]

汤德及禽兽，楚昭王德及百姓，皆是诚心显示，所以深受民众爱戴。

昔楚昭王与吴人战。楚军败，昭王走，屦决眦而行[1]，失之，行三十步，复旋取屦。及至于隋，左右问曰："王何曾惜一踦屦乎[2]？"昭王曰："楚国虽贫，岂爱一踦屦哉？思与偕反也。"自是之后，楚国之俗无相弃者。

楚昭王至诚，思与偕反。

[注释]

[1]屦（jù）：用麻、葛制成的鞋子。决眦：开了口子。眦，本指眼眶，这里指裂口。原作"背"，据卢文弨校本改。 [2]踦（qī）：单。

文王昼卧[1]，梦人登城而呼己曰："我东北陬之槁骨也[2]，速以王礼葬我。"文王曰："诺。"觉，召吏视之，信有焉。文王曰："速以人君礼葬之。"吏曰："此无主矣，请以五大夫[3]。"文王曰："吾梦中已许之矣，奈何其倍之也？"士民闻之，曰："我君不以梦之故而倍槁骨[4]，况于生人乎！"于是下信其上。

文王至诚，践行梦诺，取信于民。

[注释]

[1]文王：周文王姬昌。 [2]陬（zōu）：角落。 [3]五大夫：周朝官名，爵位为第九级。此指五大夫礼。 [4]倍：背弃。

豫让事中行之君[1]，智伯灭中行氏，豫让徙事智伯[2]。及赵襄子破智伯[3]，豫让剂面而变容[4]，吞炭而为哑，乞其妻所而妻弗识，乃伏刺襄子，五起而弗中。襄子患之，食不甘味，一夕而三易卧，见不全身。人谓豫让曰："子不死中行而反事其雠，何无耻之甚也？今必碎身糜躯以为智伯[5]，何其与前异也？"豫让曰："我事中行之君，与帷而衣之，与关而枕之[6]。夫众人畜我，我故众人事之。及智伯，分吾以服衣，馅吾以鼎实，举被而为礼[7]。是以国士遇我，我故国士报之。"故曰："士为知己者死，女为悦己者容。"非冗言也[8]，故在主而已。

《史记评林》陆瑞家说："智伯平生无一长可取，然亦能得豫让。"

《战国策评苑》苏辙说："豫让为旧君报赵襄子，有古复仇之义。"

豫让报仇，为知己者死，亦是至诚。

亦见《说苑·复恩》《吕氏春秋·不侵》《吕氏春秋·恃君》。

[注释]

[1]豫让：见《阶级》篇注。中行（háng）：见《阶级》篇注。 [2]智伯：智伯瑶，晋国六卿之一。 [3]赵襄子：晋国六卿之一，他与韩、魏瓜分了晋国，史称"三家分晋"。 [4]剂：割。 [5]糜：通"靡"，粉碎。原作"縻"，据卢文弨本改。 [6]关：门栓，形容器用粗陋。 [7]被：当为"袂"（陶鸿庆说）。 [8]冗：多余。

[点评]

本篇以"谕诚"为题，引汤王德及禽兽、楚昭王当房之德和取屦、文王不背诺言、豫让为智伯报仇的故事，涉及待民、待臣、待物，论证君上以诚心对待臣下，臣下亲附君上的必要性，体现出民本思想。诚信是社会文明的标志之一。

退让 连语[1]

梁大夫宋就者[2]，为边县令，与楚邻界。梁之边亭与楚之边亭皆种瓜[3]，各有数。梁之边亭劬力而数灌[4]，其瓜美。楚窳而希灌[5]，其瓜恶。楚令固以梁瓜之美，怒其亭瓜之恶也。楚亭恶梁瓜之贤己[6]，因夜往，窃搔梁亭之瓜[7]，皆有死焦者矣。梁亭觉之，因请其尉[8]，亦欲窃往，报搔楚亭之瓜。尉以请，宋就曰："恶！是何言也！是讲怨分祸之道也[9]。恶！何称之甚也！若我教子，必诲莫令人往[10]，窃为楚亭夜善灌其瓜，令勿知也。"于是梁亭乃每夜往，窃灌楚亭之瓜。楚亭旦而行瓜[11]，则此已灌矣。瓜日以美，楚亭怪而察之，则乃梁亭也。楚令闻之大悦，具以闻。楚王闻之，怨然丑以志自惛也[12]，告吏曰："微搔瓜[13]，得无他罪乎？"说梁之阴让也[14]，

《评注诸子菁华录》说："'边'字为通篇之眼，盖以下文字都从此生出也。"

《评注诸子菁华录》说："以上皆是阴让事，至此点睛。"

《评注诸子菁华录》说："效尤，祸也，《左氏》所以屡言之。"

乃谢以重币[15]，而请交于梁王。楚王时则称说梁王以为信，故梁、楚之欢由宋就始。语曰："转败而为功，因祸而为福。"老子曰[16]："报怨以德。"此之谓乎？夫人既不善，胡足效哉？

[注释]

[1]退让：是中国古代文化以柔弱胜刚强的一种策略。文中记述梁亭和楚亭在边界种瓜发生纠纷，宋就以退让构欢以及翟使使楚的故事，说明退让能"转败而为功，因祸而为福"。本篇是贾谊作太傅时所用的教学资料。 [2]梁：战国时魏国。魏惠王于公元前362年迁都大梁，故称梁。宋就：人名，事迹不详。 [3]亭：供行人停留食宿的处所。古制，十里一亭。此为在边境上作警戒守候之用。 [4]劬（qú）力：勤劳。数（shuò）：多次。 [5]窳（yǔ）：懒惰。 [6]贤：胜，超过。 [7]搔：抓挠，指破坏。 [8]尉：县尉，主管军事及治安。 [9]讲：通"构"，别本作"构"，结成。 [10]诲：教。莫：同"暮"，夜晚。 [11]行：察（徐复说）。 [12]恕：推己及人，指反思。丑：惭愧。志：知。惛：糊涂。 [13]微：除了……之外。 [14]说：通"悦"。阴：暗地里。 [15]币：礼物。 [16]老子：即老聃（dān），见《审微》篇注。

翟王使使至楚[1]。楚王欲夸之[2]，故飨客于章华之台上[3]。上者三休，而乃至其上。楚王曰："翟国亦有此台乎？"使者曰："否。翟，䙝国也[4]，恶见此台也？翟王之自为室也，堂高三尺，壤陛三累[5]，茆茨弗剪[6]，采椽弗刮[7]。且翟王犹以作之者大苦，居之者大佚，翟国恶见此台也！"楚王愧。

翟王退处下守柔，夫唯不争，故无与争。

[注释]

[1]翟：春秋时小国，在今河南汝南县一带。 [2]楚王：楚灵王，初名围，即王位后改名虔。楚共王的儿子，楚康王的弟弟，杀了侄儿楚郏敖自立。公元前540—前529年在位。 [3]飨：宴请。章华之台：亦名乾溪台，又称汝阳台。 [4]窶（jù）：穷。 [5]累：同"累"，层。 [6]茆茨：用芦苇、茅草盖的屋顶。茆，同"茅"。 [7]采椽：栎木椽子。

[点评]

退让就谋略而言，是为了更好地前进。儒家讲谦让，温、良、恭、俭、让是孔子的五德。道家讲守柔、居下，既是谦让，也是谋略。楚国与梁国在边亭种瓜，梁国报怨以德，结梁、楚之欢，是老子所说的谦让。楚王夸耀章华之台，翟王使者自谦不如，以俭为荣，似乎是谦让，却是一种坚守。两相比较，柔弱处上，刚强处下。

君道连语[1]

纣作梏数千[2]，睊诸侯之不谄己者[3]，杖而梏之，文王桎梏囚于羑里[4]，七年而后得免。及武王克殷[5]，既定，令殷之民投撤桎梏而流之于河。民输梏者，以手撤之，弗敢坠也；跪之入水，弗敢投也。曰："昔者文王狱常拥此[6]。"故爱思文王，犹敬其梏，况乎其法教乎！

> 文王为君之道与纣王对比。

[注释]

[1]君道：为君之道，即治国之道。文中记述两则周文王受到人民拥戴的轶事，说明为君应当具有圣王的德行，为人民的父母，才能达到君民关系的最佳境界。本篇是贾谊作太傅时所用的教学资料。 [2]纣：见《连语》篇注。梏（gù）：木制手铐。 [3]睨（nì）：斜视。谄（chǎn）：巴结，讨好。 [4]桎（zhì）：木制脚镣。羑（yǒu）里：地名，在今河南汤阴县北。 [5]克：战胜。 [6]狱：原作"鬻"，据卢文弨校本改。

《诗》曰："济济多士[1]，文王以宁。"言辅翼贤正，则身必已安也。又曰："弗识弗知[2]，顺帝之则。"言士民说其德义，则效而象之也。文王志之所在，意之所欲，百姓不爱其死，不惮其劳，从之如集。《诗》曰："经始灵台"[3]，"庶民攻之，不日成之。经始勿亟，庶民子来"。文王有志为台，令近规之[4]，民闻之者麇裹而至[5]，问业而作之，日日以众。故弗趋而疾，弗期而成。命其台曰灵台，命其囿曰灵囿，谓其沼曰灵沼，爱敬之至也。《诗》曰："王在灵囿[6]，麀鹿攸伏，麀鹿濯濯，白鸟皜皜。王在灵沼，于牣鱼跃。"文王之泽下被禽兽，洽于鱼鳖，咸若攸乐[7]，而况士民乎！

以"灵"为名，爱敬之至。

[注释]

[1]"济济多士"二句：见《诗·大雅·文王之什·文王》。济济，威仪很盛的样子。 [2]"弗识弗知"二句：见《诗·大雅·文王之什·皇矣》。则，法。 [3]"经始灵台"二句：见《诗·大雅·文王之什·灵台》。灵台，周文王所建台名。《毛传》解释说："神之精明者称灵，四方而高者曰台。" [4]近：当作"匠"（俞樾说）。 [5]麇（jūn）：群。 [6]"王在灵囿"二句：见《诗·大雅·文王之什·灵台》。麀（yōu）鹿，母鹿。濯濯，欢快游玩的样子。皜皜，毛羽洁白润泽丰满的样子。牣，充满。 [7]若：顺。

《诗》曰："恺悌君子[1]，民之父母。"言圣王之德也。《易》曰："鸣鹤在阴[2]，其子和之。"言士民之报也。《书》曰："大道亶亶[3]，其去身不远，人皆有之，舜独以之[4]。"去射而不中者，不求之鹄[5]，而反修之于己。君国子民者，反求

舜为圣君，又与文王作比。

之己，而君道备矣。

[注释]

[1]"恺悌君子"二句：见《诗·大雅·生民之什·泂酌》。《毛传》："召康公戒成王。"恺悌，德长且大（《吕氏春秋·不屈》）。　[2]"鸣鹤在阴"二句：见《易·中孚》。　[3]亶亶：通"坦坦"，平坦。　[4]以：用。　[5]鹄（gǔ）：靶心。

[点评]

为君之道，当具圣王之德。周文王泽被禽兽，故下民爱戴，因敬其人，故敬其梏。文王是君主的榜样，能反身修己，则备君道。文章引经据典，说理透彻。

新书卷第八

官人连语[1]

王者官人有六等[2]:一曰师,二曰友,三曰大臣,四曰左右,五曰侍御,六曰厮役[3]。知足以为源泉,行足以为表仪;问焉则应,求焉则得;入人之家足以重人之家,入人之国足以重人之国者,谓之师。知足以为砻砺[4],行足以为辅助,仁足以访议;明于进贤,敢于退不肖;内相匡正,外相扬美者,谓之友。知足以谋国事,行足以为民率,仁足以合上下之欢;国有法则退而守之,君有难则进而死之;职之所守,君不得以阿私托者,大臣也。修身正行不怃于乡曲[5],道语谈说不怃于朝廷;智能不困于事业,服一介之使,能

《评注诸子菁华录》说:"总提。"

合两君之欢；执戟居前，能举君之失过，不难以死持之者，左右也。不贪于财，不淫于色；事君不敢有二心，居君旁不敢泄君之谋；君有失过，虽不能正谏，以其死持之，憔悴有忧色，不劝听从者，侍御也。柔色伛偻[6]，唯谀之行，唯言之听，以睚眦之间事君者[7]，厮役也。故与师为国者帝，与友为国者王，与大臣为国者伯[8]，与左右为国者强，与侍御为国者若存若亡，与厮役为国者亡可立待也[9]。

《评注诸子菁华录》说："分应。"

《评注诸子菁华录》说："总结。"

[注释]

[1]官人：以官职任人。《尚书·皋陶谟》说："知人则哲，能官人。"文中论述选取师、友、大臣、左右、侍御、厮役六等人的客观标准以及取用的礼节。徐复观《两汉思想史》说："《新书·官人篇》，这是把战国时期如何能合理行使政权的各种想法，加以组织而作集约的系统的表现。"本篇是贾谊作太傅时所用的教学资料，可与《辅佐》《傅职》《保傅》等篇参看。　[2]六等：徐复观说："此六等，不是爵位上的等级，而是随才能品格而来的所能尽的责任上的等级。"　[3]厮役：仆役，杂役。　[4]砻砺（lóng lì）：磨砺。　[5]怎（zuò）：同"怍"，惭愧。乡曲：乡里。　[6]伛偻（yǔ lǚ）：弯腰，形容恭顺的样子。　[7]睚眦（yá zì）：眼边，这里指脸色。睚，眼边。眦，同"眥"，眼眶。　[8]伯：通"霸"。　[9]立待：站着等待，形容快速。

[**点评**]

人存政举，人亡政息，说的是用人的重要性。王者按师、友、大臣、左右、侍御、厮役六等用人，治国当取其上者。

取师之礼，黜位而朝之[1]。取友之礼，以身先焉。取大臣之礼，皮币先焉[2]。取左右之礼，使使者先焉。取侍御之礼，以令至焉。取厮役之礼，以令召矣。师至，则清朝而侍，小事不进。友至，则清殿而侍，声乐技艺之人不并见。大臣奏事，则俳优侏儒逃隐[3]，声乐技艺之人不并奏。左右在侧，声乐不见。侍御者在侧，子女不杂处。故君乐雅乐[4]，则友、大臣可以侍；君乐燕乐[5]，则左右、侍御者可以侍；君开北房从薰服之乐[6]，则厮役从。清晨听治，罢朝而论议，从容泽燕[7]。夕时开北房，从薰服之乐。是以听治论议，从容泽燕，矜庄皆殊序[8]，然后而帝王之业可得而行也。

天地君亲师，师关联道统、政统、学统，故黜位而朝之。

[**注释**]

[1]黜：退。 [2]皮币：泛指礼品。皮，羊皮。币，丝帛。 [3]俳优侏儒：供娱乐的歌舞杂技艺人。逃隐：躲避。 [4]雅乐：正乐，祭祀天地宗庙及朝见时所用。 [5]燕乐：宴饮宾客时所用的乐

曲。　[6]北房：古代房屋之制，前为堂，后为寝。北房即寝室北边的房间。薰服之乐：一种杂乐，男女反串表演时所用。　[7]泽燕：喜乐，欢悦（肖旭说）。　[8]矜庄：庄重，严肃。矜，矜持。

［点评］

《礼记·中庸》说："其人存，其政举。"充分说明了用人的重要性。按师、友、大臣、左右、侍御、厮役六等用人，是区分国君能否治理好国家的标准。这六等人才智各有高下，在于国君如何运用。与师为国者帝，与友为国者王，与大臣为国者伯，与左右为国者强，与侍御为国者若存若亡，与厮役为国者亡可立待。对待这六等人各有礼节，尊卑有序，有利于帝王之业顺利推行。

劝学连语[1]

谓门人学者，舜何人也？我何人也？夫启耳目，载心意，从立移徙[2]，与我同性。而舜独有贤圣之名、明君子之实，而我曾无邻里之问、宽徇之智者[3]，独何与？然则舜俛俛而加志[4]，我儃儃而弗省耳[5]。

性相近，习相远。

［注释］

[1]劝学：勉励学习。根据文中提到的"夫子"，章太炎、刘师培认为指张苍，那么本篇应当是贾谊向张苍学习时所记的笔

记。文中用舜、老聃这些古代圣贤鼓励学子们抓紧时机努力学习，圣贤与普通人的区别，并不在于生性不同，而是后天学习的差异。　[2]从立移徙：跟从、站立、移动。　[3]问：通"闻"。宽徇：广博敏捷。　[4]僶俛（mǐn miǎn）：也作"黾俛""僶勉"，勤奋努力，不倦怠。　[5]儃僈（dàn màn）：也作"谵谩""澶漫"，放纵安逸。省（xǐng）：检查，反省。

夫以西施之美而蒙不洁[1]，则过之者莫不睨而掩鼻[2]。尝试傅白臙黑[3]，榆铗陂[4]，杂芷若[5]，虿虱视[6]，益口笑，佳能佻志[7]，从容为说焉。则虽王公大人，孰能无悇憛养心而巅一视之[8]？今以二三子材，而蒙愚惑之智，予恐过之有掩鼻之容也。

西施蒙不洁犹人蒙愚惑之智。

[注释]

[1]西施：春秋时越国美女。越王勾践曾把她送给吴王夫差，灭吴后她跟随范蠡归隐五湖。　[2]睨：斜视。掩鼻：捂着鼻子。　[3]尝：原作"当"，据卢文弨本改。傅：涂抹。臙：同"黛"，描眉毛的黑颜料，这里用作动词。　[4]榆：通"揄"，引（俞樾说）。铗陂：即夹帔，左右夹佩（俞樾说），即披肩。　[5]芷：白芷，一种香草。若：杜若，一种香草。　[6]虿虱视：微视。虿虱，当作"凤虿"，即"逢蒙"（蒋礼鸿《义府续貂》说）。　[7]能：姿（《尚书·虞书》郑玄注），姿态。佻：同"姚"，美好。志：神志。　[8]悇憛（tú tán）：同"憛悇"，贪图。巅一：专一的样子。巅，同"颠"。

《庄子·马蹄》:"其视颠颠。"《释文》引崔譔注:"颠颠,专一貌。"

名师出高徒。

昔者南荣跦丑圣道之忘乎己[1],故步涉山川,奔冒楚棘[2],弥道千余[3],百舍重茧[4],而不敢久息。既过老聃[5],噩若慈父[6],雁行避景,夔立蛇进[7],而后敢问。见教一高言,若饥十日而得大牢焉[8],是达若天地,行生后世。

[注释]

[1]南荣跦(zhū):又作"南荣畤""南荣趎",庚桑楚的弟子。丑:以……为耻。 [2]奔冒:蒙冒(刘师培说)。奔,通"坌(bèn)"。楚棘:荆棘。 [3]弥:远。 [4]舍:三十里为一舍。重(chóng)茧:多层老茧。茧,因摩擦生成的硬皮。 [5]过:见(《战国策·秦策》注)。老聃(dān):即老子,见《审微》篇注。 [6]噩:通"遌",遇。 [7]夔立:重足而立,双脚并拢如同一只脚站立。夔,一种独足怪兽。 [8]大牢:即"太牢",牛、羊、豕三牲具备。

今夫子之达佚乎老聃[1],而诸子之材不避荣跦,而无千里之远,重茧之患。亲与巨贤连席而坐,对膝相视,从容谈语,无问不应,是天降大命以达吾德也。吾闻之曰:时难得而易失也。学者勉之乎!天禄不重。

[注释]

[1]夫子：指张苍。佚：通"轶"，超越。

[点评]

以"劝学"为篇名，汉代之前就有荀子《劝学》篇，《大戴礼记》中《劝学》篇与荀子的相近，蔡邕有《劝学》篇；之后唐韩愈有《劝学》篇，宋真宗有《劝学》篇，清张之洞有《劝学》篇，近代杨昌济有《劝学篇》（1914年），与荀子《劝学》篇重在论述学习的重要性不同，本篇则以舜、老聃这些圣贤作为学习的榜样，因为圣贤与普通人的区别在于学习的差异，所云"舜何人也？我何人也？"有孟子"彼丈夫也，我丈夫也"（《孟子·滕文公章句上》）的意味。鼓励弟子们努力学习，如《弟子规》所言"圣与贤，可驯致"，亦此意。

道术 连语[1]

曰："数闻道之名矣[2]，而未知其实也，请问道者何谓也？"对曰："道者，所道接物也[3]，其本者谓之虚，其末者谓之术。虚者，言其精微也，平素而无设诸也[4]；术也者，所从制物也，动静之数也。凡此皆道也。"

《史记·太史公自序》说："其术以虚无为本，以因循为用。"

《评注诸子菁华录》说："篇以术名，则术是主而虚是宾，然不虚则无以行术，故先就虚字发明之。"

[注释]

[1]道术：道为本，术为末。按照文中的说法，虚为道之本。虚是道在人心中的本来面貌，术是道在人生中所发生的具体作用。本篇是从人君用道应接事物的效用来论述的，把"道"以虚为本、以术为末结合起来论述，又把道术对人的作用作了"孝""慈""忠""惠"等五十六对范畴的伦理规定，融合了法、道、儒三家的思想。章太炎说："贾太傅有《道术》一篇，悉训诂，若取此以说《左氏》，则旧义存者多矣。" [2]数（shuò）：多次，屡次。道：哲学概念，道家表述的道是一种抽象概念，文中表述的是待人接物处理事情的具体方法。 [3]道：由，从。 [4]设诸：储备。诸，储。

《评注诸子菁华录》说："用十六层分写，见得术之所赅者广。"

曰："请问虚之接物何如？"对曰："镜义而居[1]，无执不臧[2]，美恶毕至，各得其当；衡虚无私[3]，平静而处，轻重毕悬，各得其所。明主者，南面而正，清虚而静，令名自命，令物自定，如鉴之应[4]，如衡之称。有釁和之[5]，有端随之[6]，物鞠其极[7]，而以当施之。此虚之接物也。"

[注释]

[1]义："仪"的古字，通"宜"，安，指镜子安处不动。 [2]执：执着，指镜子不执着于映照什么，而是客观反映事物。臧：同"藏"。 [3]衡：秤杆。 [4]鉴：镜子。 [5]釁（xìn）：缝隙。和（hè）：合。 [6]端：征兆（肖旭说）。 [7]鞠：尽。

曰："请问术之接物何如？"对曰："人主仁而境内和矣，故其士民莫弗亲也；人主义而境内理矣，故其士民莫弗顺也；人主有礼而境内肃矣，故其士民莫弗敬也；人主有信而境内贞矣[1]，故其士民莫弗信也；人主公而境内服矣，故其士民莫弗戴也；人主法而境内轨矣[2]，故其士民莫弗辅也。举贤则民化善，使能则官职治；英俊在位则主尊，羽翼胜任则民显；操德而固则威立，教顺而必则令行；周听则不蔽，稽验则不惶[3]；明好恶则民心化，密事端则人主神[4]。术者，接物之队[5]。凡权重者必谨于事，令行者必谨于言，则过败鲜矣[6]。此术之接物之道也者。其为原无屈[7]，其应变无极，故圣人尊之。夫道之详，不可胜述也[8]。

仁而致亲，义而致顺，礼而致敬，信而致信，公而致戴，法而致辅，术入伦理层面。

《评注诸子菁华录》说："原即本也，本无屈而后末能应变。二句是总收，于以见圣人本末兼赅之妙用。"

[注释]

[1]贞：正。 [2]轨：车辙，指遵守法度。 [3]稽：考察。验：查验。 [4]密：使……精密。 [5]队：通"隧"，途径。 [6]鲜（xiǎn）：少。 [7]原：同"源"，源泉。 [8]述：原作"术"，据卢文弨校本改。

[点评]

道,老子、庄子用"无"和"有"来表述,贾谊用"虚"和"术"来表述。术是接物之隧,人主用仁、义、礼、信、公、法来接物,将道落实到现实层面,与老庄理论阐述截然不同。

曰:"请问品善之体何如[1]?"对曰:"亲爱利子谓之慈[2],反慈为嚚[3];子爱利亲谓之孝,反孝为孽[4];爱利出中谓之忠,反忠为倍;心省恤人谓之惠,反惠为困;兄敬爱弟谓之友,反友为虐[5];弟敬爱兄谓之悌,反悌为敖;接遇慎容谓之恭,反恭为媟[6];接遇肃正谓之敬,反敬为慢;言行抱一谓之贞,反贞为伪;期果言当谓之信,反信为慢;衷理不辟谓之端[7],反端为跂[8];据当不倾谓之平[9],反平为险;行善决菀谓之清[10],反清为浊[11];辞利刻谦谓之廉[12],反廉为贪;兼覆无私谓之公,反公为私;方直不曲谓之正,反正为邪;以人自观谓之度,反度为妄;以己量人谓之恕,反恕为荒;恻隐怜人谓之慈,反慈为忍;厚志隐行谓之洁,反洁为汰;施行得理谓之德,反德为怨;放理洁静谓之行,反行为污；功遂自却谓之退，反退为戟[13]；厚人自薄谓之让，反让为冒；心兼爱人谓之仁，反仁为戾；行充其宜谓之义，反义为愕[14]；刚柔得适谓之和[15]，反和为乖；合得密周谓之调，反调为嗸[16]；优贤不逮谓之宽[17]，反宽为阨；包众容易谓之裕[18]，反裕为褊；欣憻可安谓之熅[19]，反熅为鸷[20]；安柔不苛谓之良，反良为啮[21]；缘法循理谓之轨，反轨为易；袭常缘道谓之道[22]，反道为辟；广较自敛谓之俭[23]，反俭为侈；费弗过适谓之节，反节为靡；眑斅勉善谓之慎[24]，反慎为怠；忠恶勿道谓之戒，反戒为傲；深知祸福谓之知，反知为愚；亟见窕察谓之慧，反慧为童[25]；动有文体谓之礼，反礼为滥；容服有义谓之仪[26]，反仪为诡；行归而过谓之顺，反顺为逆；动静摄次谓之比[27]，反比为错；容志审道谓之儤[28]，反儤为野；辞令就得谓之雅，反雅为陋；论物明辩谓之辩，反辩为讷[29]；纤微皆审谓之察，反察为旄[30]；诚动可畏谓之威，反威为圂[31]；临制不犯谓之严，反严为辰[32]；仁义修立谓之任，反任为欺；伏义诚必谓之节[33]，反节为罢[34]；持节不恐谓之勇，反勇为怯；信理遂惔谓之敢[35]，反敢为掩；志操精果谓之诚，反诚为殆；克行遂节谓之必，反必为怛[36]。凡此品也，善之体也，所谓道也。"

"道"落实到现实人生层面，相当于老子所说的"德"。

矛盾的对立统一无所不在。

[注释]

[1]品：品别，区分不同的品类。体：指内容。 [2]亲：父母。 [3]嚚（yín）：愚顽，狠毒。 [4]孽：忤逆不孝。 [5]齺：音义未详。俞樾读为"龤（quán）"，义为缺齿，即齿不相合，引申为不和谐，不团结。 [6]媟（xiè）：狎，轻慢，不恭敬。 [7]衷：正。辟：邪。 [8]骄（páng）：本指马曲胫，引申为邪曲。 [9]当：正。 [10]决菀（wǎn）：裁处郁塞。菀，积（阎振益、钟夏说）。 [11]鲛：昏乱，迷乱（阎振益、钟夏说）。 [12]辞：拒。刻：严格要求。 [13]戟：刺（阎振益、钟夏说）。 [14]愣：同"懵"，不明。 [15]适：原作"道"，据卢文弨校本改。 [16]謷：同"戾"，乖戾，违背。 [17]优贤：宽厚。逮：及。 [18]容易：宽容。 [19]欣憓：和悦（卢文弨说）。煜：通"温"，温和。 [20]鸷：猛禽，指凶猛。 [21]啮：咬，指较劲。 [22]常：原作"当"，据卢文弨校本改。 [23]广较：多方计量。较，通"校"。 [24]畇银：其义不详。卢文弨校云：空二字，建本作"弗勤"，别本作"畇银"，潭本作"畇□"，皆讹。或校改作"俛勉就善"，亦意定耳。 [25]童：愚昧无知。 [26]有义：指合乎道理。 [27]摄：合。 [28]偭：通"娴"，娴雅，优雅。 [29]讷（nè）：说话困难迟钝。 [30]厐：通"眊"，眼睛昏花看不清。 [31]圂（hùn）：辱（肖旭说）。 [32]辴：音义未详，当从《子汇》本作"软"。 [33]伏：依凭。必：果决。节：节操。 [34]罴（pí）：无

行,无节操。 [35]惔(dàn):卢文弨认为或是"锬"字之讹,锬,锋锐,与敢义近。 [36]怛(jù):粗,不精。

故守道者谓之士,乐道者谓之君子,知道者谓之明,行道者谓之贤,且明且贤,此谓圣人。

[点评]

贾谊所论的"道术",与老子所论的"道德"相类似。"道"是宇宙万物的本质,而"术"则是"道"作用于万物所呈现的状态和规律。"道"的本质是虚,类似老子所说的"无"。因为虚,故能含藏万物、产生万物。"术"的本质是"有",类似老子所说的"德",所以老子说"有生于无"。与老子论述不同的是,贾谊把人世间的各种德行伦理范畴的概念也纳入"道"中,对慈、孝、忠、惠、友、悌、恭、敬、贞、信、端、平、清、廉、公、正、度、恕、慈、洁、德、行、退、让、仁、义、和、调、宽、裕、熅、良、轨、道、俭、节、慎、戒、知、慧、礼、仪、顺、比、俪、雅、辩、察、威、严、任、节、勇、敢、诚、必共五十六种范畴从正反两方面作了详细的阐述,把道家和儒家的思想理论有机地融合起来,使我们对两家所说的"道"有更深的理解。

六术连语[1]

德有六理[2]。何谓六理[3]?道、德、性、神、老子说:"道生一,一生二,二生三,三生万物。"

汉为水德,水数为六,故以六设论。

明、命,此六者,德之理也。六理无不生也,已生而六理存乎所生之内。是以阴阳、天地、人尽以六理为内度[4],内度成业[5],故谓之六法。六法藏内,变沠而外遂[6],外遂六术,故谓之六行。是以阴阳各有六月之节,而天地有六合之事,人有仁、义、礼、智、信之行,行和则乐兴[7],乐兴则六,此之谓六行。阴阳、天地之动也,不失六律,故能合六法;人谨修六行,则亦可以合六法矣。

[注释]

[1]六术:六种法则。德有道、德、性、神、明、命之六理,阴阳、天地、人以六理为内度,则为六法;六法外行,则为六术;六法与六术相应,则有六行;内本六法,外体六行,则生六艺,六律、六亲亦由此生。以六为度,是贾谊早期哲学观点的框架。这种以六德配人生的事物,有似汉朝以五行配人生的事物。秦朝数的观念尚"六",《史记·秦始皇本纪》云:"数以六为纪,符、法冠皆六寸,而舆六尺,六尺为步,乘六马。"据此推断本篇为贾谊早年所作。 [2]德:与"道"相对而言。道是客观存在和运动的总规律,道为德之本;德是道作用于物的体现,德为道之用。 [3]理:属性。 [4]内度:存于生命之内的法度。 [5]业:事业,指生命的基础。 [6]沠:同"流"。遂:成。 [7]兴:原作"与",据卢文弨校本改,下句"兴"字同。

然而人虽有六行，细微难识，唯先王能审之[1]，凡人弗能自志。是故必待先王之教，乃知所从事。是以先王为天下设教，因人所有，以之为训；道人之情[2]，以之为真[3]。是故内法六法，外体六行，以与《书》《诗》《易》《春秋》《礼》《乐》六者之术以为大义[4]，谓之六艺。令人缘之以自修，修成则得六行矣。六行不正，反合六法。艺之所以六者，法六法而体六行故也，故曰六则备矣。

《评注诸子菁华录》说："六艺由六法、六行而出。"

[注释]

[1]先王：古代的帝王，指尧、舜、禹、汤、周文王、周武王等圣君。　[2]道：通"导"，引导。　[3]真：正。　[4]《书》《诗》《易》《春秋》《礼》《乐》：六部儒家经典，称"六经"，也称"六艺"。

[点评]

人之仁、义、礼、智、信与乐配成六行，六行配德之道、德、性、神、明、命六理，六行由《书》《诗》《易》《春秋》《礼》《乐》六艺修成，与天地阴阳之六法相合，是天人合一。

六者非独为六艺本也[1]，他事亦皆以六为度[2]。

[注释]

[1]本：根本。　[2]度：界限，标准。

《评注诸子菁华录》说:"六律由六节而出,仍不离六行、六法。"

声音之道以六为首,以阴阳之节为度。是故一岁十二月,分而为阴阳,阴阳各六月。是以声音之器十二钟[1],钟当一月[2],其六钟阴声,六钟阳声,声之术,律是而出,故谓之六律。六律和五声之调[3],以发阴阳、天地、人之清声,而内合六法之道。是故五声宫、商、角、徵、羽,唱和相应而调和,调和而成理谓之音。声五也,必六而备,故曰声与音六。夫律之者,象测之也[4],所测者六,故曰六律。

[注释]

[1]十二钟:即十二律,阳律六律:黄钟、太簇、姑洗、蕤宾、夷则、亡射;阴律六吕:大吕、夹钟、中吕、林钟、南吕、应钟。 [2]钟当一月:十二律配十二月,阳律六律:黄钟,十一月;太簇,正月;姑洗,三月;蕤宾,五月;夷则,七月;亡射,九月;阴律六吕:大吕,十二月;夹钟,二月;中吕,四月;林钟,六月;南吕,八月;应钟,十月。 [3]五声:宫、商、角、徵(zhǐ)、羽。 [4]象:现象,指乐音的实际状态。

《评注诸子菁华录》说:"申明六亲,用笔简括,如《尔雅》之释亲。"

人之戚属,以六为法。人有六亲[1],六亲始曰父;父有二子,二子为昆弟;昆弟又有子,子从父而昆弟,故为从父昆弟;从父昆弟又有子,子从祖而昆弟，故为从祖昆弟；从祖昆弟又有子，子从曾祖而昆弟，故为从曾祖昆弟；从曾祖昆弟又有子，子为族兄弟；备于六，此之谓六亲。亲之始于一人，世世别离，分为六亲。亲戚非六，则失本末之度，是故六为制而止矣。六亲有次，不可相逾。相逾则宗族扰乱，不能相亲，是故先王设为昭穆三庙以禁其乱[2]。何谓三庙？上室为昭，中室为穆，下室为孙嗣令子。各有其次，上下更居；三庙以别，亲疏有制。丧服称亲疏以为重轻，亲者重，疏者轻，故复有粗衰、齐衰、大红、细红、缌麻[3]，备六，各服其所当服。夫服则有殊，此先王之所以禁乱也。

《评注诸子菁华录》说："《礼·大传》曰服术有六，又曰从服有六，盖皆以六为制也。"

[注释]

[1]六亲：说法不一，据《左传》，指父子、兄弟、姑姊、甥舅、婚媾、姻娅；据《易经》王弼注，指父子、兄弟、夫妇。贾谊所说，亦为"六亲"说之一。　[2]昭穆三庙：古代宗庙制度，分上、中、下三室，上室始祖牌位居中，中室第二代居左为昭，下室第三代居右为穆，昭穆相递。　[3]粗衰（cuī）：也称"斩衰"，古代丧服中最重的一种，用粗麻布制衣，衣边不缝缉，丧期三年。齐衰（zī cuī）：古代丧服中次重的一种，用粗麻布制衣，缝缉衣边，丧期一年。大红（gōng）：也称"大功"，古代丧服中次于齐衰的

一种，用细麻布制衣，丧期九个月。细红（gōng）：也称"小功"，古代丧服中次于大功的一种，用细麻布制衣，丧期六个月。缌麻：古代丧服中次于小功的一种，用细麻布制衣，丧期三个月。

数度之道，以六为法。数加于少而度出于居[1]，数度之始，始于微细，有形之物，莫细于毫。是故立一毫以为度始，十毫为发，十发为厘[2]，十厘为分，十分为寸，十寸为尺，备于六，故先王以为天下事用也。

[注释]

[1]数加于少而度出于居：意谓数是根据事物的多少，从小往上增加来计量，如十、百、千、万等；度是根据事物所处的面积来计量，如毫、发、厘、分、寸、尺等。居，俞樾认为当作"小"。 [2]发：古代度量单位。

事之以六为法者，不可胜数也。此所言六，以效事之尺尽以六为度者谓六理[1]，可谓阴阳之六节，可谓天地之六法，可谓人之六行。

[注释]

[1]效：验证。

[点评]

以六为度，是秦朝关于数的观念。德有道、德、性、神、明、命六理，这里的德即是道。六理内度成业，形成六法，六法外行则为六术，作用于人，则为仁、义、礼、智、信、乐六行，与六经相配则为六艺。声音以六为度则为六律，与人的亲属关系相配则为六亲，与度量相配则为毫、发、厘、分、寸、尺，与阴阳相配则为六节，皆备于六。汉朝一反秦制，以五行配万物，数尚五。贾谊此篇，可以加深对秦朝数以六为纪的理解。

道德说 连语[1]

德有六理。何谓六理？曰：道、德、性、神、明、命。此六者，德之理也。诸生者，皆生于德之所生；而能象人德者，独玉也。写德体六理[2]，尽见于玉也，各有状，是故以玉效德之六理。泽者，鉴也，谓之道；腒如窃膏谓之德[3]；湛而润厚而胶谓之性[4]；康若浟流谓之神[5]；光辉谓之明；硈乎坚哉谓之命[6]。此之谓六理。鉴生空窍，而通之以道。德生理，通之以六德之毕离状[7]。六德者，德之有六理。理，离状也。性生气而通之以晓，神生变而通之以化，明生识而通之以知，

庄子说："物得以生谓之德。"

《礼记·聘义》言君子比德如玉，云："温润而泽，仁也；缜密以栗，知也；廉而不刿，义也；垂之如队，礼也……孚尹旁达，信也。"

命生形而通之以定。

[注释]

[1]道德说：即道德论。上篇论述德有六理，德的六理，本难形容，所以本篇以玉作比喻，具体说明六理的内在联系：道为德之本，德为性、神、明、命之本；由道向命的转化过程，即阴阳、天地、人与万物的形成过程。六理具有六美的特性：道、仁、义、忠、信、密。人之六艺，即是用来表现六美的。本篇是对《六术》篇的思想框架作详细的阐述，可相互参看。 [2]写：描摹。卢文弨认为当作"象"。 [3]胒：本指干鸟肉。蒋礼鸿认为是"昵"字之讹。昵，黏。窃膏：油脂。 [4]湛（zhàn）：厚重。 [5]康：安静。泺：当从建本作"乐"，音乐（章太炎说）。 [6]嵒（què）：坚硬。 [7]毕离：披离，纷披（阎振益、钟夏说）。卢文弨校本作"华离"，华离状，分离不齐一的样子（刘师培《贾子新书补释》说）。

德下分道，与老子所说不同。

德有六美。何谓六美？有道、有仁、有义、有忠、有信、有密[1]。此六者，德之美也。道者，德之本也；仁者，德之出也；义者，德之理也；忠者，德之厚也；信者，德之固也；密者，德之高也。

[注释]

[1]密：紧密。指德与道和理密不可分。

六理、六美，德之所以生阴阳、天地、人与万物也，固为所生者法也[1]。故曰：道此之谓道[2]，德此之谓德，行此之谓行。所谓行此者，德也。是故著此竹帛谓之《书》[3]，《书》者，此之著者也；《诗》者[4]，此之志者也；《易》者[5]，此之占者也；《春秋》者[6]，此之纪者也；《礼》者[7]，此之体者也[8]；《乐》者[9]，此之乐者也；祭祀鬼神，为此福者也；博学辩议，为此辞者也。

六艺由六行出。

[注释]

[1]法：效法。 [2]道：前一"道"，指遵循。 [3]《书》：《尚书》，儒家经典之一。 [4]《诗》：《诗经》，儒家经典之一。 [5]《易》：《易经》，儒家经典之一。 [6]《春秋》：儒家经典之一。 [7]《礼》：儒家经典。最早指《仪礼》，后来包括《周礼》《礼记》，合称"三礼"。 [8]体：履，践行。 [9]《乐》：《乐经》，儒家经典之一，后失传。

[点评]

德之六理通过道、仁、义、忠、信、密六美来呈现，产生阴阳、天地、人与万物，六艺则是展示德之六理与六美的。

道者无形，平和而神[1]。道有载物者，毕以道为物首。

顺理适行,故物有清而泽。泽者,鉴也,鉴以道之神。摹贯物形[2],通达空窍,奉一出入为先,故谓之鉴。鉴者,所以能也[3]。见者,目也,道德施物,精微而为目。是故物之始形也,分先而为目,目成也形乃从。是以人及有因之在气,莫精于目。目清而润泽若濡,无毳秽杂焉[4],故能见也。由此观之,目足以明道德之润泽矣,故曰"泽者,鉴也";"生空窍,通之以道"。

[注释]

[1]神:神秘莫测。《易·系辞上》:"阴阳不测之谓神。" [2]摹:描摹。贯:满,遍,全。 [3]能:古"态"字,形(刘师培《贾子新书补释》说)。 [4]毳(cuì):鸟兽的细毛,形容微细。

老子说:"有生于无。"

德者,离无而之有。故润则腌然浊而始形矣,故六理发焉。六理所以为变而生也,所生有理。然则物得润以生,故谓润德。德者,变及物理之所出也。夫变者,道之颂也[1]。道冰而为德[2],神载于德。德者,道之泽也。道虽神,必载于德,而颂乃有所因[3],以发动变化而为变。变及诸生之理,皆道之化也,各有条理以载于德。德受道

之化，而发之各不同状。德润，故曰"如膏，谓
之德"，"德生理，通之以六德之毕离状"。

德乃道之用。

[注释]

[1]颂：容貌。　[2]冰：凝结。　[3]因：依据，根据。

性者，道德造物，物有形。而道德之神专而
为一气[1]，明其润益厚矣。浊而胶相连，在物之
中，为物莫生，气皆集焉，故谓之性。性，神
气之所会也。性立，则神气晓晓然发而通行于
外矣[2]，与外物之感相应，故曰"润厚而胶谓之
性"，"性生气，通之以晓"。

老子说："道生一。"

老子说："惚兮恍兮，其中有象；恍兮惚兮，其中有物。"

《中庸》说："天命之谓性。"

[注释]

[1]专：通"抟"，聚集。　[2]晓晓然：明白的样子。

神者，道、德、神、气发于性也，康若泺流
不可物效也[1]。变化无所不为，物理及诸变之起，
皆神之所化也，故曰"康若泺流谓之神"，"神生
变，通之以化"。

《易·系辞上》说："阴阳不测之谓神。"

[注释]

[1]效：证明。

明者，神气在内则无光而为知，明则有辉于外矣。外内通一，则写得失，事理是非，皆职于知[1]，故曰"光辉谓之明"，"明生识，通之以知"。

[注释]
[1]职：主，主宰。

命者，物皆得道德之施以生，则泽润，性、气、神、明及形体之位分、数度[1]，各有极量指奏矣[2]。此皆所受其道德，非以嗜欲取舍然也。其受此具也，岩然有定矣[3]，不可得辞也，故曰命。命者不得毋生，生则有形，形而道、德、性、神、明因载于物形，故曰"岩坚谓之命"，"命生形，通之以定"。

庄子说："死生，命也。"

[注释]
[1]位分：相当于等级。数度：数的分度，即大小长短多少之数。 [2]极量：一定的量，限量。指奏：相当于发展趋势。 [3]岩然：坚硬的样子。

[点评]
道、德、性、神、明、命是产生万物不同的阶段和特征的体现，是《老子》第四十二章所说的"道生一，一

生二,二生三,三生万物"的具体描述。

　　物所道始谓之道[1],所得以生谓之德。德之有也,以道为本,故曰:"道者,德之本也。"德生物又养物,则物安利矣[2]。安利物者,仁行也。仁行出于德,故曰:"仁者,德之出也。"德生理,理立则有宜,适之谓义。义者,理也,故曰:"义者,德之理也。"德生物,又养长之而弗离也,得以安利。德之遇物也忠厚,故曰"忠者,德之厚也"。德之忠厚也,信固而不易,此德之常也,故曰:"信者,德之固也。"德生于道而有理,守理则合于道,与道理密而弗离也,故能畜物养物。物莫不仰恃德,此德之高,故曰"密者,德之高也"。道而勿失,则有道矣;得而守之,则有德矣;行而无休,则行成矣。故曰:"道此之谓道,德此之谓德,行此之谓行。"诸此言者,尽德变;变也者,理也。

老子说:"失道而后德,失德而后仁,失仁而后义,失义而后礼。"与此不同。

[注释]
[1]道始:从道开始。　[2]安利:安定受益。

　　《书》者,著德之理于竹帛而陈之令人观

焉，以著所从事，故曰："《书》者，此之著者也。"《诗》者，志德之理而明其指，令人缘之以自成也，故曰："《诗》者，此之志者也。"《易》者，察人之循德之理与弗循而占其吉凶[1]，故曰："《易》者，此之占者也。"《春秋》者，守往事之合德之理与不合而纪其成败，以为来事师法，故曰："《春秋》者，此之纪者也。"《礼》者，体德理而为之节文[2]，成人事，故曰："《礼》者，此之体者也。"《乐》者，《书》《诗》《易》《春秋》《礼》五者之道备，则合于德矣，合则欢然大乐矣[3]，故曰："《乐》者，此之乐者也。"人能修德之理，则安利之谓福。莫不慕福，弗能必得，而人心以为鬼神能与于利害，是故具牺牲、俎豆、粢盛[4]，齐戒而祭鬼神[5]，欲以佐成福，故曰："祭祀鬼神，为此福者也。"德之理尽施于人，其在人也，内而难见，是以先王举德之颂而为辞语，以明其理；陈之天下，令人观焉；垂之后世，辩议以审察之，以转相告。是故弟子随师而问，受传学以达其知，而明其辞以立其诚，故曰："博学辩议，为此辞者也。"

六经之依据。

[注释]

[1]循:前一"循"原作"精",据俞樾之说改。 [2]节文:指归纳礼乐制度。 [3]欢然:欢乐的样子。 [4]牺牲:祭祀时上供的肉类祭品。俎豆:祭祀盛放祭品的器皿,俎盛放鱼肉类,豆盛放粟稷类。粢盛:祭祀用的谷物。 [5]齐:通"斋"。斋戒,见《解县》篇注。

德毕施物[1],物虽有之,微细难识。夫玉者,真德写也[2]。六理在玉,明而易见也。是以举玉以谕[3],物之所受于德者,与玉一体也。

[注释]

[1]德毕施物:德全部赋予万物,所谓物得以生谓之德。毕,全部,尽。 [2]写:象,图画其象。 [3]谕:同"喻",让人明白。

[点评]

上篇论述德有六理如何与天地人的关系相配,本篇开头一段是总论,用玉来比喻说明,中间部分具体论述六理。又论述德有道、仁、义、忠、信、密六美的特质。六艺皆是用来表述德的,《书》以著之,《诗》以志之,《易》以占之,《春秋》以纪之,《礼》以体之,《乐》以乐之。用六经来阐述德,是站在哲学的高度,与《礼记·经解》篇儒家的解释完全不同。

新书卷第九

大政上 [1]

《评注诸子菁华录》说:"《孟子》曰:得天下有道,得其民斯得天下矣。又曰:得乎丘民而为天子,民之贵也由来已久。此篇无非发明民贵之旨,故开首重提民字,入后兼言士者,则陪客也。"

闻之于政也,民无不为本也[2]。国以为本,君以为本,吏以为本。故国以民为安危,君以民为威侮,吏以民为贵贱。此之谓民无不为本也。闻之于政也,民无不为命也[3]。国以为命,君以为命,吏以为命。故国以民为存亡,君以民为盲明[4],吏以民为贤不肖[5]。此之谓民无不为命也。闻之于政也,民无不为功也。故国以为功,君以为功,吏以为功。国以民为兴坏,君以民为强弱,吏以民为能不能。此之谓民无不为功也。闻之于政也,民无不为力也。故国以为力,君以为力,吏以为力。故夫战之胜也,民欲胜也;攻之得也,民欲得也；守之存也，民欲存也。故率民而守，而民不欲存，则莫能以存矣；故率民而攻，民不欲得，则莫能以得矣；故率民而战，民不欲胜，则莫能以胜矣。故其民之为其上也，接敌而喜[6]，进而不可止，敌人必骇，战由此胜也。夫民之于其上也，接而惧，必走去，战由此败也。故夫菑与福也[7]，非粹在天也[8]，又在士民也。呜呼！戒之戒之！夫士民之志，不可不要也[9]。呜呼！戒之戒之！

《评注诸子菁华录》说："此段言胜败之系于民。"

《评注诸子菁华录》说："胜败之理至此说结。"

[注释]

[1] 大政：最大的政事。本篇指出国家的政治应以民为本，以民为命，以民为功，以民为力；并从言行、诛赏的角度阐述执政的君主、官吏应该如何处理与人民的关系。言行方面，出言一定要慎重，出言一定要可以实行，实行必须行善，与老子所说的"悠兮其贵言"意思相近。诛赏方面，罪疑则去，功疑则予。又从人民对待君主的态度论述民为国家之本，民为君本，与孟子所说的"民为贵，社稷次之，君为轻"的意旨一致，多次劝告为政者引以为戒。 [2] 本：国家的根本。 [3] 命：命脉。 [4] 盲：目盲，指糊涂，昏暗。明：视力好，指明智，英明。 [5] 不肖：本指儿女外貌长相不像父母，引申指品德才能不像父母。 [6] 接：相接，指交战。 [7] 菑：通"灾"。 [8] 粹：纯粹，完全。 [9] 要：迎合。

[点评]

大政之本在民，大政之命在民，大政之功在民，大政之力在民。抵御外敌，决定胜败在民。君、吏如何待民，决定国之存亡。

行之善也，粹以为福已矣；行之恶也，粹以为菑已矣。故受天之福者，天不功焉[1]；被天之菑，则亦毋怨天矣，行自为取之也。知善而弗行，谓之不明；知恶而弗改，必受天殃。天有常福，必与有德；天有常菑，必与夺民时[2]。故夫民者，至贱而不可简也[3]，至愚而不可欺也。故自古至于今，与民为仇者，有迟有速[4]，而民必胜之。知善而弗行谓之狂，知恶而不改谓之惑。故夫狂与惑者，圣王之戒也，而君子之愧也。呜呼！戒之戒之！岂其以狂与惑者自为分？明君而君子乎，闻善而行之如争，闻恶而改之如雠，然后祸菑可离，然后保福也。戒之戒之！

《评注诸子菁华录》说："此段言菑福之系于民。"

《评注诸子菁华录》说："《商书·微子》篇所谓小民方兴，相为敌雠也。"

《评注诸子菁华录》说："菑福之理至此说结。"

[注释]

[1]功：原作"攻"，据卢文弨校本改。 [2]时：指生产季节。 [3]简：轻易，轻慢。 [4]有：或。

诛赏之慎焉，故与其杀不辜也，宁失于有罪也。故夫罪也者，疑则附之去已[1]；夫功也者，疑则附之与已。则此毋有无罪而见诛，毋有有功而无赏者矣。戒之哉！戒之哉！诛赏之慎焉，故古之立刑也，以禁不肖，以起怠惰之民也。是以一罪疑则弗遂诛也，故不肖得改也；故一功疑则必弗倍也，故愚民可劝也。是以上有仁誉而下有治名。疑罪从去，仁也；疑功从予，信也。戒之哉！戒之哉！慎其下，故诛而不忌[2]，赏而不曲，不反民之罪而重之，不灭民之功而弃之。故上为非，则谏而止之，以道纪之[3]；下为非，则矜而恕之[4]，道而赦之[5]，柔而假之[6]。故虽有不肖民，化而则之。故虽昔者之帝王，其所贵其臣者，如此而已矣。

《评注诸子菁华录》说："此段言慎诛赏以治民。"

罪疑则从去，功疑则从予。

《评注诸子菁华录》说："贵其臣之'臣'承上文'士'字说，盖诛赏不专在民，必兼士说，其理乃足。"

[注释]

[1]附：依附，依照。 [2]诛而不忌：指滥用刑罚。忌，顾忌。 [3]纪：本指整理丝的头绪，引申为治理。 [4]矜：同情，怜悯。 [5]道：通"导"，引导。 [6]柔：怀柔，安抚。假：宽容。

[点评]

得民心者得天下。民虽贱，不可轻慢；虽愚，不可欺骗。治理民众，当用劝化，不可滥用刑罚。

人臣之道，思善则献之于上，闻善则献之于上，知善则献之于上。夫民者，唯君者有之，为人臣者助君理之。故夫为人臣者，以富乐民为功，以贫苦民为罪。故君以知贤为明，吏以爱民为忠。故臣忠则君明，此之谓圣王。故官有假而德无假[1]，位有卑而义无卑。故位下而义高者，虽卑，贵也；位高而义下者，虽贵，必穷。呜呼！戒之哉！戒之哉！行道不能，穷困及之。

《评注诸子菁华录》说："此段言臣之助君理民。"

《评注诸子菁华录》说："臣助君理民至此说结。"

[注释]
[1]假：授予，给予。

夫一出而不可反者[1]，言也；一见而不可掩者[2]，行也。故夫言与行者，知愚之表也[3]，贤不肖之别也。是以知者慎言慎行，以为身福；愚者易言易行[4]，以为身菑。故君子言必可行也，然后言之；行必可行也，然后行之。呜呼！戒之哉！戒之哉！行之者在身，命之者在人[5]，此福菑之本也。道者，福之本；祥者，福之荣也[6]。

《评注诸子菁华录》说："此段言慎言行以教民，兼回应上文菑福。"

《评注诸子菁华录》说："造句似《论语》，说理似《中庸》，《新书》所以列于儒家也。"

无道者必失福之本，不祥者必失福之荣。故行而不缘道者，其言必不顾义矣。故纣自谓天王也[7]，桀自谓天子也[8]，已灭之后，民以相骂也。以此观之，则位不足以为尊，而号不足为荣矣。故君子之贵也，士民贵之，故谓之贵也；故君子之富也，士民乐之，故谓之富也。故君子之贵也，与民以福，故士民贵之；故君子之富也，与民以财，故士民乐之。故君子富贵也，至于子孙而衰，则士民皆曰："何君子之道衰也数也[9]？"不肖暴者祸及其身，则士民皆曰："何天诛之迟也？"

《评注诸子菁华录》说："言行之慎，至此说结。"

《评注诸子菁华录》说："此段言富贵之系于民。文中虽兼士说，而仍折重于民。"

[注释]

[1]反：同"返"，返回，这里指收回。 [2]见：同"现"。 [3]表：标志。 [4]易：轻易，轻率，与"慎"相对。 [5]命：同"名"，命名，称为。 [6]荣：花。这里指结果，福者吉祥。 [7]纣：见《君道》篇注。 [8]桀：见《连语》篇注。 [9]数（shuò）：通"速"，快。

[点评]

福灾的根本，取决于人的言行，而言行取决于智愚。君子的富贵，取决于民的认可。富贵以其道得之，此道包括民意。

> 民为邦本，本固邦宁。

夫民者，万世之本也，不可欺。凡居于上位者，简士苦民者是谓愚[1]，敬士爱民者是谓智。夫愚智者，士民命之也。故夫民者，大族也，民不可不畏也。故夫民者，多力而不可適也[2]。呜呼！戒之哉！戒之哉！与民为敌者，民必胜之。君能为善，则吏必能为善矣；吏能为善，则民必能为善矣。故民之不善也，吏之罪也；吏之不善也，君之过也。呜呼！戒之，戒之！故夫士民者，率之以道，然后士民道也；率之以义，然后士民义也；率之以忠，然后士民忠也；率之以信，然后士民信也。故为人君者，其出令也，其如声；士民学之，其如响[3]；曲折而从君，其如景矣[4]。呜呼！戒之哉！戒之哉！君乡善于此，则失然协[5]，民皆乡善于彼矣，犹景之象形也；君为恶于此，则哼哼然协[6]，民皆为恶于彼矣，犹响之应声也。故是以圣王而君子乎，执事而临民者，日戒慎一日，则士民亦日戒慎一日矣，以道先民也。

> 《评注诸子菁华录》说："此段言民之不可不教。"

[注释]

[1]简：轻贱，怠慢。 [2]適：通"敌"。 [3]响：回声。 [4]景：同"影"。 [5]失：古"佚"字，通"呹"，疾速（李

尔钢《新书全译》说）。协：和同，指跟随。　[6]啍（tūn）啍然：迟重缓慢的样子。与上文"失然"相对。

道者，圣王之行也；文者，圣王之辞也；恭敬者，圣王之容也；忠信者，圣王之教也。圣人也者，贤智之师也；仁义者，明君之性也。故尧、舜、禹、汤之治天下也，所谓明君也，士民乐之，皆即位百年然后崩，士民犹以为大数也。桀、纣所谓暴乱之君也，士民苦之，皆即位十年而灭，士民犹以为大久也。故夫诸侯者，士民皆爱之，则国必兴矣；士民皆苦之，则国必亡矣。故夫士民者，国家之所树而诸侯之本也，不可轻也。呜呼！轻本不祥，实为身殃。戒之哉！戒之哉！

君王合道，即为圣贤之君。

民众为国之本。

[点评]

政事最大者，莫过于以民为本，以民为命，以民为功，以民为力。具体而言，民为国之本，民为君之本，民为吏之本，因为国家的安危、君主的威侮、吏的贵贱皆取决于民。国、君、吏皆以民为命，因为国家的存亡、君主的愚暗英明、吏的贤不肖皆取决于民。国、君、吏皆以民为功，国家的兴坏、君主的强弱、吏的能不能皆取决于民。国、君、吏皆以民为力，战胜攻取以及灾福皆取决于民。所以统治者不可不考虑民众的愿望。"故夫民者，至贱而不可简也，至愚而不可欺也。"由于民的重要，所以为人臣者，应以富乐民为功，以贫苦民为罪。君子之富、君子之贵，取决于民是否贵之、乐之。民为万世之本，不可欺。君和吏要敬士爱民，做民的榜样，用道、义、忠、信率领民众，否则国亡身灭。本文从多角度详尽地论述了国家、君主、官吏与民众的关系，充分展现了民本思想的诸多方面，在先秦两汉文献中绝无仅有。

大政下 [1]

易使喜、难使怒者，宜为君。识人之功而忘人之罪者，宜为贵。故曰刑罚不可以慈民，简泄不可以得士[2]。故欲以刑罚慈民，辟其犹以鞭狎狗也[3]，虽久弗亲矣；故欲以简泄得士，辟其犹以弧怵鸟也[4]，虽久弗得矣。故夫士者，弗敬则弗至；故夫民者，弗爱则弗附。故欲求士必至、民必附，惟恭与敬、忠与信，古今毋易矣。渚泽有枯水[5]，而国无枯士矣。故有不能求士之君，而无不可得之士；故有不能治民之吏，而无不可治之民。故君明而吏贤矣，吏贤而民治矣。故见其民而知其吏，见其吏而知其君矣。故君功见于

上篇论民，此篇兼论士。

选吏，吏功见于治民。故观之其上者犹其下[6]，而上睹矣，此道之谓也。故治国家者，行道之谓，国家必宁；信道而以伪，国家必空。故政不可不慎也，而吏不可不选也，而道不可离也。呜呼！戒之哉！离道而灾至矣。

把善用士民提到道的高度。

[注释]

[1]大政下：本篇承接上篇"以民为本"的观点，进一步论述君、吏、士、民四者的关系。直接管理人民的是"吏"，因此吏在国家政事中占有重要的地位，提出对吏的选拔，应有民众的参与。这些任命和选拔官吏的标准和方法，在今天国家政治生活中仍然有积极的参考意义。 [2]简泄：怠慢。泄，通"媟"，轻慢。 [3]辟其犹：譬如。三个虚词连用。狎：戏。 [4]弧：弓。怵（xù）：通"訹"，引诱。 [5]渚（zhǔ）：积聚的水。 [6]犹：通"由"。

无世而无圣，或不得知也；无国而无士，或弗能得也。故世未尝无圣也，而圣不得圣王则弗起也；国未尝无士也，不得君子则弗助也。上圣明，则士暗饰矣[1]。故圣王在上位，则士百里而有一人，则犹无有也。故王者衰，则士没矣。故暴乱在位[2]，则千里而有一人，则犹比肩也[3]。故国者有不幸而无明君；君明也，则国无不幸而论尊贤重士之重要。

求士必以道,待士必以道。

无贤士矣。故自古而至于今,泽有无水,国无无士。故士易得而难求也,易致而难留也。故求士而不以道,周遍境内不能得一人焉;故求士而以道,则国中多有之。此之谓士易得而难求也。故待士而以敬,则士必居矣;待士而不以道,则士必去矣。此之谓士易致而难留也。

[注释]

[1]暗饰:暗自修饰道德。 [2]在位:原作"位上",据卢文弨校本改。 [3]比肩:并肩。比喻人多。

[点评]

　　治国当以道,包括如何对待士与民。待民须爱,待士须敬。

　　王者有易政而无易国[1],有易吏而无易民。故因是国也而为安,因是民也而为治。故汤以桀之乱民为治,武王以纣之北卒为强[2]。故民之治乱在于吏,国之安危在于政。故是以明君之于政也慎之,于吏也选之,然后国兴也。故君能为善,则吏必能为善矣;吏能为善,则民必能为善矣。故民之不善也,失之者吏也;故民之善者,吏之功也。故吏之不善也，失之者君也；故吏之善者，君之功也。是故君明而吏贤，吏贤而民治矣。故苟上好之，其下必化之，此道之政也。

> 吏是君、民的纽带，作用甚大。

[注释]
[1]易：变易，变换。 [2]北：败。

夫民之为言也，暝也[1]；萌之为言也[2]，盲也。故惟上之所扶而以之，民无不化也。故曰民萌。民萌哉，直言其意而为之名也。夫民者，贤不肖之材也，贤不肖皆具焉。故贤人得焉，不肖者伏焉；技能输焉，忠臣饬焉。故民者积愚也。故夫民者虽愚也，明上选吏焉，必使民与焉。故士民誉之，则明上察之，见归而举之[3]；故士民苦之，则明上察之，见非而去之。故王者取吏不忘[4]，必使民唱[5]，然后和之。故夫民者，吏之程也[6]，察吏于民，然后随之。夫民至卑也，使之取吏焉，必取而爱焉。故十人爱之有归，则十人之吏也；百人爱之有归，则百人之吏也；千人爱之有归，则千人之吏也；万人爱之有归，则万人之吏也。故万人之吏，选卿相焉。

> 民众不齐等，故重在教化。

> 《评注诸子菁华录》说："《孟子》所谓国人皆曰贤，然后察之也。"

[注释]

[1]瞑(míng):昏暗。 [2]萌:通"氓",指老百姓。 [3]归:归附。 [4]忘:通"妄"。 [5]唱:本指领唱,引申为提出,发起。 [6]程:式,指考察的标准。

[点评]

民虽愚贱,但治理必须君、吏做出榜样,政事让民众参与,才能选出好的官吏。

> 学统、政统、道统之由来。

夫民者,诸侯之本也;教者,政之本也;道者,教之本也。有道,然后教也;有教,然后政治也;政治,然后民劝之;民劝之,然后国丰富也。故国丰且富,然后君乐也。忠,臣之功也;臣之忠者,君之明也。臣忠君明,此之谓政之纲也。故国也者行政之纲,然后国臧也[1]。故君之信在于所信,所信不信,虽欲论信也,终身不信矣,故所信不可不慎也。事君之道,不过于事父,故不肖者之事父也,不可以事君;事长之道,不过于事兄,故不肖者之事兄也,不可以事长;使下之道,不过于使弟,故不肖者之使弟也,不可以使下;交接之道,不过于为身,故不肖者之为身也,不可以接友;慈民之道,不过于爱其子,

> 忠臣必出孝子之门。

故不肖者之爱其子，不可以慈民；居官之道，不过于居家，故不肖者之于家也，不可以居官。夫道者，行之于父，则行之于君矣；行之于兄，则行之于长矣；行之于弟，则行之于下矣；行之于身，则行之于友矣；行之于子，则行之于民矣；行之于家，则行之于官矣。故士则未仕而能以试矣。圣王选举也，以为表也[2]。问之，然后知其言；谋焉，然后知其极[3]；任之以事，然后知其信。故古圣王、君子不素距人[4]，以此为明察也。

家国本为一体。

[注释]

[1]臧：善。　[2]表：标准。　[3]极：本指房屋的正梁，引申为最高标准。　[4]素：平素，指预先。距：通"拒"。

[点评]

治理国家，道与教为先，因道为教本，教为政本。通过道与教培养贤才，选贤举能。

国之治政，在诸侯、大夫、士；察之理，在其与徒[1]。君必择其臣，而臣必择其所与。故察明者贤乎人之辞[2]，不出于室，而无不见也；察明者乘人[3]，不出其官[4]，而无所不入也。故王者居于中国[5]，不出其国，而明于天下之政。何也？则贤人之辞也。不离其位，而境内亲之者，谓之人为之行之也[6]。故爱人之道，言之者谓之其府[7]；故爱人之道，行之者谓之其礼。故忠诸侯者，无以易敬士也；忠君子者，无以易爱民也。诸侯不得士，则不能兴矣；故君子不得民，而不能称矣。故士能言道而弗能行者谓之器，能行道而弗能言者谓之用，能言而能行之者谓之实。故君子讯其器[8]，任其用，乘其实[9]，而治安兴矣。呜呼！人耳人耳！

《评注诸子菁华录》说："能言道而弗能行谓之器，此语可作《论语》'君子不器'之注。"

敬士、察吏、爱民，人君行仁政不可或缺。

[注释]

[1]与：交接。徒：徒党，朋辈。 [2]贤：崇尚。动词。 [3]乘：利用，凭借。 [4]官：官府。 [5]中国：国之中，指京城。 [6]人为之行之：贤人替君王推行政令。 [7]之其府：从肺腑出来。之，出。府，同"腑"。 [8]讯：询问。 [9]乘：用。

诸侯即位享国，社稷血食[1]，而政有命[2]，国无君也；官有政长而民有所属，而政有命，国无吏也；官驾百乘而食食千人，政有命，国无人也。何也？君之为言也，道也。故君也者，道之所出也。贤人不举，而不肖人不去，此君无道也，故政谓此国无君也。吏之为言，理也。故吏也者，理之所出也。上为非而不敢谏，下为善而不知劝，此吏无理也，故政谓此国无吏也。官驾百乘而食食千人，近侧者不足以问谏，而由朝假不足以考度[3]，故政谓此国无人也。呜呼！悲哉！君者，群也。无人谁据，无据必蹶[4]，政谓此国素亡也。

君、吏、民为国家三要素。

[注释]

[1]血食：鬼神受牲牢的享祭。 [2]政：政令。命：名。 [3]朝假：朝请。假，请。《吕氏春秋·士容》"其邻假以买取鼠之狗"，注："假，犹请也。" [4]蹶：跌倒，指垮台。

[点评]

本篇承上篇，具体论述君、吏、士、民的关系，核心是"君明而吏贤，吏贤而民治"。上篇论以民为本，稍带论士，君明则有贤士，士易得而难求，易致而难留，故求士、待士当以道。结合四者关系，论述事君之道、事长之道、交接之道、慈民之道、居官之道。君、诸侯、大夫、士、民各方面的关系处理不好，就会出现国无君无民、名存实亡的局面。文中的观点和论述，在今天仍有一定的参考价值。

修政语上 [1]

黄帝曰[2]:"道若川谷之水,其出无已,其行无止。"故服人而不为仇,分人而不譐者[3],其惟道矣。故播之于天下而不忘者,其惟道矣。是以道高比于天,道明比于日,道安比于山。故言之者见谓智,学之者见谓贤,守之者见谓信,乐之者见谓仁,行之者见谓圣人。故惟道不可窃也,不可以为虚也。故黄帝职道义[4],经天地[5],纪人伦,序万物,以信与仁为天下先,然后济东海[6],入江内,取《绿图》[7],西济积石[8],涉流沙[9],登于昆仑[10]。于是还居中国[11],以平天下。天下太平,唯躬道而已。

《评注诸子菁华录》说:"汉初去圣未远,帝王遗书犹有存者。若高帝能除挟书之律,萧相国能收秦博士官之书,则倚相所读者必不坠地,帝王大训何至仅存此寥寥数语也?"

《评注诸子菁华录》说:"《吕氏春秋》:圣人上知千岁,下知千岁,非意之也,盖有自矣。"

[注释]

[1] 修政语:记述古代圣王修政的言语。文中记述了黄帝、颛顼、帝喾、尧、舜、大禹、汤这些圣王修身治国的言论,黄帝的言论以道为要点,颛顼的言论以遵守道义为要点,帝喾、尧的言论以仁爱为要点,舜、大禹以忠信为要点,汤以守道为要点,各有侧重。本篇应是贾谊作太傅时所编的教学资料。 [2] 黄帝:传说中古代原始部落联盟的首领。黄帝语在今存古籍中,此书为最早的记录。 [3] 譐(zūn):譐諮,聚在一起议论。 [4] 职:执

掌。　[5]经：与下文"纪"都是治理的意思。　[6]济：渡过。东海：即今黄海一带。因位于东部，故称东海。　[7]《绿图》：即箓图，类似汉代预言人世祸福的谶纬书。　[8]积石：山名，即大积石山，在今青海西宁西南。　[9]流沙：沙漠的古称，泛指西北方的沙漠。　[10]昆仑：昆仑山，在今新疆、西藏之间。　[11]中国：古代指华夏民族居住的黄河流域一带，古人认为是天下之中。

帝颛顼曰[1]："至道不可过也[2]，至义不可易也。"是故以后者复迹也。故上缘黄帝之道而行之，学黄帝之道而赏之[3]，弗加弗损，天下亦平也。

[注释]

[1]颛顼：名高阳，黄帝之孙，昌意之子。　[2]过：违背。　[3]赏：偿，复（俞樾说）。指复原。

颛顼曰："功莫美于去恶而为善，罪莫大于去善而为恶。故非吾善善而已也[1]，善缘善也[2]；非恶恶而已也[3]，恶缘恶也。吾日慎一日，其此已也。"

《评注诸子菁华录》说："据《大戴礼·践阼篇》，黄帝、颛顼之道在丹书，武王所以端冕东面而受于师尚父者，贾生所引盖亦从丹书录出。"

[注释]

[1]善善：以善为善。前面的"善"字是意动用法。　[2]缘：相因。　[3]恶恶：以恶为恶。前面的"恶"字是意动用法。

[点评]

　　黄帝所言重道，智、贤、信、仁、圣皆依道而分。颛顼所言重功，去恶而为善，善恶仍是依道而分。

　　帝喾曰[1]："缘道者之辞而与为道已，缘巧者之事而学为巧已，行仁者之操而与为仁已。"故节仁之器以修其财[2]，而身专其美矣[3]。故上缘黄帝之道而明之，学帝颛顼之道而行之，而天下亦平矣。

[注释]

　　[1]喾（kù）：号高辛，玄嚣之孙，黄帝的曾孙。　[2]节仁：节操、仁义。　[3]专：通"抟"，聚集，拥有。

　　帝喾曰："德莫高于博爱人，而政莫高于博利人。故政莫大于信，治莫大于仁。吾慎此而已矣。"

　　帝尧曰[1]："吾存心于先古，加志于穷民[2]，痛万姓之罹罪[3]，忧众生之不遂也[4]。故一民或饥，曰此我饥之也；一民或寒，曰此我寒之也；一民有罪，曰此我陷之也。"仁行而义立，德博而化富。故不赏而民劝，不罚而民治，先恕而后

爱人、利人即是行仁政，儒家重此。

百姓有罪，在余一人。

行,是以德音远也[5]。是故尧教化及雕题、蜀、越[6],抚交趾[7],身涉流沙,地封独山[8],西见王母[9],训及大夏、渠叟[10],北中幽都[11],及狗国与人身[12],而鸟面及焦侥[13],好贤而隐不逮[14],强于行而蓄于志[15],率以仁而恕,至此而已矣。

《评注诸子菁华录》说:"以上言化及于南。"

《评注诸子菁华录》说:"详叙远方国名,可作《尧典》'光被四表'之注。"

[注释]

[1]尧:号陶唐氏,古代的圣君。 [2]穷:困窘。 [3]罹:遭受。 [4]遂:成长。 [5]德音:令闻,美好的名声。 [6]雕题:在额头上雕刻丹青,古代南方少数民族的习俗。蜀:上古帝喾的庶子封于蜀,在今四川西部一带。越:古代少数民族,分布在今长江中下游以南。 [7]交趾:地名。帝尧时指五岭以南的地区。 [8]独山:刘师培认为即蜀山氏。 [9]王母:西王母,传说中的神仙,住在昆仑山上的瑶池。 [10]大夏:古国名,在今阿富汗北部。渠叟:古西戎国名。 [11]中:顺,使之驯顺。幽都:即幽州,尧时北方之地。 [12]狗国:古国名。人身:古国名。 [13]鸟面:古国名。焦侥:古国名,所谓矮人国。 [14]隐:使……隐。逮:及。原作"还",据卢文弨校本改。 [15]蓄(zì):树立。

[点评]

缘黄帝明道,缘颛顼行道,帝喾爱、利、信、仁,帝尧则落实到民众。

帝舜曰[1]："吾尽吾敬而以事吾上，故见谓忠焉；吾尽吾敬以接吾敌[2]，故见谓信焉；吾尽吾敬以使吾下，故见谓仁焉。是以见爱亲于天下之人，而归乐于天下之民，而见贵信于天下之君。故吾取之以敬也，吾得之以敬也。"故欲明道而谕教，惟以敬者为忠必服之。

《礼记·儒行》说："敬慎者，仁之地也。"

[注释]

[1]舜：古代的圣君，号有虞氏。因大孝闻名于天下，受到尧的器重而成为继承人。　[2]敌：地位相等的人。

大禹之治天下也[1]，诸侯万人而禹一皆知其国，其士万人而禹一皆知其体，故大禹岂能一见而知之也？岂能一闻而识之也？诸侯朝会而禹亲报之[2]，故是以禹一皆知其国也；其士月朝而禹亲见之，故是以禹一皆知其体也。然且大禹其犹大恐，诸侯会，则问于诸侯曰："诸侯以寡人为骄乎？"朔日，士朝，则问于士曰："诸侯大夫以寡人为汰乎[3]？其闻寡人之汰耶？而不以语寡人者，此教寡人残道也，灭天下之教也。故寡人之所怨于人者，莫大于此也。"

《评注诸子菁华录》说："防骄防汰若此，所以闻善言则拜也。"

[注释]

[1]大禹：夏朝的开国君主，因治理洪水有功，舜传位给他。 [2]朝会：诸侯、臣下朝见天子。春见曰朝，时见曰会。报：回复。 [3]汰：骄纵奢侈。

大禹曰："民无食也，则我弗能使也；功成而不利于民，我弗能劝也。"故鬓河而道之九牧[1]，凿江而道之九路[2]，洒五湖而定东海[3]，民劳矣而弗苦者，功成而利于民也。禹尝昼不暇食，夜不暇寝矣。方是时也，忧务故也。故禹与士民同务，故不自言其信而信谕矣，故治天下以信为之也。

《评注诸子菁华录》说："《檀弓》云'有虞氏未施教于民而民信之'，殆即禹之教乎？"

[注释]

[1]鬓：当作"鬵"，疏浚（蒋礼鸿说）。河：黄河。道：通"导"。九牧："牧"当从《淮南子》作"歧"。九歧，九条支流。 [2]江：长江。九路：九条渠道。 [3]洒：通"酾（shī）"，疏通。原作"澄"，据卢文弨校本改。五湖：见《耳痹》篇注。

[点评]

帝舜、大禹依道而行，将帝喾的爱、利、信、仁施加于民众。

汤曰："学圣王之道者，譬其如日；静思而独居,譬其若火。夫人舍学圣王之道而静居独思,譬其若去日之明于庭,而就火之光于室也,然可以小见而不可以大知。"是故明君而君子,贵尚学道而贱下独思也[1]。故诸君得贤而举之[2],得贤而与之[3],譬其若登山乎;得不肖而举之,得不肖而与之,譬其若下渊乎。故登山而望,其何不临而何不见?凌迟而入渊[4],其孰不陷溺?是以明君慎其举而君子慎其与,然后福可必归,菑可必去矣。

《评注诸子菁华录》说:"孔子曰'吾尝终日不食,终夜不寝,以思,无益,不如学也',盖本祖训而申明之。"

[注释]

[1]贵:以……为贵。尚:通"上",以……为上。贱:以……为贱。 [2]举:提拔。 [3]与:交接。 [4]凌迟:通"陵迟",渐渐往下。

汤曰:"药食尝于卑[1],然后至于贵;药言献于贵[2],然后闻于卑。"故药食尝于卑,然后至于贵,教也;药言献于贵,然后闻于卑,道也。故使人味食然后食者[3],其得味也多;若使人味言然后闻者,其得言也少。故以是明上之于言也,必自也听之,必自也择之,必自也聚之,必自也藏之,必自也行之。故道以数取之为明[4],以数

圣字的繁体为聖,善用口耳之谓也。

行之为章，以数施之万姓为藏。是故求道者不以目而以心，取道者不以手而以耳，致道者以言，入道者以忠，积道者以信，树道者以人。故人主有欲治安之心而无治安之政者，虽欲治显荣也，弗得矣。故治安不可以虚成也，显荣不可以虚得也。故明君敬士、察吏、爱民以参其极[5]，非此者则四美不附矣[6]。

[注释]

[1]药食尝于卑：药和食物由卑贱者先尝。 [2]药言：如药之言，指能解决问题病症的言论。 [3]味：品尝。 [4]数（shuò）：屡次，多次。下同。 [5]参：参验，检验。极：准则。 [6]四美：指治安显荣。上文云道不可以窃也，不可以虚为也，治安显荣必以道，所以说不可以虚成，也不可以虚得也。

[点评]

黄帝、颛顼、帝喾、尧、舜、禹、汤七位都是古代的圣王，他们关于修政的言论值得后人记取。黄帝以道为要，颛顼以遵守道义为要，帝喾、尧以仁爱为要，舜、大禹以忠信为要，汤以守道为要。《老子》说："失道而后德，失德而后仁，失仁而后义，失义而后礼。夫礼者，忠信之薄而乱之首也。"（第三十八章）从黄帝到大禹，似乎印证了《老子》所说的失道的情形。汤又回归于道，是历史的循环。道不可道，难以把握，仁、义、忠、信、礼则易于操作，从修政而言，皆不可或缺。

修政语下[1]

周文王问于粥子曰[2]："敢问君子将入其职，则其于民也何如？"粥子对曰："唯[3]。疑[4]。请以上世之政诏于君王[5]。政曰：君子将入其职，则其于民也，旭旭然如日之始出也[6]。"周文王曰："受命矣。"曰："君子既入其职，则其于民也，何若？"对曰："君子既入其职，则其于民也，曒曒然如日之正中[7]。"周文王曰："受命矣。"曰："君子既去其职，则其于民也，何若？"对曰："君子既去其职，则其于民也，暗暗然如日之已入也。故君子将入而旭旭者，义先闻也；既入而曒曒者，民保其福也；既去而暗暗者，民失其教也。"周文王曰："受命矣。"

君子是民之表率。

《评注诸子菁华录》说："日之始出、日之正中、日之已入，三者人人所见，人人所知，此等譬喻最易觉悟。"

[注释]

[1]修政语下：本篇接着上篇之后，记述了周文王与粥子、周武王与粥子和王子旦、周成王与粥子的问答之辞，围绕君主与人民的关系论述了君主在国家中的作用、战胜攻取的关键、道在治

国中的作用等,是治国经验之谈。本篇所记的内容,亦见《鬻子》。　[2]鬻子:又作"鬶子",名熊,传说中周代的思想家,曾担任周师。　[3]唯:应答之声,指快速应答尊长。　[4]疑:疑惑,不明白。　[5]诏:告知。用于上对下。　[6]旭旭然:日出时光明灿烂的样子。　[7]暵(hàn)暵然:指日中光明的样子。暵暵,原作"暵暵",据《太平御览》卷三改,下"暵暵"同。

周武王问于鬻子曰[1]:"寡人愿守而必存,攻而必得,战而必胜,则吾为此奈何?"鬻子曰:"唯。疑。攻守而战乎同器[2],而和与严其备也[3]。故曰:和可以守而严可以守,而严不若和之固也;和可以攻而严可以攻,而严不若和之得也;和可以战而严可以战,而严不若和之胜也。则唯由和而可也。故诸侯发政施令,政平于人者,谓之文政矣;诸侯接士而使吏,礼恭于人者,谓之文礼矣;诸侯听狱断刑,仁于治,陈于行[4]。其由此守而不存,攻而不得,战而不胜者,自古而至于今,自天地之辟也,未之尝闻也。今也,君王欲守而必存,攻而必得,战而必胜,则唯由此也为可也。"周武王曰:"受命矣。"

和为贵。

[注释]
[1]周武王:姬发,文王之子,周朝的开国国君,年八十三嗣

位,第二年观兵于郊,三年克商,在位十年,年九十三,谥曰武王。　[2]乎:于。器:本指器械,这里指方式、方法。　[3]和:和谐,平和。严:威严,严厉。　[4]陈(zhèn):布阵。行:行列。

周武王问于王子旦曰[1]:"敢问治有必成而战有必胜乎?攻有必得而守有必存乎?"王子旦对曰:"有。政曰:诸侯政平于内而威于外矣,君子行修于身而信于舆人矣[2],治民民治而荣于名矣。故诸侯凡有治心者,必修之以道而与之以敬,然后能以成也;凡有战心者,必修之以政而兴之以义,然后能以胜也;凡有攻心者,必结之以约而论之以信[3],然后能以得也;凡有守心者,必固之以和而论之以爱,然后能有存也。"周武王曰:"受命矣。"师尚父曰[4]:"吾闻之于政也,曰:天下圹圹[5],一人有之;万民藂藂[6],一人理之。故天下者,非一家之有也,有道者之有也。故夫天下者,唯有道者理之,唯有道者纪之,唯有道者使之,唯有道者宜处而久之。故夫天下者,难得而易失也,难常而易忘也[7]。故守天下者,非以道则弗得而长也。故夫道者,万世之宝也。"周武王曰:"受命矣。"

《评注诸子菁华录》说:"武王所问四端,治有必成尤为要领,故所对独详。"

《评注诸子菁华录》说:"道为万世之宝,所谓天不变,道亦不变也。"

[注释]

[1] 王子旦：即周公旦，姓姬名旦，周文王之子，周武王之弟，辅佐周武王灭商有功，封于鲁。武王崩，成王幼小，周公代理国政。 [2] 舆人：众人。 [3] 论：明，讲明。 [4] 师尚父：即姜尚，号太公望，周文王的老师，辅佐周武王伐商，尊为"师尚父"，封于齐。 [5] 圹圹：空阔的样子。 [6] 藂藂：众多的样子。藂，同"丛"。 [7] 忘：通"亡"。

[点评]

何以有天下？唯有道者。信、爱、敬、义皆是道的内容。取天下当以道，守天下当以道。

周成王年二十岁即位享国[1]，亲以其身见于粥子之家而问焉[2]，曰："昔者先王与帝修道而道修，寡人之望也，亦愿以教，敢问兴国之道奈何？"粥子对曰："唯。疑。请以上世之政诏于君王。政曰：兴国之道，君思善则行之，君闻善则行之，君知善则行之，位敬而常之，行信而长之，则兴国之道也。"周成王曰："受命矣。"

> 兴国之道在于君的知善、行善与敬、信。

[注释]

[1] 周成王：姬诵，周武王之子，在位三十七年，谥曰成王。二十岁：原作"六岁"，据卢文弨校本改。 [2] 粥子：即鬻子。

> 周成王曰：“敢问于道之要奈何[1]？”粥子对曰：“唯。疑。请以上世之政诏于君王。政曰：为人下者敬而肃[2]，为人上者恭而仁[3]，为人君者敬士爱民，以终其身。此道之要也。”周成王曰：“受命矣。”

道之要在爱民。

[注释]

[1]要：要领，关键。 [2]为人下者：指下级官吏和普通百姓。 [3]为人上者：指掌握要职的上层官吏。

> 周成王曰：“敢问治国之道若何？”粥子曰：“唯。疑。请以上世之政诏于君王。政曰：治国之道，上忠于主，而中敬其士，而下爱其民。故上忠其主者，非以道义则无以入忠也；而中敬其士，不以礼节无以谕敬也；下爱其民，非以忠信则无以谕爱也。故忠信行于民，而礼节谕于士，道义入于上，则治国之道也。虽治天下者，由此而已。”周成王曰：“受命矣。”

治国之道在君、士、民三者，忠、敬、爱是其要点。

> 周成王曰：“寡人闻之，有上人者，有下人者；有贤人者，有不肖人者；有智人者，有愚人者。敢问上下之人，何以为异？”粥子对曰：“唯。

疑。请以上世之政诏于君王。政曰：凡人者，若贱若贵，若幼若老，闻道志而藏之[1]，知道善而行之，上人矣；闻道而弗取藏也，知道而弗取行也，则谓之下人也。故夫行者善则谓之贤人矣，行者恶则谓之不肖矣。故夫言者善则谓之智矣，言者不善则谓之愚矣。故智愚之人有其辞矣[2]，贤不肖之人别其行矣，上下之人等其志矣[3]。"周成王曰："受命矣。"

以道分上下，以行分贤不肖，以言分智愚。

[注释]

[1]志：记住。 [2]有其辞：指从言辞上可以区分。 [3]等：等差。

周成王曰："寡人闻之，圣王在上位，使民富且寿云。若夫富则可为也，若夫寿则不在天乎？"粥子曰："唯。疑。请以上世之政诏于君王。政曰：圣王在上位，则天下不死军兵之事。故诸侯不私相攻，而民不私相斗阋[1]，不私相煞也[2]。故圣王在上位，则民免于一死而得一生矣。圣王在上位，则君积于道，而吏积于德，而民积于用力。故妇人为其所衣，丈夫为其所食，则民无冻

《评注诸子菁华录》说:"免死便是生,得生便是寿,四端皆系人为而非天定。如此说寿,最为通达。"

《评注诸子菁华录》说:"《左氏》文十三年传邾文公曰'命在养民',此'命'字可以作彼注脚。"

馁矣[3]。圣王在上,则民免于二死而得二生矣。圣王在上,则君积于仁,而吏积于爱,而民积于顺,则刑罚废矣,而民无夭遏之诛[4]。故圣王在上,则民免于三死而得三生矣。圣王在上,则使民有时,而用之有节,则民无厉疾[5]。故圣王在上,则民免于四死而得四生矣。圣人在上,则使盈境内兴贤良,以禁邪恶。故贤人必用,而不肖人不作,则已得其命矣。故夫富且寿者,圣王之功也。"周成王曰:"受命矣。"

[注释]

[1]斗阋(xì):争斗。 [2]煞:通"杀"。 [3]馁(něi):饥饿。 [4]夭遏:夭折。 [5]厉疾:泛指疾病。厉,同"疠",本指疫病,即传染病。

[点评]

周文王、武王和成王三位是周代开国的君王,周文王继承父亲古公亶父的遗志,逐步开拓周王朝的疆域,到武王时推翻商纣王,建立了周王朝。从他们与鬻子的谈话中可以看出,他们夺取天下和治理天下都是依道而行,以仁义忠信取信于民、爱利于民,使民富且寿。在中国的历史上,周王朝的统治长达八百多年,与他们治政的理念不无关系。

新书卷第十

礼容语上（缺）

礼容语下 杂事[1]

鲁叔孙昭子聘于宋[2]，宋元公与之燕[3]，饮酒乐。昭子右坐，歌终而语，因相泣也。乐祁曰[4]："过哉，君！非哀所也。"已而告人曰："今兹君与叔孙其皆死乎！吾闻之，哀乐而乐哀，皆丧心也。心之精爽[5]，是谓魂魄，魂魄已失，何以能久？且吾闻之，主民者不可以偷[6]，偷必死。今君与叔孙其语皆偷，死日不远矣。"居六月，宋元公薨[7]。间一月，叔孙婼卒[8]。

庄子说："哀莫大于心死。"

[注释]

[1] 礼容语：合乎礼制要求的仪容和言语的文体。文中记录了春秋时期的三个故事，第一个故事是叔孙昭子与宋元公宴饮失态，结果两人先后死去；第二个故事是叔向会见单靖公，举止言谈合乎礼仪，印证靖公辅政后周王室复兴；第三个故事是晋厉公带着晋国郤氏三卿会见诸侯时失态，印证晋厉公和三卿先后死去；用这些故事说明仪容言谈合乎礼仪的重要性。本篇是《容经》篇的说明材料，可以相互参看。　[2] 叔孙昭子：即叔孙婼，春秋鲁大夫叔孙豹之子，谥昭子。聘于宋：其事见《左传》昭公二十五年。聘，出使访问。　[3] 宋元公：宋国国君，公元前531—前517在位。燕：通"宴"，宴饮。　[4] 乐祁：名祁的乐师。　[5] 精爽：精神。　[6] 偷：苟且，草率，随便。　[7] 薨：死。诸侯死曰薨。　[8] 卒：死。大夫死曰卒。

晋叔向聘于周[1]，发币大夫[2]。及单靖公[3]，靖公享之，俭而敬，宾礼赠贿同[4]，是礼而从，享燕无私，送不过郊，语说《昊天有成命》[5]。

[注释]

[1] 叔向：即羊舌肸，羊舌职之子，晋国大夫。　[2] 币：礼物。　[3] 单（shàn）靖公：周王室卿士，单襄公之孙，顷公之子。　[4] 贿：礼品。　[5]《昊天有成命》：《诗·周颂》中的一篇。

[点评]

乐祁据宋元公与叔孙昭子哀乐失所及语偷预测其将

死亡，因与礼容不合，与单靖公形成对比。

既而叔向告人曰："吾闻之曰，一姓不再兴。今周有单子以为臣，周其复兴乎？昔史佚有言曰[1]：'动莫若敬，居莫若俭，德莫若让，事莫若资[2]。'今单子皆有焉。夫宫室不崇，器无虫镂[3]，俭也；身恭除洁[4]，外内肃给，敬也；燕好享赐[5]，虽欢不逾等，让也；宾之礼事，称上而差，资也；若是而加之以无私，重之以不侈，能辟怨矣。居俭动敬，德让事资，而能辟怨，以为卿佐，其有不兴乎？"

单子敬、俭、让、资皆备，故周能再兴。

[注释]
[1]史佚：周文王、周武王时太史。 [2]资：通"咨"，少有过失（《国语》韦昭说），指周全。 [3]虫镂：雕刻鸟兽虫鱼等花纹。 [4]除：宫殿的台阶，泛指宫殿。 [5]燕好：设宴款待。

"夫《昊天有成命》，颂之盛德也。其诗曰：'昊天有成命[1]，二后受之[2]，成王不敢康，夙夜基命宥谧。'谧者，宁也，亿也；命者，制令也；基者，经也，势也[3]；夙，早也；康，安也；后，王；二后，文王、武王。成王者，武王之子，文王之孙也。文王有大德而功未就，武王有大功而治未成。及成王承嗣，仁以临民，故称'昊天'焉。不敢怠安，蚤兴夜寐，以继文王之业。布文陈纪，经制度，设牺牲，使四海之内懿然葆德，各遵其道，故曰'有成'。承顺武王之功，奉扬文王之德，九州之民、四荒之国歌谣文、武之烈，累九译而请朝，致贡职以供祀，故曰'二后受之'。方是时也，天地调和，神民顺亿[4]，鬼不厉祟[5]，民不谤怨，故曰'宥谧'。成王质仁圣哲，能明其先，能承其亲，不敢惰懈，以安天下，以敬民人。今单子美说其志也，以佐周室，吾故曰'周其复兴乎'。"故周平王既崩以后[6]，周室稍稍衰弱不坠，当单子之佐政也，天子加尊，周室加兴。

[注释]

[1]昊天：上天。昊，大。成命：已定之命。 [2]二后：周文王、周武王。后，君。 [3]势：俞樾认为是"槸"字之讹，设立标准的意思。 [4]亿：安宁。 [5]厉祟：恶鬼作祸。 [6]周平王：姬宜臼，公元前770—前720年在位。

[点评]

单子为臣，敬、俭、让、咨，符合礼容。礼容不仅仅是外部行为，更是合道的体现。《昊天有成命》之诗，揭示了周室再兴之由。

晋之三卿，郤锜、郤犨、郤至[1]，从晋厉公会诸侯于加陵[2]，周单襄公在会[3]。晋厉公视远步高。郤锜见单子，其语犯；郤犨见，其语讦[4]；郤至见，其语伐[5]；齐国佐见，其语尽。

言为心声。

《国语评苑》说："言语动作所系如此，则人可不自检点哉！"

[注释]

[1]郤锜（xì qí）：驹伯，郤克之子。郤犨（chōu）：郤锜的族父，步扬之子苦成叔。郤至：郤犨弟弟的儿子温季昭子。 [2]晋厉公：州蒲，晋成公之孙，晋景公之子。加陵：即柯陵，地名，在今山东东阿县东南。 [3]单襄公：单朝之谥，周王室卿士。 [4]讦（xū）：夸诞。 [5]伐：夸耀。

单襄公告鲁成公曰[1]："晋将有乱，其君与三郤其当之乎？"鲁侯曰[2]："寡人固晋而强其君，今君曰'将有乱'，敢问天道乎？意人故乎[3]？"

《国语评苑》引穆文熙说："襄公论晋侯以容，论三郤以言，精辟奥义深中膏肓，自非至愚，读之未有不爽然悟、悚然惧者矣。"

[注释]

[1]鲁成公：鲁宣公之子黑肱，公元前590—前573年在位。 [2]鲁侯：即鲁成公，爵位为侯。 [3]意：通"抑"。

对曰:"吾非诸史也[1],焉知天道?吾见晋君之容,而听三郤之语矣,殆必有祸矣。君子目以正体,足以从之,是以观容而知其心。今晋侯视远而足高,目不在体而足不步目[2],其心必异矣。体目不相从,何以能久?夫合诸侯,国之大事也。于是观存亡之征焉。故国将有福,其君步言视听,必皆得适顺善,则可以知德矣。视远曰绝其义,足高曰弃其德,言爽曰反其信[3],听淫曰离其名[4]。夫目以处义,足以践德,口以庇信[5],耳以听名者矣,故不可不慎也。偏亡者有咎,既亡则国从之。今晋侯无一可焉,吾是以云。

[注释]

[1]诸史:史官的总称。《周礼》有大史、小史、内史、外史等官职。 [2]足不步目:脚步不能跟随目光而行走。 [3]爽:贰。指言语前后不一致。 [4]淫:滥,指不能听取正确意见。 [5]庇:凭依。

[点评]

目、足、口、耳,事关义、德、信、名。晋之三郤不合礼容,生怨之本。齐国武子亦然。

"夫郤氏,晋侯之宠人也[1]。是族在晋有三卿、五大夫，贵矣，亦可以戒惧矣。今郤伯之语犯，郤叔訏，郤季伐；犯则凌人[2]，訏则诬人[3]，伐则掩人[4]。有是宠也，而益之以三怨，其谁能忍之？齐国武子亦将有祸[5]。齐，乱国也。立于淫乱之朝，而好尽言以暴人过[6]，怨之本也。惟善人能受尽言，今齐既乱，其能善乎？"

[注释]
[1]宠：地位高。 [2]凌：欺凌。 [3]诬：欺骗。 [4]掩：掩盖，指掩盖别人美好的方面。 [5]国武子：指国佐。 [6]尽言：规劝的直言。

居二年，晋杀三卿。明年，厉公弑于东门。是岁也，齐人果杀国武子。《诗》曰："敬之敬之[1]，天惟显思，命不易哉！毋曰高高在上，陟降厥士，日监在兹。惟予小子，不聪敬止，日就月将，学有缉熙于光明，佛时仔肩，示我显德行。"故弗顺弗敬，天下不定，忘敬而怠，人必乘之[2]。呜呼！戒之哉！

[注释]
[1]"敬之敬之"以下十二句：见《诗·周颂·闵予小子之

什·敬之》。小子，指继位的君王。就，接近。将，行。缉熙，奋发前进。佛（bì），通"弼"，辅助。时，是。仔肩，承担，责任。　[2]乘：欺凌（徐复说）。

[点评]

《容经》篇论述礼容的规范。本篇用三个具体故事证明礼容的重要性。鲁叔孙昭与宋元公宴饮失态，皆死；周单靖公享叔向合礼，致周国复兴；晋之三郤不合礼容，君臣皆死，把礼容提高到存亡的高度，这与古代相人术只与个人的贫贱富贵寿夭相关有很大区别，也从一个侧面反映了礼对国家的作用，为古人重礼提供了现实的依据。

胎教杂事[1]

《易》曰："正其本而万物理[2]，失之毫厘，差以千里。"故君子慎始。《春秋》之元[3]，《诗》之《关雎》[4]，《礼》之冠婚[5]，《易》之乾坤[6]，皆慎始敬终云尔。

[注释]

[1]胎教：孕妇在怀孕期间对于视听言行都谨慎其事，使胎儿受到良好的影响，称为胎教。本篇基于人性有善有恶的观点，阐发胎儿从小注重环境和生活习惯在教育上的重大意义，强调胎教。文中前半部分，引用古代典籍，记述了胎教的起源和各种相关的礼仪。后半部分用周成王所受的教育论证人主左右不可不加以选

《评注诸子菁华录》说："慎始所以要胎教，敬终不过带说。"

《评注诸子菁华录》说："元者，气之始也；夫妇，化之始也；冠昏，人之始也；乾坤，物之始也；获麟，《春秋》终也；颂者，《诗》之终也；吉礼，《礼》之终也；未济，《易》之终也。此言人道当谨始而贵终也。"

择，并用前代兴亡的事例加以证明。本篇的教育观点，可与《保傅》篇相参。大部分文字，见《大戴礼记·保傅》。　[2]"正其本而万物理"以下三句：见《易说》（《大戴礼记》卢辩注），今见《易纬·通卦验》。　[3]《春秋》：见《傅职》篇注。元：指君的始年。　[4]《诗》：即《诗经》，见《傅职》篇注。《关雎》：《诗经》中的第一篇，主旨在于反映后妃之德。　[5]《礼》：《仪礼》，儒家经典。冠婚：《士冠礼》和《士昏礼》，《仪礼》的第一、第二篇。　[6]《易》：《易经》，儒家经典之一。乾坤：乾卦和坤卦。

素成[1]，谨为子孙婚妻嫁女，必择孝悌、世世有行义者。如是，则其子孙慈孝，不敢淫暴，党无不善[2]，三族辅之[3]。故凤凰生而有仁义之意，虎狼生而有贪戾之心，两者不等，各有其母。呜呼！戒之哉！无养乳虎，将伤天下。故素成，胎教之道，书之玉版[4]，藏之金柜[5]，置之宗庙，以为后世戒。

《评注诸子菁华录》说："《韩诗外传》凤象备五德：首若蘘青，藏仁也；婴若白垩，抱义也；背若赤丹，负礼也；胸若石墨，蕴智也；足若融黄，履信也。"

《评注诸子菁华录》说："一善一恶，物类且然，何况于人？"

[注释]
　　[1]素成：豫成。豫，通"预"。《国语·吴语》："夫谋必素见成事焉，而后履之。"韦昭注："素，犹豫也。"　[2]党：指亲族。　[3]三族：父族、母族、亲族（《大戴礼记》卢辩注）。　[4]玉版：刻字的玉片。　[5]金柜：收藏文书的铜柜子。金，铜。

[点评]
　　慎始敬终，是中国的传统。为子孙计，从嫁娶开始。

胎教即是慎始。

青史氏之《记》曰[1]："古者胎教之道，王后有身，七月而就蒌室[2]。太师持铜而御户左[3]，太宰持斗而御户右[4]，太卜持蓍龟而御堂下[5]，诸官皆以其职御于门内[6]。比三月者，王后所求声音非礼乐，则太师抚乐而称不习[7]；所求滋味者非正味，则太宰荷斗而不敢煎调[8]，而曰不敢以侍王太子。太子生而泣[9]，太师吹铜曰声中某律，太宰曰滋味上某，太卜曰命云某。

《评注诸子菁华录》说："铜，乐器，乐为阳，故在左。斗，食器，食为阴，故在右。"

[注释]

[1]青史氏：古代史官，《汉书·艺文志》记载有《青史子》五十三篇。 [2]蒌室：《大戴礼记》作"宴室"，即侧室。 [3]太师：乐师，掌管音律。铜：律管。御：待。左：左为阳。音乐为阳，所以在左。 [4]太宰：掌管膳食的官员。斗：舀水的勺。右：右为阴。饮食为阴，所以在右。 [5]太卜：也称卜正，掌管卜筮的官员。蓍龟：蓍草和龟甲，古时占筮用具。筮用蓍草，卜用龟甲。 [6]御：陪侍。 [7]抚：按，指停止演奏。乐：乐器。 [8]荷：提着。 [9]泣：原作"立"，据卢文弨校本改。

然后为太子悬弧之礼义[1]。东方之弧以梧[2]，梧者，东方之草，春木也；其牲以鸡[3]，鸡者，东方之牲也。南方之弧以柳，柳者，南方之草，夏木也；其牲以狗，狗者，南方之牲也。中央之弧以桑，桑者，中央之木也；其牲以牛，牛者，中央之牲也。西方之弧以棘[4]，棘者，西方之草也，秋木也；其牲以羊，羊者，西方之牲也。北方之弧以枣，枣者，北方之草，冬木也；其牲以彘[5]，彘者，北方之牲也。五弧五分矢[6]，东方射东方，南方射南方，中央射中央，西方射西方，北方射北方，皆三射。其四弧具，其余各二分矢，悬诸国四通门之左[7]；中央之弧亦具，余二分矢，悬诸社稷门之左[8]。

[注释]
[1]悬弧：悬挂弓。古代风俗，男孩出生，在门的左边悬挂一张桑树枝做的弓，取"桑弧蓬矢，以射四方"的意思。弧，指弓。义：同"仪"。　[2]梧：梧桐。　[3]牲：祭祀用的祭品。　[4]棘：酸枣树。　[5]彘(zhì)：猪。　[6]五分矢：分配五支箭。　[7]四通门：四方通衢的门，即四方城门。　[8]社稷门：社稷庙的门。社，土神。稷，谷神。

[点评]
人君者，当心系天下。悬壶四射之礼，重在关注天

地四方之义。

然后，卜王太子名，上毋取于天，下毋取于土，毋取于名山通谷，毋悖于乡俗[1]。是故君子名难知而易讳也[2]，此所以养隐之道也[3]。

《评注诸子菁华录》说："与《左传》申繻对鲁桓公之问名辞异而意同。"

[注释]

[1]悖：违背。　[2]讳：避讳。古人在言语和文字中要避免提尊长的名。　[3]隐：威重之貌（《后汉书·吴汉传》李贤注）。

正之礼者，王太子无羞臣[1]，领臣之子也，故谓领臣之子也。身朝王者，妻朝后，之子朝王太子，是谓臣之子也。此正礼胎教也。周妃后妊成王于身，立而不跛[2]，坐而不差[3]，笑而不喧，独处不倨[4]，虽怒不骂，胎教之谓也。成王生[5]，仁者养之，孝者襁之[6]，四贤傍之。成王有知，而选太公为师[7]，周公为傅[8]，前有与计而后有与虑也。是以封于泰山[9]，而禅梁父[10]，朝诸侯，一天下。由此观之，主左右不可不练也[11]。

《评注诸子菁华录》说："此系胎教实证。"

[注释]

[1]羞：殽羞，饮食，指设宴招待。　[2]跛（bì）：一只脚站

立。《礼记·曲礼上》"立不跛"，郑玄注："跛，偏任也。" [3] 謰：通"差（cī）"，参差，指两只脚不齐一。 [4] 倨：通"踞"，箕踞，叉开大腿而坐。 [5] 成王：周成王姬诵，周武王之子。 [6] 襁：襁褓，背负和包裹婴儿的布兜被毯之类。这里指背负。 [7] 太公：太公望，即姜尚，周文王的老师，辅佐周武王伐商，尊为"师尚父"，封于齐。 [8] 周公：即周公旦，见《修政语下》篇"王子旦"注。 [9] 封：祭天的仪式。 [10] 禅（shàn）：祭地的仪式。梁父：也作"梁甫"，泰山下的一座小山。 [11] 练：选择。

昔禹以夏王，而桀以夏亡；汤以殷王，而纣以殷亡；阖闾以吴战胜无敌，而夫差以之见禽于越；文公以晋伯，而厉公以见杀于匠丽之宫[1]；威王以齐强于天下[2]，而简公以杀于檀台[3]；穆公以秦显名尊号[4]，而二世以劫于望夷之宫。其所以君王同而功迹不等者，所任异也。

[注释]

[1] 厉公：州蒲，晋成公之孙，晋景公之子。匠丽之宫：匠丽氏之家。匠丽，人名，晋厉公的臣下。 [2] 威王：齐威王，陈敬仲之后，田常的六世孙，田和的孙子。 [3] 简公：齐简公，齐悼侯之子齐侯壬。檀台：台名。 [4] 穆公：秦穆公，名任好，五霸之一。

[点评]

历数君王的存亡与功绩不等，在所任用的人不同，归结为与接受的教育相关。

故成王处襁褓之中朝诸侯，周公用事也。武灵王五十而弑于沙丘[1]，任李兑也[2]。齐桓公得管仲[3]，九合诸侯，一匡天下，称为义主；失管仲，任竖刁[4]，而身死不葬，为天下笑。一人之身荣辱具施焉者，在所任也。故魏有公子无忌而削地复[5]，赵任蔺相如而秦兵不敢出[6]，安陵任周瞻而国独立[7]，楚有申包胥而昭王反复[8]，齐有陈单而襄王得其国[9]。由此观之，无贤佐俊士，能成功立名、安危继绝者，未之有也。是以国不务大而务得民心，佐不务多而务得贤者；得民心而民往之，得贤者而贤者归之。

历陈史实，论贤佐之重要。

[注释]

[1]武灵王：赵武灵王，赵肃侯之子，战国时赵国的君主，公元前325—前299年在位。沙丘：宫名，在今河北钟台之南。　[2]李兑：赵国的佞臣。赵武灵王晚年把王位让给王子何的时候，引起内乱，李兑把武灵王围困在沙丘宫饿死。　[3]齐桓公：见《宗首》篇注。管仲：即管子，见《审微》篇注。　[4]竖刁：也作"竖刀"，见《连语》篇注。　[5]公子无忌：信陵君，魏昭王之少子，魏安釐王之异母弟。魏安釐王三十年（前247），信陵君率领五国的军队攻打秦国，夺回被秦侵夺的土地。　[6]蔺相如：赵惠文王的

国相,出使秦国,完璧归赵,团结大将廉颇,使秦国不敢出兵侵犯。 [7]安陵:又作"鄢陵",战国时小国,原是魏国附庸。秦灭魏后,安陵君派唐雎往说秦王,以方圆五十里的国家得以保存。周瞻:其事未详,疑为"唐雎"形近致误。 [8]申包胥:姓公孙,名包胥,封于申。春秋楚大夫,与伍员相好。伍员率领吴国军队攻入郢都,申包胥到秦国求救兵,痛哭七日不绝声,秦哀公为其诚心感动,出兵救楚,楚昭王得以回到郢都。昭王:楚昭王,见《耳痹》篇注。 [9]陈单:即田单,齐襄王的将军。齐闵王时,燕国派乐毅率领军队攻破齐国七十多个城池,只剩下莒和即墨。齐襄王五年(前279),田单用火牛阵攻破燕国,迎襄王于莒,进入临淄,收复齐故地,封田单为安平君。襄王:齐闵王之子章。

文王请除炮烙之刑而殷民从[1],汤去张网者之三面而二垂至[2],越王不頯旧冢而吴人服,以其所为顺于人也。故同声则处异而相应,意合则未见而相亲,贤者立于本朝,而天下之士相率而趋之。何以知其然也?管仲,桓公之雠也[3]。鲍叔以为贤于己而进之桓公[4],七十言说乃听[5],遂使桓公除仇雠之心,而委之国政焉。桓公垂拱无事而朝诸侯[6],鲍叔之力也。管仲之所以走桓公而无自危之心者[7],同声于鲍叔也。

历陈贤君贤佐。

[注释]

[1]文王:周文王姬昌。炮(páo)烙:一种酷刑。用炭烧热

铜柱，令人爬行柱上，坠入炭火烧死。从：原作"徒"，据卢文弨校本改。　[2]汤：商朝的开国君主。其事参见《谕诚》篇。垂：通"陲"，边陲，边远地区。　[3]雠：通"仇"。管仲原来辅佐齐国公子纠，并奉命追杀齐桓公，射箭射中齐桓公的衣带钩，所以为仇。　[4]鲍叔：鲍叔牙，齐桓公的国相，曾辅佐齐桓公战胜公子纠取得君位。　[5]七十言说乃听：先后说了七十次才听从。　[6]垂拱：垂衣拱手，形容无事，不需要治理。　[7]走：趋。

[点评]

同声相应，同气相求。治国当重贤，贤从教育得。

蘧伯玉可谓死谏。

《孔子家语正印》卫南子说："忠臣孝子，不为昭昭信节，不为冥冥堕行。伯玉贤大夫也，仁而且智，敬而事上，是以知之，是公因其言，固识伯玉之为忠贤矣。"

卫灵公之时[1]，蘧伯玉贤而不用[2]，弥子瑕不肖而任事[3]。史鰌患之[4]，数言蘧伯玉贤而不听。病且死，谓其子曰："我即死，治丧于北堂。吾生不能进蘧伯玉而退弥子瑕，是不能正君也。生不能正君者，死不当成礼，死而置尸于北堂，于我足矣。"灵公往吊，问其故，其子以父言闻。灵公戚然易容而寤曰[5]："吾失矣！"立召蘧伯玉而进之，召弥子瑕而退之，徙丧于堂[6]，成礼而后去。卫国已治，史鰌之力也。夫生进贤而退不肖，死且未止，又以尸谏，可谓忠不衰矣。

[注释]

[1]卫灵公：春秋时卫国国君，献公的孙子，名元，公元前

534—前493年在位。 [2]蘧（qú）伯玉：春秋时卫国大夫，名瑗，有贤能的美名。 [3]弥子瑕：也作"迷子瑕"，卫国大夫，卫灵公的宠臣。 [4]史䲡（qiū）：字子鱼，春秋时卫国大夫，有贤能的名声。 [5]戚然：忧愁的样子。 [6]堂：指南堂，古人正式的礼仪活动多在朝南的厅堂。

纣杀王子比干[1]，而箕子被发而佯狂[2]；陈灵公杀泄冶[3]，而邓元去陈以族徙[4]。自是之后，殷并于周，陈亡于楚，以其杀比干与泄冶，而失箕子与邓元也。燕昭王得郭隗[5]，而邹衍、乐毅自齐、魏至[6]，于是举兵而攻齐，栖闵王于莒[7]。燕度地计众[8]，不与齐均也。然而所以能信意至于此者[9]，由得士故也。故无常安之国，无宜治之民；得贤者显昌，失贤者危亡。自古及今，未有不然者也。

> 得贤则显昌，失贤则危亡，对比鲜明。

[注释]

[1]比干：纣的伯父，忠谏被杀。 [2]箕子：纣的伯父，名胥余，为太师，国封于箕。被：通"披"。佯：假装。 [3]陈灵公：春秋时陈国国君，名平国，公元前613—前599年在位。泄冶：陈国大夫。 [4]邓元：人名，事迹未详。徙：迁移。 [5]燕昭王：战国时燕国国君，公元前311—前279年在位。郭隗（wěi）：燕国人。燕昭王要招纳贤士，郭隗请求燕昭王拜他为师开始，贤士

果然闻风而至。　[6]邹衍：也作"驺衍"，战国时齐国著名的思想家。乐毅：魏国人，后为燕昭王大将。　[7]闵王：齐威王之孙，齐宣王之子齐王地，公元前300—前284年在位。莒(jǔ)：地名，在今山东莒县。　[8]度(duó)：计量长短。　[9]信：通"伸"。

鉴所以照形也[1]，往古所以知今也。夫知恶古之所以危亡，不务袭迹于其所以安存，则未有异于却走而求及前人也[2]。太公知之，故国微子之后[3]，而封比干之墓[4]。夫圣人之于圣者之死，尚如此其厚也，况当世存者乎！其弗可失矣。

[注释]

[1]鉴：镜子。　[2]却走：倒着走。　[3]国：封国，名词用作动词。微子：纣的庶兄，当时的贤士。武王灭殷，封微子于宋。　[4]封：堆土拢坟。

[点评]

人性有善有恶，故有性本善、性本恶和性善恶兼等各种观点。本篇记录了古代胎教的内容和养太子的礼仪，侧重从培养太子的角度论述，又从贤人的角度论述对国家兴亡的重要作用。教育与礼仪相结合，培养人才与治理国家相结合。慎始以求敬终，与古人具有强烈的忧患意识密切相关。

立后义 杂事[1]

　　古之圣帝将立世子[2]，则帝自朝服升自阼阶上[3]，西乡于妃[4]。妃抱世子自房出，东乡。太史奉书西上堂，当两阶之间，北面立，曰世子名曰某者参[5]。帝执礼称辞，命世子曰度大祖、大宗与社稷于子者参[6]。其命也，妃曰不敢者再；于三命，曰谨受命，拜而退。太史以告太祝[7]，太祝以告太祖、太宗与社稷。太史出，以告太宰[8]，太宰以告州伯[9]，州伯命藏之州府[10]。凡诸贵已下至于百姓男女，无敢与世子同名者。以此防民，百姓犹有争为君者。

立世子之礼，仅见于此。

[注释]

[1]立后义：即立继承人的礼仪及其意义。本篇首先记述了古代圣帝立太子的仪式，并说明仪式的重要。又引商汤、周武王和汉高祖的功业说明天子的重要性。揭示由父亲指定继承人的弊病，主张由嫡长子继承王位，否则会造成亲戚手足之间的争夺和仇视。　[2]世子：继承王位的儿子，一般由嫡长子担任。　[3]阼阶：东边的台阶。　[4]妃：君主的配偶，指世子的母亲。　[5]参：通"三"。　[6]度：同"渡"，指相传。大祖：开国君主。大，通"太"。大宗：继位的君主。　[7]太史：史官之长，掌管历法和历史文书，记录国家的重大活动。太祝：也作"大祝"，主持祭祀祷

告的官。　[8]太宰：掌管膳食的官员。　[9]州伯：也称"方伯"，管理一州的首领。　[10]州府：州里储藏文书档案的地方。

夫势明则民定而出于一道^[1]，故人皆争为宰相而不奸为世子^[2]，非宰相尊而世子卑也，不可以智求，不可以力争也。今以为知子莫如父，故疾死置后者^[3]，恣父之所以^[4]。比使亲戚不相亲^[5]，兄弟不相爱，乱天下之纪，使天下之俗失所尊敬而不让，其道莫经于此。疾死置后复以嫡长子^[6]，如此则亲戚相爱也，兄弟不争，此天下之至义也。民之不争，亦惟学王宫国君室也。

礼者，定亲疏，决嫌疑，别同异，明是非。

[注释]

[1]势明：形势明确，指立世子的礼仪隆重，没有人与之争位。　[2]奸：乱，指用不正当手段。　[3]疾死：临死，将死。疾，速。　[4]恣父之所以：听从父亲的安排。恣，听凭，任凭。所以，所为。　[5]比：及，等到。原作"此"，据卢文弨校本改。　[6]置：原作"致"，据卢文弨校本改。嫡长子：帝王正妻所生最年长的儿子。

[点评]

立后之义，在于不争，不争则和谐相爱。

殷汤放桀[1]，武王伐纣，此天下之所同闻也。为人臣而放其君，为人下而弑其上，天下之至逆也；而所以有天下者，以为天下开利除害，以义继之也。故声名称于天下而传于后世。隐其恶而扬其德美，立其功烈而传之于久远[2]，故天下皆称圣帝至治。其道之下，当天下之散乱，以强凌弱，众暴寡，智欺愚[3]，士卒罢弊，死于甲兵，老弱骚动，不得治产业，以天下之无天子也。

[注释]

[1]殷汤：也称天乙、成汤，商朝的开国君主。放：流放。 [2]功烈：功业。烈，业绩。 [3]欺：原作"治"，据卢文弨校本改。

高皇帝起于布衣而兼有天下[1]，臣万方诸侯[2]，为天下辟[3]，兴利除害，寝天下之兵，天下之至德也。而天下莫能明高皇帝之德美，定功烈而施之于后世也。故天下犹行弊世德与其功烈风俗也。夫帝王者，莫不相时而立仪，度务而制事，以驯其时也[4]。欲变古易常者，不死必亡，此圣人之所制也。恶民更之，故拘为书[5]，使结

立仪、制事当合道。

之也[6]。所以闻于后世也。

[注释]

[1]高皇帝：汉朝开国皇帝刘邦。布衣：指平民百姓。 [2]臣：动词，统治。 [3]辟：法。 [4]驯：通"顺"，顺应。 [5]拘：取。书：原作"古"，据卢文弨校本改。 [6]结：通"诘"，禁（刘师培说）。

[点评]

《礼记·中庸》说："其人存，则其政举；其人亡，则其政息。"这充分说明了人才的重要性。对国家而言，继承人非常重要。本篇不仅记述了立太子的礼仪，而且通过商周的兴亡和汉高祖的功绩事例加以证明，理论与实证并重，使文章更具说服力。

主要参考文献

《新书》（汉）贾谊撰 《四部丛刊》影印明正德吉府刻本

《新书》（汉）贾谊撰 （清）卢文弨校本 北京直隶书局1923年影印本

《贾谊评传》 王兴国著 南京大学出版社1992年版

《贾谊集校注》 吴云 李春台校注 中州古籍出版社1989年版

《贾谊集校注》 王洲明 徐超校注 人民文学出版社1996年版

《贾谊集汇校集解》（汉）贾谊撰 方向东集解 河海大学出版社2000年版

《新书校注》 阎振益 钟夏撰 中华书局2007年版

《新书译注》 方向东译注 中华书局2012年版

《史记评林》（明）凌稚隆辑 国家图书馆藏明万历刻本

《汉书评林》（明）凌稚隆辑 国家图书馆藏明万历刻本

《诸子平议》（清）俞樾著 上海书店影印1988年版

《大戴礼记解诂》（清）王聘珍撰　王文锦点校　中华书局1983年版

《春秋左传读》(《章太炎全集》〔二〕)　章太炎　上海人民出版社1982年版

《贾子义抄》　章太炎撰　沈延国辑录稿本

《读诸子札记》　陶鸿庆　浙江人民出版社1998年版

《后读书杂志》　徐复著　上海古籍出版社1996年版

《群书校补续》　肖旭撰　台湾花木兰文化出版社2014年版

《广注语译古文观止》　宋晶如注译　世界书局1936年版

《精校评注古文观止》（清）吴楚材　吴调侯编　王文濡校勘　中华书局2018年版

《评注诸子菁华录》　商务印书馆1969年版

《标点评注古文辞类纂》　周青萍注　上海广益书局1941年版

《林纾选评古文辞类纂》　慕容真点校　浙江古籍出版社1986年版

《古文析义》　林云铭　经元堂刻本

《国语评苑》　上海图书馆藏本

《左传评苑》　日本内阁文库本

《战国策评苑》　日本内阁文库本

《孔子家语正印》　日本内阁文库本

《中华传统文化百部经典》已出版图书

书　名	解读人	出版时间
周易	余敦康	2017年9月
尚书	钱宗武	2017年9月
诗经（节选）	李　山	2017年9月
论语	钱　逊	2017年9月
孟子	梁　涛	2017年9月
老子	王中江	2017年9月
庄子	陈鼓应	2017年9月
管子（节选）	孙中原	2017年9月
孙子兵法	黄朴民	2017年9月
史记（节选）	张大可	2017年9月
传习录	吴　震	2018年11月
墨子（节选）	姜宝昌	2018年12月
韩非子（节选）	张　觉	2018年12月
左传（节选）	郭　丹	2018年12月
吕氏春秋（节选）	张双棣	2018年12月
荀子（节选）	廖名春	2019年6月
楚辞	赵逵夫	2019年6月
论衡（节选）	邵毅平	2019年6月
史通（节选）	王嘉川	2019年6月
贞观政要	谢保成	2019年6月
战国策（节选）	何　晋	2019年12月
黄帝内经（节选）	柳长华	2019年12月
春秋繁露（节选）	周桂钿	2019年12月
九章算术	郭书春	2019年12月
齐民要术（节选）	惠富平	2019年12月
杜甫集（节选）	张忠纲	2019年12月
韩愈集（节选）	孙昌武	2019年12月
王安石集（节选）	刘成国	2019年12月
西厢记	张燕瑾	2019年12月

书　　名	解读人	出版时间
聊斋志异（节选）	马瑞芳	2019年12月
礼记（节选）	郭齐勇	2020年12月
国语（节选）	沈长云	2020年12月
抱朴子（节选）	张松辉	2020年12月
陶渊明集	袁行霈	2020年12月
坛经	洪修平	2020年12月
李白集（节选）	郁贤皓	2020年12月
柳宗元集（节选）	尹占华	2020年12月
辛弃疾集（节选）	王兆鹏	2020年12月
本草纲目（节选）	张瑞贤	2020年12月
曲律	叶长海	2020年12月
孝经	汪受宽	2021年6月
淮南子（节选）	陈　静	2021年6月
太平经（节选）	罗　炽	2021年6月
曹操集	刘运好	2021年6月
世说新语（节选）	王能宪	2021年6月
欧阳修集（节选）	洪本健	2021年6月
梦溪笔谈（节选）	张富祥	2021年6月
牡丹亭	周育德	2021年6月
日知录（节选）	黄　珅	2021年6月
儒林外史（节选）	李汉秋	2021年6月
商君书	蒋重跃	2022年6月
新书	方向东	2022年6月
伤寒论	刘力红	2022年6月
水经注（节选）	李晓杰	2022年6月
王维集（节选）	陈铁民	2022年6月
元好问集（节选）	狄宝心	2022年6月
赵氏孤儿	董上德	2022年6月
王祯农书（节选）	孙显斌	2022年6月
三国演义（节选）	关四平	2022年6月
文史通义（节选）	陈其泰	2022年6月

书　　名	解读人	出版时间
汉书（节选）	许殿才	2022年12月
周易略例	王锦民	2022年12月
后汉书（节选）	王承略	2022年12月
通典（节选）	杜文玉	2022年12月
资治通鉴（节选）	张国刚	2022年12月
张载集（节选）	林乐昌	2022年12月
苏轼集（节选）	周裕锴	2022年12月
陆游集（节选）	欧明俊	2022年12月
徐霞客游记（节选）	赵伯陶	2022年12月
桃花扇	谢雍君	2022年12月
法言	韩敬、梁涛	2023年12月
颜氏家训	杨世文	2023年12月
大唐西域记（节选）	王邦维	2023年12月
法书要录（节选） 历代名画记	祝　帅	2023年12月
耶律楚材集（节选）	刘　晓	2023年12月
水浒传（节选）	黄　霖	2023年12月
西游记（节选）	刘勇强	2023年12月
乐律全书（节选）	李　玫	2023年12月
读通鉴论（节选）	向燕南	2023年12月
孟子字义疏证	徐道彬	2023年12月
嵇康集	崔富章	2024年12月
白居易集（节选）	陈才智	2024年12月
李清照集（节选）	诸葛忆兵	2024年12月
近思录	查洪德	2024年12月
林则徐集	杨国桢	2024年12月